古典文獻研究輯刊

三八編

潘美月・杜潔祥 主編

第8冊

文獻學傳習錄(下)

司馬朝軍 主編

國家圖書館出版品預行編目資料

文獻學傳習錄（下）／司馬朝軍 主編 -- 初版 -- 新北市：花
木蘭文化事業有限公司，2024〔民 113〕
目 6+192 面；19×26 公分
（古典文獻研究輯刊 三八編；第 8 冊）
ISBN 978-626-344-711-0（精裝）
1.CST：文獻學
011.08   112022574

古典文獻研究輯刊
三八編 第 八 冊   ISBN：978-626-344-711-0

文獻學傳習錄（下）

主　　編　司馬朝軍
總 編 輯　杜潔祥
副總編輯　楊嘉樂
編輯主任　許郁翎
編　　輯　潘玟靜、蔡正宣　美術編輯　陳逸婷
出　　版　花木蘭文化事業有限公司
發 行 人　高小娟
聯絡地址　235 新北市中和區中安街七二號十三樓
　　　　　電話：02-2923-1455／傳真：02-2923-1452
網　　址　http://www.huamulan.tw 信箱 service@huamulans.com
印　　刷　普羅文化出版廣告事業
初　　版　2024 年 3 月
定　　價　三八編 60 冊（精裝）新台幣 156,000 元　　版權所有 · 請勿翻印

文獻學傳習錄(下)

司馬朝軍　主編

目

次

下　冊

第五章　文獻收藏

第一節　文獻收藏概述

文獻收藏即古典文獻的收集與保存，是古典文獻得以傳承和利用的基礎。本書按照收藏主體分類講述。

一、文獻收藏的四大系統

我國古代的文獻收藏系統，可以分為官府收藏、私家收藏、寺觀收藏、書院收藏四大系統。其中，官府收藏和私家收藏居於主要地位。

（一）官府收藏

官府收藏體系可分為皇室收藏、中央官府收藏和地方官府收藏三個部分。皇室收藏又稱宮廷收藏、內府收藏，是指皇宮內專門收藏皇帝御筆御劄及供皇室成員閱讀使用的藏書；中央官府收藏是指中央各機構的收藏；地方官府收藏主要是地方各級官府官署藏書以及各級學校的收藏。地方官府收藏規模相對較小，本章主要討論皇室收藏與中央官府收藏。

官府收藏在商周時期已經初具雛形，到兩漢時期，官府收藏系統基本建立。西漢統治者重視對圖書的搜集，漢成帝時，首次對官府藏書進行了系統整理，劉向、劉歆父子在整理過程中編撰了官府藏書目錄《別錄》和《七略》，對後世官府收藏影響深遠。東漢桓帝時，設立了專門負責管理藏書的機構——秘書監，秘書監的設置是官府收藏系統的一大進步。

魏晉南北朝時期，官府收藏的發展主要體現在兩個方面。官府收藏目錄確

立了經、史、子、集四部分類法,四部分類法成為後世圖書目錄的主要分類法;秘書監逐步發展成秘書省官署,官府收藏的管理制度日益成熟。

隋唐時期,皇室收藏與中央官府收藏有了明確的區分,內外藏書格局趨於定型。五代十國時期,雕版印刷術的初步應用,促進了書籍的普及,大大加快了書籍的流通速度,為兩宋官府收藏的興盛奠定了基礎。

兩宋建立了一套健全的官府收藏機構和收藏管理制度。北宋前期的官藏機構為三館和秘閣,秘書省一度虛設,宋神宗元豐官制改革以後,秘書省重新成為國家藏書和管理機構。兩宋統治者重視對圖書的整理,兩宋圖書整理持續時間長、規模大,兩宋官府收藏的利用也達到了新的高度,四大類書的編纂是圖書事業史上的盛舉。

明清兩代都未建立健全的藏書管理制度。明代初期,明太祖、明成祖重視圖書的搜集,故明前期官府藏書盛極一時。然而,因藏書管理制度的欠缺,官府藏書在明中期以後逐步衰落,為私家收藏超越。清代官府收藏的鼎盛期是在《四庫全書》編修後。乾隆帝分別建立了北方四閣和南方三閣,以貯藏七份《四庫全書》,而《四庫全書總目》更是傳統學術史的系統總結。鴉片戰爭後,清朝官府收藏逐步衰落,圖書損失極其嚴重,傳統的官府收藏體系趨於瓦解,近現代圖書館興起。

(二)私家收藏

私家收藏的出現晚於官府收藏。一般認為,私家收藏出現於春秋戰國時期,孔子即是早期的藏書家。秦代時間短暫,有關私家收藏的文獻記載極少,而「焚書坑儒」嚴重打擊了私家收藏的發展。兩漢私家收藏的發展較為緩慢,當時藏書家的典型代表主要有兩類,一為宗室,二為學者。

魏晉南北朝雖戰亂頻繁,但圖書用紙的普遍使用,促進了私家收藏的發展。這一時期,私家收藏的發展呈現明顯的區域性,南方政局相對安定,私家收藏發展較為迅速。隋唐時期,私家收藏的管理有了提高,專門的藏書樓在唐代已較為常見。

由漢至唐,書籍主要依靠手抄傳寫,私家收藏的發展受到客觀條件的限制。五代十國時期,雕版印刷術得到應用,極大地加快了書籍的流通,私家收藏在宋以後出現了興盛局面。

宋代私家收藏主要有幾個特點:第一,收藏規模擴大,宋代藏書量在萬卷以上的有三百餘人,超過歷朝藏書家的總和;第二,私家收藏的中心轉移到了南

方，隨著宋王朝的南遷，江浙的私家收藏得到相當大程度的發展，並由此奠定江浙地區私家收藏在全國的領先局面；第三，私家收藏目錄的編撰，宋代出現了《郡齋讀書志》《直齋書錄解題》《遂初堂書目》三大目錄學著作。宋代私家目錄的編制是私家收藏史上的突破，此後，明清藏書家紛紛編撰私家收藏目錄。

明代出版業的發達極大地促進了私家收藏的發展。這一時期，江浙地區私家收藏獨領風騷，藏書大家輩出。部分藏書家利用藏書參與刻書活動，所刻書在數量和質量上都有相當高度。胡應麟、祁承爜等藏書家提出並總結了一些藏書理論，豐富了文獻收藏的內涵。同時，藏書的保存水平在明代也有了提高。

清代是私家收藏發展的最高峰。清代藏書家的數量及藏書規模超越歷朝歷代。清代的私家收藏分為前期與後期兩個階段。前期的私家收藏有兩個特點值得注意：第一，私家收藏與學術研究的緊密結合，不少藏書家利用藏書進行學術研究，並取得相當成果，乾嘉考據學的興盛與私家收藏的發達密不可分；第二，文獻流通的思想進一步發展，孫星衍、周永年等都在這一方面做出了努力。清代後期，傳統的私家收藏體系逐步解體，新型藏書家出現。

（三）寺觀收藏

1. 佛教寺院收藏

佛教在西漢末年傳入中國，東漢時期，佛經的翻譯工作已經開始，佛教寺院收藏隨之產生。三國西晉時，譯經活動不斷開展，寺院增多，寺院藏書漸成規模，西晉荀勗所編《中經新簿》已著錄有佛教典籍，佛教典籍開始在官藏目錄中獲得了一席之地。東晉南北朝時期，佛教進一步發展，歷代統治者都較為支持，蕭梁時期，佛教在南朝的發展最為興盛，佛寺遍布南方各地。北朝佛教雖然經歷北魏太武帝和北周武帝的兩次打擊，發展依然迅速。

隋唐時期，佛教的發展達到高峰。隋唐統治者都重視和支持佛教的發展，佛教的翻譯工作在唐代大規模地展開，出現了玄奘等譯經大師，與此同時，佛教經典在唐代逐漸成體系，《大藏經》已經基本定型。一些重要的寺院如廬山東林寺等都有獲賜《大藏經》。

宋以後，佛教進入平穩發展時期。兩宋統治者依舊支持佛教發展。兩宋的譯經工作已不如隋唐興盛，但隨著宋代雕版印刷術的應用，佛教《大藏經》得以刊刻出版，為寺院收藏提供了極大便利，眾多寺院都收藏有各版《大藏經》。

明清兩代，佛教譯經趨於衰落，但佛經的刊刻工作仍舊在進行，寺院收藏《大藏經》更為普及。

2. 道教宮觀收藏

道教是我國土生土長的宗教，道士修行的場所有館、宮、觀等，隋唐以後，一般稱為觀、大的道觀則稱作宮。一般認為，早期道教產生於東漢後期。道教與佛教中國化的發展路線不同，道教興起於民間，道教在發展初期並不受統治階層重視，直至西晉，道教的發展都較為緩慢。

道教徒藏書開始見於史籍記載是西晉時期的鄭隱，道教在東晉得到了一定程度的發展，重要的道經《三皇經》《靈寶經》《上清經》都在這一時期產生。

南北朝時期是道教發展的重要階段。南北朝統治者基本都支持道教的發展，道觀遍布南北各地。南北朝已開始對道經總集作結集工作，道經分類體系基本定型。

隋唐兩代是道教發展的黃金時期，道教在唐玄宗時期發展最為興盛，唐玄宗組織人力編纂道經總集，並頒賜各地道觀。宋代道教繼續發展，宋真宗、宋徽宗極力支持道教發展，多次組織編纂《道藏》，並正式把道經總集稱之為《道藏》，宋徽宗時，《政和萬壽道藏》的編纂與刊刻，極大地豐富了各地道觀收藏。

金、蒙古國時期，全真教勢力在北方頗為強大，元世祖忽必烈時期，焚毀部分道經，道觀藏書受到嚴重損失，元武宗以後，道教逐步恢復。明朝正統年間，朝廷刊刻了《正統道藏》，分賜全國各地道觀。清代道教的發展已經不如前代，日趨衰落，各地道觀所藏《道藏》多為明代頒賜。

（四）書院收藏

書院是官辦或私立的教學機構。書院為教學而設，有書方為書院，故書院藏書是書院的三大事業之一。

書院產生於唐代，書院藏書伴隨著書院的產生而出現。宋代是書院大發展時期。北宋初，朝廷無力興辦官學，書院一度代替了官學，但宋仁宗之後，北宋朝廷振興學校教育，書院逐步失去了統治者的支持，走上獨立發展的道路。南宋時期，書院蓬勃發展，理學家朱熹等以書院為陣地，宣傳理學，書院與理學出現一體化的趨勢。

元代書院繼續向前發展。元朝統治者支持書院的發展，書院走向官學化。書院院藏目錄的編制在元代已經出現，元代已經設置有「司書」等專門負責書院藏書的管理。

明代前期，書院發展緩慢，弘治、正德以後，以湛若水、王陽明為首的士

大夫大興講學之風，書院開始復興，書院數量呈現直線上升的趨勢。但明代書院受科舉制和心學思潮的影響，書院藏書並不興盛。

清初，統治者對書院的態度由消極向積極扶持轉變，大力倡辦書院，書院在全國出現了興盛的局面。書院藏書事業在清代達到了高峰，書院的藏書已經具有相當規模，同時，書院藏書的管理制度步入正規化，借閱管理比較完善。清代後期，隨著西學的興起，書院開始走向近代化。光緒二十七年（1901），清廷下令改書院為學堂，書院至此基本終結，書院藏書則為各地圖書館接收。

二、文獻收藏的發展階段

文獻收藏興起於先秦兩漢，在魏晉南北朝至隋唐時得到發展，兩宋、明清時期達到興盛，清末受近代藏書思想的影響，逐步走向轉型。

（一）文獻收藏的興起階段

先秦兩漢時期，是文獻收藏的興起階段。先秦時期，官府收藏已經出現，周王室藏書豐富，已設置有專門的藏書藏所和藏書管理人員，諸侯國也有一定數量的藏書。到了春秋戰國時期，私家文獻收藏也開始出現。

西漢在官府收藏方面做了諸多開創性工作。西漢三次大規模徵集天下書籍，漢成帝時期，命劉向、劉歆父子對國家藏書進行大規模整理，劉向、劉歆父子編撰了第一部官府藏書目錄，官府藏書的著錄方法日益完善。東漢桓帝時，設立了管理官府藏書的專門機構——秘書監，官府收藏的管理開始制度化。所以，兩漢時期，官府收藏體系已經基本建立起來。

兩漢私家收藏的發展較為緩慢，私家收藏主體是宗室、貴族官僚、學者。東漢時期，都城洛陽還出現了專門的「書肆」，「書肆」為人們獲取書籍提供了可能，有利於私家藏書的發展。

（二）文獻收藏的發展階段

魏晉南北朝至隋唐，是文獻收藏的發展階段。魏晉南北朝的不少統治者能夠重視官府收藏事業，如南朝梁武帝時期，官府收藏達到了魏晉以來的頂峰。官府收藏的管理有了明顯改進，是這一時期的顯著特點。官府收藏目錄確立了四部分類法，東漢桓帝時設置的秘書監製度在這一時期不斷發展，官府收藏的管理制度得以完善。私家收藏在這一時期也有所發展，藏書家人數有所增加，出現了不少萬卷藏書家。同時，佛教寺觀收藏和道教宮觀收藏也在這一時期出現，並得以快速發展。

隋唐時期，官府收藏事業取得了一定成就，唐玄宗開元年間的官府收藏規模已近十萬卷。私家收藏的管理水平在唐朝也有所改進，部分藏書家建有專門的藏書樓。佛教寺觀收藏和道教寺觀收藏在唐代都達到了一個高峰。

五代十國是文獻收藏的過渡階段。魏晉至隋唐，文獻的傳播方式以手抄為主，文獻收藏的發展程度總體不高。雕版印刷術在五代十國時期的應用，為宋以後官私收藏的興盛奠定了基礎。

（三）文獻收藏的興盛階段

宋代官私收藏的發展都達到了新的高度。兩宋統治者極為重視官府收藏事業，制定優厚的賞賜標準，不斷徵集圖書，官府收藏規模頗為壯觀。兩宋政府對藏書的整理持續不斷，規模浩大，並且利用藏書編纂了一系列大型叢書。而宋代藏書家人數也有了歷史性突破，藏書大家頻出，藏書世家更是屢見不鮮，不少藏書家還編纂了藏書目錄，對後世產生了深遠影響。

兩宋寺觀收藏在前代基礎上繼續發展，書院收藏更是蓬勃發展，為後世書院的發展奠定了良好基礎。

元代社會動盪不安，但文獻收藏並沒有走向衰落。明清兩代，官私收藏在宋元的基礎上得到了空前發展。明初重視官府收藏事業，官府藏書在明初蔚為大觀。清代統治者對藏書的搜集不遺餘力，為貯藏四庫全書的南北七閣，宮廷善本書庫天祿琳琅等藏書處所的興建，使清代官府收藏達到了歷史頂峰。

明清兩代私家收藏的發展取得了令人矚目的成績。明清兩代的藏書大家數量超越歷朝歷代，江南地區長期獨領風騷，形成了獨特的江南藏書文化。藏書家在對藏書的校勘、版本的鑒定、圖書的輯佚等方面都做出了重要貢獻。部分藏書家對於藏書流通思想有了更為深入的認識和探索。

書院在清代得到了極大發展，在全國各地普遍興建起來，書院的藏書規模也在不斷擴大，同時，書院藏書的借閱管理制度已經相當規範。

（四）文獻收藏的轉型階段

清代後期，傳統的私家收藏走向了衰落，清末的歷次戰亂對官府收藏、私家收藏、書院收藏的打擊極為嚴重，處於內憂外患的清政府再也無力重建官府收藏事業，舊式地主經濟體制的衰落加速了私家收藏的瓦解。同時，在西方思想影響下，書院收藏逐步走向近代化，新型藏書家出現，近現代圖書館興起。清末民國的藏書家藏書思想已經甚為開明，不少人主動將藏書開放，

並積極關心公共圖書館事業。公共圖書館在眾多因素的推動下普遍建立起來後，圖書管理制度不斷健全，日益向歐美靠攏，一批專門圖書館管理人才也於此時產生。

三、文獻收藏的重要意義

　　文獻收藏歷史悠久，在保存古典文獻、傳承古典文化、推動學術發展等方面具有重要意義。

（一）保存古典文獻

　　文獻收藏最基本的意義在於保存了大量古典文獻。歷代官府在保存古典文獻方面做出了重要貢獻。西漢建立後，中央政府先後三次大規模徵集天下圖書，並由劉向父子負責對圖書進行系統整理。其後，歷朝歷代多沿襲西漢政策，不斷徵集天下書籍。歷代官府藏書雖常因戰亂而散佚，但總體而言，歷代官府藏書還是在一定時期內有效地保存了古典文獻，並為古典文獻的整理和傳播提供了可能。

　　藏書家在保存古典文獻方面的成績更為突出。秦代焚書坑儒政策對古典文獻的破壞甚為嚴重，但仍有諸多藏書家在危難關頭保存了一批珍貴圖書，故西漢廣開獻書之路時，才能出現「天下眾書往往頗出」的局面。

　　私家藏書的穩定性雖然遠不如官府藏書，大部分藏書家的藏書在身後便逐漸散佚，罕有能超過三代者，但自漢代以來，眾多藏書家通過各自收藏活動為古典文獻的保存作出了貢獻，使得古典文獻的流傳能夠綿延不絕。朝代更替之際，官府藏書往往損失慘重，私家藏書則成為官府藏書得以重建輝煌的重要來源。

（二）傳播古典文獻

　　五代十國以前，古典文獻主要依靠手寫的方式傳抄，圖書流通速度較為緩慢，但歷朝歷代仍通過不同的方式促進了文獻的流通，如東漢「熹平石經」、唐代「開成石經」。五代十國時期，官府主持刊刻《九經》，極大促進了儒家經典的普及。宋以後，歷代官府刻書事業都較為興盛，官府刻書的發展，使得深藏秘閣的圖書得以流通，促進了古典文獻的傳播，有利於文化的普及。

　　藏書家在古典文獻的傳播方面也做出突出貢獻。古代雖有不少藏書家將藏書秘不示人，但自後蜀毋昭裔以來，仍有不少藏書家能夠不私所藏，主動將藏書校刻出版，如明代毛晉，刻書在兩百種以上，且不少書籍校勘仔細，質量

較高，當時有「毛氏之書走天下」之譽。藏書家刻書與官府刻書不同，官府刻書帶有選擇性，所刊刻多為儒家經典、史部典籍等有關政教風化的書籍，而私家刻書範圍廣泛，特別是明清兩代叢書刊刻的繁榮，一大批古典文獻藉此得以保存。

古代書院收藏傳播古典文獻的成績更為顯著。私人藏書在大部分情況下是家境寬裕者的專利，而書院為教學而設，書院藏書即是服務於書院師生。書院學生少則幾十人、多則數百人，書院藏書的存在，使得一批貧寒士子能夠有機會閱讀書籍，對於古典文獻的傳播與普及有著更為現實的意義。

（三）推動學術文化發展

古代官府藏書雖然使用嚴格，僅少數人可以有機會閱讀，但官府藏書還是在一定程度上得以利用，為學術文化的發展做出了貢獻。

歷朝歷代多有編纂圖書事業的舉措，確保了學術思想的傳承。如東漢時期，中央政府徵集優秀學者班固等利用官府藏書編纂了《東觀漢記》；南朝蕭梁時期，昭明太子蕭統利用東宮藏書，召集學者編撰了《文選》，成為經典文學選集；唐代開史局，修前代史書，為歷史文獻的保存作出了重要貢獻，並在很大程度上促進了史學的發展；宋代圖書的編纂更為興盛，北宋四大類書的編纂，是圖書事業史上的盛舉，四大類書保存了一批重要的古典文獻，對於後世學術研究具有重要的參考價值；清代編修《四庫全書》的同時，編纂了《四庫全書總目》，《四庫全書總目》產生於乾嘉考據學興盛時期，是對傳統學術史的系統總結，具有相當高的學術參考價值。

官府藏書培養和造就了一批人才，推動了學術研究的發展。歷代學者利用豐富的官府藏書，推出了許多重要的學術名著。如西漢時期，司馬遷擔任太史令、中書令，利用西漢豐富的藏書編纂了不朽名著——《史記》；北宋時期，司馬光利用豐富的官府藏書，編纂了另一部重要史學名著——《資治通鑒》。不少著名學者，都曾經在官府收藏機構任職，如宋代利用國家藏書培養人才的觀念十分明確，宋仁宗曾說「設三館以育才」「館職所以待英俊」，著名學者歐陽修、曾鞏等都出身於北宋三館。

藏書家在藏用結合方面同樣取得了傑出成就。古代藏書家重視對藏書的整理與研究，如東漢鄭玄利用家藏對古典文獻作了系統整理，所注《三禮》《毛詩》對後世產生了重要影響。宋以後，不少藏書家編撰有私家收藏目錄，如宋代藏書家晁公武、陳振孫、尤袤等人利用藏書編纂了私家藏書目錄，這些目錄

學著作成為後世瞭解古典文獻源流的重要參考。清代藏書家對藏書的利用更為廣泛，清代乾嘉考據學興盛，考據學的發展正是依賴於清代繁榮的私家收藏，不少學者利用藏書從事校勘、考證、輯佚等活動，如盧文昭家藏圖籍數萬卷，專門從事校書事業，學者錢大昕稱其所校書「精審無誤」；錢大昕注重利用藏書對古籍作系統考證，「每得一書，必推求本原」，在家藏不足的情況下，則從黃丕烈等藏書家借閱，經幾十年努力，錢大昕編成《廿二史考異》等諸多名著；嚴可均耗費多年心血輯成《全上古秦漢三國六朝文》，為六朝以前的學術研究提供了重要參考。

第二節　文獻收藏的特點、方法與思想

文獻收藏活動源於文化的發展，根植於特定歷史時期的文化之中。不同時期文化價值觀也不同程度影響著文獻收藏活動，呈現出不同特點。

一、文獻收藏的特點

文獻收藏體系各有特點，官府收藏集中、規模大，私家收藏與經濟文化發展緊密相關，寺觀收藏內容、範圍、形式具有特殊性，書院收藏注重開放和實用。

（一）官府收藏的特點

1. 收藏規模大

官府收藏憑藉國家力量，通過繼承前代遺書、向民間徵集圖書等方式，藏書規模一般都相當巨大。西漢時，官府收藏規模超過了一萬餘卷；西晉時，官府收藏已有二萬餘卷；南朝蕭梁的官府收藏數量達到了十餘萬卷；隋唐時期，官府收藏規模更是有數十萬卷。宋以前，私家收藏發展緩慢，萬卷藏書家屈指可數；南朝沈約「聚書至二萬卷，京師莫比」〔註1〕；唐代李泌積書三萬卷，已是藏書巨擘。宋以後，私家收藏的發展速度趕超官府收藏，但官府收藏規模仍舊在一定時期內佔據優勢，如明前期，文淵閣藏書「貯書約二萬餘部，近百萬卷」〔註2〕，明後期的大藏書家祁承爜藏書九千餘種，十餘萬卷，黃虞稷父子兩代聚書，也不過八萬餘卷，仍難與明代鼎盛時期的官府

〔註1〕《梁書‧沈約傳》。
〔註2〕《明史》列傳第五十七。

藏書規模匹敵。

2. 具有封閉性

歷代官府收藏的管理嚴格，僅有皇帝、官藏機構官員以及經皇帝許可的人員可以使用官府藏書，結果導致豐富的官府藏書長期被束之高閣。同時，因官府藏書存放地點集中，一旦因戰爭、災害等發生，官府藏書往往損失極為嚴重。如東漢末，董卓亂政時期，東漢官府藏書損失殆盡；西晉末年，官府藏書同樣因為戰亂蕩然無存；北宋真宗時，館閣藏書便因火被毀；南宋理宗時，秘書省藏書又因火災被毀。而「平時載籍，世莫得聞」〔註3〕，一旦官府藏書被毀，諸多珍貴典籍很可能永遠消失。

（二）私家收藏的特點

1. 流動性較大

私家收藏系統在四大收藏系統中有著重要地位，與官府收藏不同的是，私家收藏缺乏穩定性，呈現旋聚旋散的特點。古代藏書家為搜集圖書可謂費盡心血，然而，藏書家的豐富藏書往往在其身後即逐漸散佚。宋以後，雖出現了諸多的藏書世家，但罕有能超過三代者，如明代常熟藏書家趙琦美在其父的基礎上聚書至五千餘種，但死後藏書則售歸錢謙益；清代黃丕烈以收藏宋元舊本名著一時，但所藏書在其晚年已經開始散佚，最後流入山東楊以增等藏書家之手。

2. 與經濟、文化發展密切相關

縱觀私家收藏的歷史，可以發現，凡是經濟、文化較為發達的地區，私家收藏一般都較為發達。早期的政治中心即是經濟、文化中心，故宋以前，首都即是私家收藏的中心。宋以後，隨著經濟中心南移的完成，私家收藏的中心也轉移到了江浙一帶。明清兩代，江浙地區發達的私家收藏造就了江南文化的輝煌，而江南文化的發展又反過來促進了私家收藏的發展，清末太平天國戰亂嚴重摧殘了江南私家收藏的發展，在隨後的幾十年又得以復蘇。

（三）寺觀收藏的特點

1. 內容、範圍、形式具有特殊性

寺觀藏書具有宗教色彩。寺院藏書以佛教經典為主，輔之善男信女抄寫和印造，以及文人墨客在寺院的藏書。所藏佛教圖書俗稱「內典」，類型多種，

〔註3〕《舊唐書》卷四十六。

大致有大藏、大藏之外的單本譯經、大藏之外的中國僧人撰著、疑偽經、宣教通俗文書、一般寺院文書、其他文字佛教典籍等。寺院所藏非佛教圖書，通常稱為「外典」「世學」「非佛書」等，大致有常見的經史子集四部書，還包括醫書、志書、法書、道教等其他宗教圖書。寺院藏書的分類體系不同與儒家經史範疇，唐智升《開元釋教錄》貫徹了以經典本身的內容特徵來決定歸屬的分類方法，將同一思想內容的經典集中在一起，內容與性質相近的經典排在相近位置上。〔註4〕宮觀藏書與寺院藏書的內容構成大致相仿，規模化、體系化大約出現於兩晉時期，形成於隋唐時期。

2. 與統治者思想息息相關

寺觀藏書的興衰，與歷代帝王重視或抑制佛教、道教的政策息息相關。由於統治和學術思想發展的需要，歷代帝王對佛教、道教所採取的態度往往因時因地不同，極大影響著寺觀藏書的發展。如唐初期，宣稱道第一、儒第二、佛第三，唐高宗時，在長安城內建立昊天觀、東明觀、太清觀等官觀，收藏道經甚多，唐玄宗時，朝廷組織力量搜訪道書，纂修成藏；兩宋統治者對佛道採取寬容政策，為佛道興盛創造了良好社會環境，推動了寺觀典籍收藏。

（四）書院收藏的特點

1. 具有開放性

開放性是書院收藏區別於官府收藏和私家收藏的主要特點。書院為教學而設，其藏書並不像部分藏書家秘不示人，而是可供本院師生借閱，至遲到明代，書院已經形成了較為完備的借閱管理制度，至清末，書院藏書的閱讀範圍擴大，逐漸向社會開放，已經具有公共圖書館的性質。書院藏書為普及文化做出了重要貢獻。

2. 注重實用性

書院為教學機構，所藏圖書以服務教學為主，規模一般都不大，其中，有關政教風化的儒家經典、史書是書院收藏的最主要部分。歷代統治者常以御賜圖書的方式對書院藏書加以引導，如宋太宗賜《九經》予白鹿洞書院，清代白鹿洞書院所得賜書數量更為豐富，據毛德琦《白鹿書院志》載，康熙二十六年（1687），白鹿洞書院得御賜《十三經注疏》《二十一史》，康熙四十六年（1707），白鹿洞書院得御賜《淵鑒古文》，康熙五十四年（1715）得御賜《朱

〔註4〕許磊：我國古代寺院藏書簡論〔J〕，文獻季刊，2002，（4）：176～191。

子全書》,康熙五十五年（1716）得《御纂周易折衷》。地方官紳所贈書也多以實用性為主,仍以白鹿洞書院為例,前江南巡撫張伯行先後贈書予書院 64 種,所贈書如《二程文集》《周濂溪集》《二程語錄》《朱子文集》等有關理學的書籍便超過 30 種,其餘則為品行操守可為後世法的名人文集,如《范文正文集》《司馬溫公文集》《海剛峰文集》（即海瑞文集）等。

二、文獻收藏的方法

藏書機構一般通過徵集、繼承、購買、刻印、抄寫、贈與等方式獲得文獻,收藏體系不同各有側重。

（一）官府文獻收藏的方法

1. 徵集

徵集是官府收藏補充藏書的最重要途徑,歷代官府收藏事業的繁榮很大程度上得益於私家藏書的補充。西漢時期,朝廷三次大規模徵集天下遺書,於是「天下眾書往往頗出」。其後,歷朝延續西漢政策,多有搜集圖書之舉。隋文帝在徵集圖書的同時,制定明確的賞賜標準,規定「每書一卷,賞絹一匹」。宋代徵集圖書的規模空前,且宋代對獻書者的賞賜標準大為提高。據程俱《麟臺故事》載:

> 若臣僚之家有三館闕者,許詣官進納。及三百卷以上,者其進書人送學士院引驗人材書札,試問公理,如堪任職官者,與一子出身;親儒墨者,即與量才安排。如不及三百卷者,據卷帙多少,優給金帛,如不願納官者,借本繕寫畢,卻以付之。
>
> 四年三月詔,三館所少書,有進納者,卷給千錢,三百卷以上,量材錄用。

獻書者獻書一卷即可給千錢,獻書三百卷者,經過考核,還可以獲得科名,擔任官職。北宋因獻書獲得賞賜者甚多,如宋太祖乾德四年（966）,涉弼、彭翰、朱載共獻書一千二百二十八卷,三人獲賜科名。徽宗宣和五年（1123）,張頤獻書五百零四卷,進士李東進書六百卷,張頤獲賜進士出身,李東補迪功郎。北宋對獻書者高規格的賞賜標準大大推動了官府收藏事業的發展。

南宋立國之初,官府藏書幾乎一無所有,宋高宗下詔訪求遺書,「獻書有賞,或以官。故家藏者,或命就錄,鬻者悉市之。」據方建新研究,南宋初年較大規模的獻書活動便有 34 次,於是南宋官府藏書得以較快恢復。

　　明初，明太祖、明成祖等較為重視圖書的搜集，如明成祖說到：「士庶家稍有餘資，尚欲積書，況朝廷乎？」於是明成祖令禮部尚書鄭賜遣使訪購，並規定「惟其所欲與之，勿較值」，不惜花費重金徵集圖書。經過明成祖的努力，文淵閣藏書規模巨大，藏書最盛時期達二萬餘部，近百萬卷。

　　清朝編修《四庫全書》時，徵集圖書的規模最為浩大。乾隆三十七年至三十九年（1772～1774），共徵得圖書萬餘種，其中，鮑士恭、馬裕、范懋柱、汪啟淑四人進書均各達五六百種，其餘如紀昀、程晉芳等人分別進書一百種以上。乾隆帝對獻書者的賞賜不如宋代豐厚，鮑士恭等獻書五六百種以上的藏書家，僅獲賞《古今圖書集成》一部，紀昀等獻書百種以上者，獲賞《佩文韻府》一部。不過，為彌補藏書家損失，乾隆帝規定，獻書百種以上者，可在《四庫全書總目》各提要末署名。藏書家的獻書為《四庫全書》的編修做出了極大的貢獻，極大地豐富了清朝的官府藏書。

2. 繼承

　　繼承主要是指新政權繼承前朝的遺書。新政權在取代舊政權時，常可以獲得舊政權的大部分官府藏書，這部分圖書構成了新朝官府藏書的基礎。如隋取代北周，獲得北周藏書約一萬五千餘卷，北宋取代後周，獲得了後周官府藏書一萬三千餘卷。元滅南宋時，將南宋大部分官府藏書運至北京，而明朝攻破元大都時，又將元朝官府藏書悉數運至南京，故明初官府藏書蔚為大觀。

　　如遇戰爭、天災、人禍等情形，舊政權藏書往往會損失嚴重，如唐朝消滅王世充時，獲得隋朝在洛陽的官府藏書，圖書在通過船運送往長安的過程中，因船隻失事，圖書「多被漂沒，其所存者，十不一二」。

3. 抄寫

　　雕版印刷術發明以前，抄寫是圖書流通的唯一方式。官府收藏機構中，設置有專門的抄書人員，如西漢漢武帝時，已經設置「寫書之官」，東漢班超在建功西域以前，長期依靠為官府抄書為生，隋煬帝設置有楷書郎三十人，負責抄錄圖書。對於官府收藏而言，抄寫圖書主要有兩種用途。

　　一是，配合徵集圖書之舉。歷朝在徵集圖書的同時，都會相應地組織抄書活動。如《隋書經籍志》載：「秘書監牛弘表請分遣使人搜訪異本……校寫既定，本既歸主。」隋代官府徵集圖書一律將原本歸還。宋代程俱《麟臺故事》載：「如不願納官者，借本繕寫畢，卻以付之。」宋代對獻書但不願將原本送官者，官府組織人力抄寫，繕寫完畢後，即歸還。

　　二是，建立副本，補充官府藏書。南朝蕭梁時期，梁武帝為防止書籍被毀，令張率等大規模抄錄書籍，故梁朝官府藏書副本眾多。梁朝以後，官府收藏多建有副本制度。隋文帝開皇九年（589），「於秘書內補續殘缺，為正副二本，藏於宮中，其餘以實秘書內、外之閣，凡三萬餘卷」，隋煬帝時，為補充東都觀文殿藏書，還將秘閣書抄寫五十副本。北宋的抄書活動更為盛行。為補充皇室藏書，宋真宗咸平二年（999），「詔三館寫四部書二本來上，一置禁中之龍圖閣，一置後苑之太清樓。」太平樓藏書由此甚為豐富，幾乎與三館等。其後，館閣藏書因火災被毀，太清樓藏書成為恢復館閣藏書的重要來源。宋徽宗時，因秘書省藏書多有遺失，組織人員繕寫秘書省藏書三份，一份置宣和殿，一份置太清樓，一份置秘書省。

　　明清兩代，印刷術已經相當普及，官府抄寫圖書的活動逐漸減少，但某些大型書籍卷帙浩繁，難以刊刻，仍會採取抄寫的方式以保存副本，如《永樂大典》與《四庫全書》均為抄本。明世宗嘉靖年間，皇宮失火，一度危機《永樂大典》，事後，世宗擔心《永樂大典》被毀，特命抄錄副本。清代《四庫全書》更是抄錄七部。

（二）私家文獻收藏的方法

1. 購買

　　購買是藏書家擴充藏書最主要的方法。據文獻記載，漢代已經出現有書肆，但漢代圖書用紙不普及，圖書價格昂貴，普通民眾難以消費，如王充家貧，只能通過到書肆閱讀書籍的方式獲取學問。雕版印刷術廣泛應用以前，書籍購買的難度較大，私家收藏的發展程度較為有限，進入宋代後，這一狀況得以改變。刻書業的發展，促進了典籍的普及和文化的傳播，購買書籍的難度大為降低。購買可以分為零星購買和大宗收購兩種。

　　零星購買的事例眾多。如五代王都好聚圖書，「令人廣將金帛收市，以得為務，不責貴賤，書至三萬卷。」遼朝宦官王繼恩「不喜權利，每得賜賚，市書至萬卷」。不少藏書家依靠常年的積累，歷經幾十年，終成藏書大家。如明代范欽每歷官一地，便收集當地的地方志，罷官回鄉後，已積聚地方志四百餘種，成為明代地方志收藏大家。清代鮑廷博，在二十餘歲便開始購書，「既久而所得書益多且精，遂蔚然為大藏書家。」鮑氏購書甚為辛勤，其好友朱文藻說道：「三十年來，近自嘉禾、吳興，遠而大江南北，客由以異書來售武林者，必先過君之門，或遠不可致，則郵書求之。」鮑氏經過幾十年的努力，終成乾

嘉時期大藏書家。

　　大宗購買是快速增加藏書的方式。如明代胡應麟曾經購得藏書家虞守華的藏書，虞守華藏書幾萬卷，胡應麟以較為低廉的價格購得這部分書籍，這些書籍佔了胡應麟藏書的一半左右；錢謙益絳雲樓藏書盛極一時，很大程度上因為錢謙益購買了趙琦美等藏書大家的大部分藏書。

　　2. 抄寫

　　抄寫在私家收藏中佔有重要的地位。從抄書方式區分，可以分為自抄和雇人抄寫兩種。

　　宋以前，私家收藏主要靠手抄傳寫，藏書家自抄書籍的事例史不絕書。如南北朝時期，沈麟士「遭火燒書數千卷，驎士年過八十，耳目猶聰明，手以反故抄寫，火下細書，復成二三千卷，滿數十篋。」王筠自述其「余少好書，老而彌篤，雖遇見瞥觀，皆即疏記，後重省覽，歡興彌深，習與性成，不覺筆倦，自年十三四齊建武二年乙亥，至梁大同六年四十六載矣。」

　　有條件的藏書家一般採取雇人抄寫的方式。抄書人員的名稱不一，或稱傭書、鈔胥等。早在三國時期，民間便已有專門的抄書人員，如三國吳人闞澤，家貧好學，《三國志》載其「常為人傭書以供紙筆，所寫既畢，誦讀亦遍，追師論講，究覽群籍，兼通曆數，由是顯名。」北魏法壽，「家貧，傭書自給，養母甚謹。」部分藏書家雇有專門的鈔胥，如明代藏書家葉盛，歷官各地，必攜鈔胥自隨。此外，部分藏書家雇僮僕抄書，如明代毛晉「入門僮僕盡鈔書」。黃丕烈家亦有門僕張泰善抄書。

　　藏書家抄寫圖書的原因眾多。部分情況下是因家貧而無力購書，如清代江蘇吳翌鳳，一生未仕，極為貧困，通過抄書的方式成為藏書大家。明清兩代，抄書仍舊盛行，重要原因在於部分珍稀圖書難以購得，惟有通過抄寫的方式獲取。祁承爜在外地任職期間，除通過購買手段獲取圖書外，遇珍貴圖書，則採用抄寫的方式，如其在給兒子的家信中提到：「發回書共八篋，內有河南全省志書三篋，不甚貴重，此外皆好書也。有一篋特於陝西三十八叔印來者。若我近所抄錄至書，約一百三四十種，共兩大卷箱。此是至寶，自家隨身攜至回也。」藏書家毛晉採用影宋抄法，所抄書質量精美，被稱為「古今絕作」。

　　部分藏書家為獲取珍稀舊本，常通過與當世藏書家互抄圖書的方式獲取，如明代錢曾為獲取宋元舊本，從吳偉業、馮舒、曹溶、毛扆、葉林宗等藏書家中抄錄了大量書籍，錢曾《讀書敏求記·高常侍集》載：「《達夫集》予借林宗

宋槧本影摹。」鮑廷博藏書亦以抄書著名，為校勘圖書，鮑廷博與藏書家汪憲、吳騫、郁禮、汪啟淑等均有互抄圖書。

多數藏書家在抄書同時，都對書籍作了細心校勘，如清代吳翌鳳，「獲一未見書，必手抄。所抄書盈筐筐，皆精校精黐，無一訛字」，吳騫拜經樓多藏善本，據《拜經樓藏書題跋記》著錄，由吳騫自抄自校的善本有幾十種，吳騫校書同時，均寫有校勘題跋，故《拜經樓藏書題跋記》為後人重視。清末葉德輝在《書林清話》中提到的著名藏書家兼抄書家有文徵明、祁承爜、毛晉、錢謙益、錢曾、徐乾學、朱彝尊、惠棟、鮑廷博等數十家，葉德輝說道，這些抄書家「皆竭一生之力，交換互借，手校眉批，不獨其鈔本可珍，其手跡尤足貴」。

3. 繼承

晚輩繼承前輩的家藏是古代藏書世家大量出現的原因。唐朝時，已經有藏書世家出現，如鄴侯李泌，經父子兩代的積累，藏書達三萬卷。宋代出現了更多延續數世的藏書家，著名眉山孫氏從唐末延續十餘世，傳至南宋初，目錄學家晁公武家五世藏書，晁公武正是憑藉豐富的家藏編撰了《郡齋讀書志》。

明清兩代的藏書世家更為普遍，如常熟趙琦美、江寧黃虞稷、杭州鮑氏、揚州馬氏、山東楊氏等。趙琦美之父趙用賢聚書達兩千餘種，趙琦美在其父的基礎上增至五千餘種。黃虞稷之父黃居中，聚書已達六萬卷，黃虞稷在此基礎上，又得書二萬餘卷。杭州鮑廷博、揚州馬裕均以藏書聞名當世，《四庫全書》編修期間，兩家各進書五六百種。山東楊氏海源閣藏書延續三氏，在清後期藏書家中頗負盛名。而最為著名的藏書世家莫過於寧波范氏，范氏天一閣藏書樓從明中後期范欽創辦伊始，延續至民國，可謂私家收藏史上的奇蹟。

4. 贈與

贈與作為增加私人藏書的一種途徑，具有偶然性，但也是補充藏書的有效方法。贈予一般包括兩種方式，一是統治者對有功之臣的賞賜，一是親朋好友間互相贈送。漢代劉向深受成帝寵信，「上器其能，賜以秘書之副」，從此開藏書家風。《博物志》卷六載：「蔡邕有書萬卷，載數車王粲」，《柳河東集·寄許孟容書》記載柳宗元家有賜書三千卷，宋代收到賜書的個人有李符、王賓、司馬光等。

（三）寺觀文獻收藏的方法

1. 譯書、寫經

譯書、寫經是寺觀藏書的主要來源。寺觀藏書集中體現在佛教的大藏和道

觀的道藏中。中國古代佛教寺院的建立與僧人翻譯經書是分不開的。東漢時期在河南洛陽白馬寺建立了中國最早的佛教寺院，專為來華僧人誦經譯經而設。東漢明帝時，在白馬寺譯出最早的漢文佛經《四十二章經》，是最早的寺院藏書。隋唐時期，佛教譯經寫經規模更大，隋文帝時「京師及并州（今山西境內）、相州（今安陽）、洛州（今洛陽）等諸大都邑之處，並官寫一切經，置於寺內。」《全唐書》卷九百一十八載瑀公「前後寫經二藏，凡一萬六千卷」。宋代寺觀已趨於官化，譯經寫經活動更加頻繁，宋代的太平興國寺附近設有譯經院和印經院，政府的支持使寺院藏書數量增多。〔註5〕此外，宋代文人士大夫研讀、闡釋佛道典籍之風較盛，多有撰著，如晁公武在《郡齋讀書志》卷一一、一六的「道家類」「釋書類」「神仙類」中，除記載佛道經典外，僧、道、俗發揮、闡釋兩教的圖書就達數百種。〔註6〕

2. 私人寄藏

私人寄藏是寺觀藏書來源的一部分。寺院遠離紛爭，很少受兵災戰火的損害，統治者為了表示對佛道的尊崇會把一些珍貴書畫放在寺觀收藏，很多文人也願意將圖書寄藏於寺院。皇帝的御書御劄、書畫作品等的寄藏，在宋朝比較明顯，如天禧五年（1021），宋真宗「賜近臣御集，並賜天下名山寺觀。」私家藏書的寄藏，如李常幼年曾在廬山五老峰下白石庵僧舍讀書，後躋身仕途，便將其所抄九千卷圖書留在所居僧舍，取名李氏山房，蘇軾在《李氏山房藏書記》稱讚李常「是以不藏於家，而藏於其故所居之僧舍，此仁者之心也。」白居易曾把自己的作品寫成副本，藏於洛陽聖善寺和香山寺。

3. 購買

購買是寺觀藏書的重要來源。寺觀通過社會施贈以及自身經營等途徑，擁有一定資產，包括田地、財物等，部分與官方關係較密切的寺觀擁有的資產還相當可觀。寺觀可以通過處置資產所得的收益，如學田租賃所得租金和來自信徒香火錢的一部分用於購買圖書，如安福興崇院僧人海睿，「走兩千里至福唐，市經於開元寺以歸，為卷者五千四十有八。」〔註7〕一次性購買經書就達五千餘卷。

〔註5〕田中梅：中原古代藏書文化研究〔D〕，鄭州：鄭州大學，2015。
〔註6〕張建東：文化視域下宋代寺觀藏書論略〔J〕，圖書館工作與研究，2013，（9）：18～21。
〔註7〕（宋）楊萬里：誠齋集〔M〕，文淵閣四庫全書本。

（四）書院文獻收藏的方法

1. 御賜

歷代統治者出於加強思想控制的考慮，常對書院御賜書籍加以扶植。如北宋太平興國二年（977），宋太宗御賜《九經》予白鹿洞書院，咸平四年（1001），宋真宗御賜《史記》等書予白鹿洞書院，大中祥符二年（1009），宋真宗御賜《九經》予嵩陽書院。元代御賜書籍予書院的記載較少，不過元政府曾下令要求各地書院應購置《四書》《九經》等書。清代皇帝多次賜書予書院。如康熙先後四次賜書予白鹿洞書院，乾隆第一次南巡後，又發布上諭，給南巡所視察過的蘇州紫陽書院、江寧鍾山書院、杭州敷文書院頒賜武英殿所刊《十三經》《二十二史》各一部。

御賜圖書多為關乎政教風化的書籍，如《十三經》《二十二史》《朱子大全》等，其數量一般不大，但在皇權時代，御賜圖書代表著統治者對書院的肯定，往往能起到很強的社會導向作用，帶動社會對書院的重視。

2. 捐贈

社會捐贈是書院藏書的重要來源，社會捐贈主要是官紳捐贈為主，也有書院教師等人員的捐贈。清代官紳捐贈圖書很普遍。官紳捐贈圖書或是一人捐贈，或是一人倡導，社會響應。如光緒三年（1877），肇慶端溪書院毀於戰亂，肇慶知府張丙炎為端溪書院捐俸購買《十三經注疏》《皇清經解》《資治通鑒》《四庫全書總目》等書，書院得以擁有教學所需的基本書籍。嶽麓書院在太平天國戰亂後，書院萬餘卷藏書蕩然無存，院長丁善慶倡議為書院捐贈圖書，丁善慶自捐阮元校刊《十三經注疏》等 4 種圖書，士人李桓捐贈《資治通鑒》《史記》等圖書 36 種，共二千餘卷，曾國荃捐獻《王船山遺書》一套，共二百七十卷給嶽麓書院。

3. 購買

書院購買圖書有兩種形式，一是官府為書院購置，二是書院自置。官府購置的主體是地方政府，書院具有官學的性質，政府出資為書院購置圖書是加強對書院管理和引導的重要措施。由於官府以地方財政為書院購置圖書，故其數額一般都比較大，如清代雲南五華書院，康熙五十七年（1718），雲南巡撫甘國璧置書 9 種，雍正九年（1731），雲貴總督鄂爾泰先後為書院購置圖書近萬卷，嘉慶二十五年（1820），湖南巡撫左輔為湖南城南書院購置圖書萬餘卷。書院自置圖書的原則一般是以實用為主，如大梁書院購書「先擇其最

有用者購置」。相比較而言，書院自置圖書的數量要小於官府置辦，主要是查閱補漏。

4. 刻書

書院刻書也是增加院藏圖書的重要形式。南宋時，已有書院刻書的記載，如福建龍溪書院刻陳淳《北溪集》五十卷，建安書院刻《朱文正公文集》一百卷。元代書院刻印圖書超過宋代，如西湖書院藏有大量南宋國子監書版，刻印圖書規模巨大，「所重刻經史子集欠缺，以板計者七千八百九十有三」。清代書院刻書最為興盛。廣州學海堂書院刻書二千三百三十四卷，廣雅書院刻書圖書五千七百四十六卷，杭州詁經精舍刻書三千餘卷。

三、文獻收藏的思想

文獻收藏活動源於文化發展，是文化長期積累的體現，作為社會現象和社會觀念的一部分，會受到時代衝擊，打上時代烙印，並深深地根植於特定歷史時期的文化之中。

（一）文獻收藏的功用思想

歷代統治者大都較為重視官府收藏事業，認為書籍對於治亂興亡具有重要意義，如宋太宗提到：「夫教化之本，治亂之原，苟非書籍，何以取法？」官府收藏的另一目的是培養統治人才，宋仁宗多次說道：「朕設三館以育才」，宋孝宗也說：「館職、學官，祖宗設此，儲養人才。朕亦欲待方來之秀。」兩宋士人都樂於在官府收藏機構——三館或秘書省任職，「以至治平、熙寧之間，公卿侍從莫不由此途出」，到了南宋，宰相、副宰相曾在秘書省任職者超過了一半。清代乾隆帝開放南方三閣，在諭旨中寫道：「原以嘉惠士林，俾得就近鈔錄傳觀，用光文治……以副朕樂育人才、稽古右文之至意。」

清代洪亮吉《北江詩話》中將藏書家分為「考訂家」「校讎家」「收藏家」「賞鑒家」「掠販家」幾種，有一定的合理性，但也不盡確切。當下也有學者將藏書家收藏的目的分為著述、校勘、博採、販賣四種類型。其實，藏書家的類型難以用簡單的標籤進行區分，無論哪種類型的藏書家，都從不同的角度對藏書作利用。古代藏書家多以藏書作為治學基礎。古代在文學、史學等方面有成就的文人學士大都以豐富的家藏為基礎，如東漢鄭玄、蔡邕，宋代歐陽修，都是藏書大家，而清代藏書家對藏書的利用更為廣泛，在版本學、目錄學、校勘學、輯佚學等方面都取得了巨大的成就。純粹為收藏而收藏的藏書家在古代

終究是少數，清代錢曾、黃丕烈以收藏宋元舊籍著稱於世，但錢曾、黃丕烈都積極校勘家藏，考證宋元版刻源流，撰寫題跋記，為後世考察古籍流傳提供了重要參考。

（二）文獻收藏的流通思想

官府收藏的目的不在於流通，故官府收藏的利用率一般都較低。寺觀收藏屬於特殊的宗教收藏體系，其流通範圍也較為有限。書院收藏的目的性較為明確，書院為教學而設，故藏書即是為書院師生服務而藏。下文重點介紹私家收藏的流通思想。

在古代，藏書為藏書家私有財產，部分藏書家將藏書視若珍寶，秘不示人。如唐代杜暹，聚書萬餘卷，概不借閱，他還在每部書籍後題家訓曰：「清俸買來手自校，子孫讀之知聖教，鬻及借人為不孝。」又如明代常熟錢謙益，於藏書頗為吝嗇，曹溶在《絳雲樓書目題詞》中稱錢謙益「一好自矜嗇，傲他氏以所不及，片楮不肯借出，盡有單行之本」，以至於錢謙益絳雲樓被毀後，所藏秘籍「不復見於人間」。

雖然部分藏書家不肯將藏書示人，自漢以來，思想開明的藏書家代不乏人。如蔡邕便贈書予王粲，晉代范蔚，家有書七千餘卷，「遠近來讀者百有餘人，蔚為辦衣食。」范蔚不但慷慨將書籍提供與眾人閱讀，還為前來讀書者置辦衣食。

五代以後，雕版印刷術得以普及，不少藏書家出於傳播典籍文化的目的，主動將家藏圖書校刻出版，以惠及天下士人。如五代後蜀毋昭裔，為讓天下寒士有書可讀，出資刊刻家藏《九經》《文選》等，為蜀地文化復興做出重要貢獻。明清兩代，藏書家刻書之風興盛，明末毛晉、清代鮑廷博傾畢生之力刻書，堪稱藏書家刻書的楷模。

明清兩代，藏書家對文獻流通的認識水平有了提高。曹溶主張藏書應流通，曹溶認為，藏書家過於吝嗇圖書，是導致圖書消失於人間的重要原因，為此，曹溶提出，藏書家應借觀藏書目錄，互通有無。黃丕烈認為：「昔人不輕借書與人，恐其秘本流傳之廣也，此鄙陋之見，何足語藏書之道。」黃丕烈指出過於吝嗇藏書的人並未真正懂得藏書之道，故黃丕烈能借書與愛好書籍、勤於校書的張訒庵。而孫星衍將藏書捐入孫族祠堂，作為孫氏族人共有財產，以便藏書能夠服務族人。周永年提出「儒藏說」，主張設立義學義田，對於貧寒之士，可由義田收入為其供給飲食。周永年所主張設立的義學已經具有公共圖

書館的性質。至清末民國，隨著西方思想的傳入，藏書家對待藏書的態度愈加開明，藏書開放的思想漸入人心，不少藏書家的藏書在身前和身後通過捐贈或出售的方式匯入公共圖書館。

第三節　文獻收藏的歷史

文獻收藏歷史源遠流長，與社會文化發展息息相關，可以說從有了文字記載便開始，但早期的收藏情況無從考證，目前可考的是從商代開始。

一、先秦兩漢的文獻收藏

先秦兩漢時期，官府收藏和私家收藏處於起步階段，官府收藏經過發展漸趨制度化，有大量藏書的私人藏書家開始出現。

（一）官府收藏

1. 先秦官府收藏

官府收藏在商周時期已經出現。商王朝藏有豐富的刻辭甲骨，出土的刻辭甲骨約十五萬片，四千多個單字。據文獻記載和考古發掘，刻辭甲骨主要藏於商王朝宗廟。商王朝設有史官負責卜辭的典藏工作。

周王朝時期，官府收藏系統進一步發展。周王朝的文獻收藏處所主要有宗廟、大史府、盟府等，掌管藏書的官員為大史等史官，老子便曾擔任周王朝藏書室的史官。春秋戰國時期，周王朝官府收藏衰落，不少王室書籍外流，且文獻管理官員也有出走。

諸侯國同樣擁有藏書。西晉太康二年，戰國魏襄王墓被盜，墓葬藏有竹書數十車，晉武帝命束皙等整理後，共有《紀年》《國語》《易經》《穆天子傳》等，共七十五篇。可見，魏國擁有一定數量的藏書，且種類豐富。諸侯國藏書的主要載體有簡冊和帛書。簡冊在考古中多有發現，最早的帛書發現於戰國時代的楚墓中。諸侯國文獻收藏的處所、管理與周王室類似。

2. 秦漢官府收藏

秦在統一六國時，搜集六國書籍，藏書量大增，其後的「焚書坑儒」未對官府藏書造成太大影響。秦代負責主管圖書的官員為御史大夫，御史大夫下設有御史等官員負責實際工作，如漢文帝時丞相張蒼，《史記》稱其「好書律曆，秦時為御史，主柱下方書」。秦末農民起義時，蕭何至咸陽，首先收集秦丞相、

御史律令圖書，但仍有諸多圖書未收集，項羽進入咸陽後，焚燒秦宮室，秦宮室藏書被付之一炬。

西漢官府收藏系統發展可分為兩個階段。第一階段為漢惠帝至漢成帝時期。漢初，國家藏書寥寥無幾，於是「改秦之敗，大收輔籍，廣開獻書之路」，至漢惠帝時，廢除挾書禁令，此後「天下眾書往往頗出」。漢武帝「建藏書之策」「置寫書之官」，大力搜訪遺書。漢成帝時，又使謁者陳農訪求遺書。第二階段為漢成帝以後。經過多年的圖書搜集，西漢官府收藏已經「積如丘山」，但豐富的藏書並沒有得到很好的整理，故漢成帝在求書的同時，令宗室劉向負責對國家藏書進行系統整理。劉向卒後，子歆繼承父業。經整理，官府藏書約有一萬三千二百一十九卷。劉向父子整理圖書的成績顯著，《戰國策》等重要文獻即是經過劉向整理而定稿。兩漢之際，社會動亂，西漢豐富的官府藏書損失嚴重。

東漢前期，光武帝以及繼位的明帝、章帝都極力推崇儒學，大力搜集天下圖書。自明帝開始，朝廷開始對官府藏書整理，漢章帝時，令班固、賈逵、傅毅等著名學者負責整理藏書。和帝以後，搜集圖書的工作無明文記載，但整理藏書的工作仍在繼續，著名學者馬融、蔡邕等都曾在東觀整理圖書。東漢末，董卓亂政，東漢官府藏書毀滅殆盡。

東漢官府藏書數量無明確記載，據《後漢書‧儒林轉》記載：「初，光武遷還洛陽，其經牒秘書載之二千餘兩，自此以後，參倍於前。及董卓移都之際，吏民擾亂，自辟雍、東觀、蘭臺、石室、宣明、鴻都諸藏典策文章，競共剖散，其縑帛圖書，大則連為帷蓋，小乃製為縢囊。」可見，東漢官府收藏規模應相當豐富，東觀、蘭臺等機構都藏有大量圖書。

官府藏書目錄的編撰是兩漢官府收藏系統的一大進步。劉向、劉歆在整理圖書過程中，編撰了第一部官府藏書目錄——《別錄》，其後，劉歆在《別錄》的基礎上編撰了《七略》，進一步發展了劉向的目錄體制。東漢初，班固據《七略》作《漢書‧藝文志》，《漢書‧藝文志》開正史《藝文志》的先河，為後世所沿用。

西漢官府藏書處所有石室、蘭臺、石渠、天祿等，掌管國家圖書的官員主要有蘭臺令史、太史令等，如司馬遷父子兩代都為太史令。東漢前期，藏書處所以蘭臺為主，明帝以後，藏書處所以東觀為主。東漢前期沿襲西漢之舊，以蘭臺令史掌管圖書，其後又設有校書郎或校書郎中負責典校圖書，至東漢桓帝

時，設立專門負責掌管圖書的機構——秘書監，秘書監的設置結束了以史官代掌圖書的歷史，官府藏書的管理漸趨制度化。

（二）私家收藏

1. 先秦私家收藏

春秋戰國時期，學在官府的局面被打破，「士」階層興起，湧現了眾多有創造力的思想家。諸多思想家紛紛著書立說，為私家收藏的發展創造了條件。孔子是早期的藏書家，據《史記》卷四十七《孔子世家》載：

> 古者詩三千餘篇，及至孔子，去其重，取可施於禮義，上採契后稷，中述殷周之盛，至幽厲之缺，始於衽席……三百五篇孔子皆絃歌之，以求合韶武雅頌之音。
>
> 孔子以詩書禮樂教，弟子蓋三千焉，身通六藝者七十有二人。

孔子一方面對所藏典籍如《詩》《書》《禮》等，進行整理與研究，另一方面以所整理的《詩》《書》《禮》等書籍教授弟子。有關戰國諸子的藏書在文獻中也有相關記載。

這一時期，私家收藏的主要來源為諸子著述，《論語》即為孔子弟子據師門談話錄整理而成。戰國時期，士人游說之風盛行，諸子著述已經有一定的傳播度，為私家收藏的擴大提供了條件。

總體而言，春秋戰國的私家收藏處於剛剛起步階段。

2. 兩漢私家收藏

秦朝「焚書坑儒」事件嚴重打擊了私家收藏的發展，漢興，私家收藏得以緩慢恢復。西漢時期，書籍仍以簡牘、縑帛為主，製作艱難，傳抄不便，價格昂貴，制約了私家收藏的發展，故當時的藏書家主要為貴族、高官、學者。如《漢書》卷五十三《河間獻王德傳》載：

> 河間獻王德以孝景前二年立，修學好古，實事求是。從民得善書，必為好寫與之，留其真，加金帛賜以招之。繇是四方道術之人不遠千里，或有先祖舊書，多奉以奏獻王者，故得書多，與漢朝等。

河間王劉德藏書數量雖無明確記載，但由「與漢朝等」，可知其藏書規模應相當可觀。漢成帝時，宗室劉向、劉歆父子也藏有大量書籍，劉向、劉歆負責整理國家圖書時，常參校自家藏書。部分考古資料亦可佐證漢代貴族高官富於藏書，如長沙馬王堆漢墓，墓主為西漢初長沙丞相軑侯利倉父子，墓中出土了《老子》兩種、《周易》等帛書共二十餘種，十二萬餘字。

　　東漢著名的藏書家以學者為主。東漢前期,藏書家桓譚、杜林、賈逵、班彪父子等,後期著名的藏書家有鄭玄、蔡邕等。

　　鄭玄整理古典文獻取得了巨大的成就,據此推斷,鄭玄應有一定數量的藏書作為從事古籍整理的基礎,此外,鄭玄還提到「所好群書率皆腐敝」,故鄭玄藏書應當較為豐富。

　　蔡邕(133～192),字伯喈,陳留圉人。蔡邕博學多才,通辭章、數術、天文,善解音律,曾校書東觀。蔡邕藏書相當豐富,據《後漢書》卷八十四《蔡文姬傳》載:

> 　操因問曰:「聞夫人家先多墳籍,猶能憶識之不?」文姬曰:「昔
> 亡父賜書四千許卷,流離塗炭,固有存者。今所誦憶,裁四百餘篇耳。」

　　蔡邕贈書四千餘卷於蔡文姬,可知蔡邕藏書遠不止四千卷。又據《三國志》載,蔡邕極為賞識王粲,當眾說道:「此王公孫也,有異才,吾不如也,吾家書籍文章,盡當與之。」蔡邕贈書予王粲一事,還可從張華《博物志》中找到相關記載,《博物志》卷六稱:「蔡邕有書萬卷,漢末年,載數車與王粲。」蔡邕既贈書四千餘卷予其女,又贈書數車予王粲,可知蔡邕所藏書籍相當豐富,《博物志》稱其藏書萬卷應屬可信。蔡邕收藏思想開明,能將藏書贈予好學者,為後世藏書家樹立了良好榜樣。

二、魏晉南北朝隋唐五代的文獻收藏

　　魏晉南北朝隋唐五代時期,官府收藏和私家收藏具有明顯的反覆性,圖書聚散無常,寺觀收藏發展迅速,書院收藏開始呈現,四大藏書體系逐漸形成,加上圖書用紙製作技術的改善和普遍使用,藏書事業在總體上獲得發展。

(一)官府收藏

1. 魏晉南北朝官府收藏

(1)魏晉官府收藏概況

　　三國時,曹魏在東漢的基礎上,設置了一套較為完整的官府收藏管理機構,圖書的搜集與整理工作較為突出,蜀、吳兩國也設有官員負責官府藏書。西晉直接繼承了曹魏的官府藏書,其後又不斷收集圖書,藏書達到二萬九千九百四十五卷,西晉末年的八王之亂、永嘉之亂後,官府藏書蕩然無存。東晉建立後,朝廷努力鳩集圖書,官府藏書緩慢恢復。同一時期,北方十六國戰亂不已,官府藏書難以有所發展。

（2）南北朝官府收藏概況

南朝官府收藏事業發展迅速。南朝不少統治者重視搜集圖書，如宋武帝劉裕任東晉大將軍時，北伐攻佔長安後，收得後秦圖籍四千卷，蕭梁時期，南朝官府收藏最為興盛。梁武帝蕭衍重視文化事業，大力徵集天下遺書，官府藏書數量大為增加，約有二萬三千一百卷，梁武帝又建有華林園，用以收藏佛教典籍。到了梁元帝時期，官府藏書超過了十萬卷，達到南朝的頂峰。然而，公元554 年，梁與西魏發生戰事，梁戰敗後，梁元帝將所藏書籍付之一炬，南朝繁盛一時的官府收藏化為灰燼。陳朝國力衰微，官府收藏事業陷入低谷。隋文帝平陳後，檢閱陳官府藏書，發現「紙墨不精，書亦拙惡」。

北朝官府收藏事業不如南朝。北魏太武帝統一北方後，政局漸趨穩定，北魏統治者開始重視典籍，孝文帝在推行漢化的過程中，對圖書搜集工作較為重視，北魏官府收藏得以一定程度的發展，北魏末年，政局動盪，北魏分裂為東魏和西魏，官府藏書在動亂中散失嚴重。繼之而起的北齊和北周，官府收藏事業有所恢復，但藏書規模遠不如南朝。北周保定初年（561），藏書不過八千卷，北周滅北齊後，所得北齊圖書僅五千餘卷。

（3）官府收藏的管理

魏晉南北朝時期，官府收藏管理機構日益完備。東漢桓帝時，設立秘書監一職，作為主管官府藏書的專職官員，魏晉南北朝時期，秘書監歷經變革，逐步由職官發展成秘書省官署，地位不斷提升，權力逐漸擴大，成為政府中不可缺少的機構。秘書省制度的發展，進一步完善了官府收藏體系。

（4）官府收藏的整理與編目

魏晉南北朝時期，官府藏書目錄的編撰，對後世官府收藏系統影響深遠。西晉時，秘書監荀勗編撰了《中經新簿》，《中經新簿》打破劉向《七略》所創七分法，分甲、乙、丙、丁四部，分別代表經、子、史、集。東晉時，著作郎李充編撰《晉元帝四部目錄》，該書目將《中經新簿》乙為子、丙為史的次序更換，以經、史、子、集為序，這一四部分類法一直為後世沿用，成為圖書目錄的主要分類法。

南朝時，劉宋、南齊、蕭梁都編有藏書目錄，蕭梁時，編有《天監四年文德正御四部及術數書目錄》，該書目是一部正御本目錄，「正御」本圖書，即是指經過選擇去除複本之後的皇家藏書。北朝在官府藏書目錄的編撰方面無突出成就。

2. 隋朝官府收藏

隋朝歷史不足四十年，但官府收藏事業仍取得了一定成就。隋初，直接繼承北周的官府藏書，其後，隋文帝在秘書監牛弘的建議下，大規模地徵集書籍。平陳後，又收得陳朝的官府藏書，因而，隋官府藏書數量大增。

隋朝官府藏書機構主要有長安嘉則殿、秘書省，洛陽修文殿、觀文殿。《新唐書・藝文志》載：「初，隋嘉則殿書三十七萬卷。」其中包含了諸多複本，隋煬帝命秘書監對嘉則殿藏書進行整理後，得正御本三萬七千餘卷，藏於洛陽修文殿。隋末戰亂，官府藏書損失嚴重，但唐初，所得隋舊書仍有八萬餘卷，可見，隋代官府藏書數量相當豐富。

隋代重視對官府藏書的整理。隋文帝在徵集圖書的同時，「召天下工書之士，京兆韋霈、南陽杜頵等於秘書內補續殘缺，為正副二本，藏於宮中，其餘以實秘書內外之閣，凡三萬餘卷。」隋煬帝時，對秘書省藏書進行大規模的整理，將藏書抄寫副本五十份，並按圖書質量分為上中下三品，上品用紅色玻璃做軸，中品用黑色玻璃做軸，下品用黑漆圓木做軸。

3. 唐代官府收藏

（1）官府收藏概況

唐代官府藏書發展可分為兩個階段。第一階段為唐初至開元年間。隋唐之際，隋朝豐富的藏書損失嚴重，如隋東都洛陽藏書在運至長安過程中，因船隻失事，「其所存者，十不一二」，不過唐初繼承隋代舊書仍有八萬餘卷。唐太宗時，大力搜集遺書，並對圖書進行整理。唐朝官府收藏在玄宗開元年間達到高峰，玄宗重視官府收藏事業，除繼續徵集圖書外，玄宗委派官員對官府藏書進行了系統的整理。第二個階段為安史之亂以後。戰亂後，唐肅宗、代宗、德宗等皇帝力圖重建官府收藏事業，至唐文宗李昂時，官府收藏規模恢復到相當可觀的地步，不過，這一時期唐中央政府已無足夠的財力持續對官府藏書做大規模整理。唐後期的歷次戰亂，特別是黃巢所領導的農民戰亂，對官府收藏破壞甚為嚴重，至唐末，官府藏書已經所剩無幾。

（2）官府收藏機構

唐代依舊設立秘書省掌管中央官府收藏事業，秘書省職官系統大體沿襲隋朝，最高官員為秘書監，下設有秘書少監、秘書丞、秘書郎、校書郎等，此外，唐代還新出現了熟紙匠、裝潢匠、筆匠等技術人員。秘書省的官員中，秘書監多為當代名儒學者，如魏徵、虞世南、顏師古等都曾擔任秘書監，其餘如

秘書郎、校書郎等都是士人樂於擔任的清望之官，開元名相張說、張九齡都出身於校書郎。

　　除秘書省外，弘文館、史館、集賢院等也是重要的藏書機構。弘文館是皇室重要藏書處所之一，隸屬於門下省，據《唐會要》卷六十四《弘文館》載：「太宗初即位，大闡文教，於弘文殿聚四部群書二十餘萬卷，於殿側置弘文館。」太宗時，弘文館藏書達二十餘萬卷，其中雖有較多複本，但數量仍舊很可觀。史館專掌修撰國史之事，貞觀三年（629），唐太宗為修晉、南北朝史書而設，史館所藏多為《國史》《實錄》《起居注》等重要資料。集賢殿書院興建於玄宗時期，分設於長安與洛陽，其前身為乾元殿、麗正殿，玄宗開元中期以後，集賢殿書院成為重要的藏書處所和圖書整理中心。

　　（3）官府收藏的整理與編目

　　唐朝官府藏書的整理工作開始於唐太宗時期。魏徵、虞世南、顏師古先後擔任秘書監，負責藏書的整理工作，但官府藏書的系統整理是在唐玄宗開元年間。開元三年（715），在馬懷素的建議下，玄宗命其負責對秘書省藏書進行整理編目，但馬懷素旋即病卒，隨後玄宗又任命元行沖主持圖書整理工作。玄宗在對秘書省圖書整理的同時，又派褚無量對乾元殿圖書進行清理，並著手編目工作。褚無量於開元八年（720）去世後，由元行沖總領麗正殿和秘書省的校書、編目工作，開元九年（721），元行沖等編撰成《群書四部錄》二百卷，該書目共著錄圖書五萬餘卷。其後，整理圖書的工作以集賢院為中心繼續進行，開元十九年（731），玄宗幸東都時，經過整理的集賢院藏書達到八萬九千卷。

　　4. 五代十國官府收藏

　　五代十國時期，中原地區戰亂頻繁，官府收藏事業受到了很大影響。後唐、後晉、後周雖屢次下詔徵求書籍，但收效甚微。而南方地區相對安定，南唐、後蜀官府藏書都比較豐富。北宋平定諸國時，收得各國大量書籍，據《續資治通鑑長編》載：「建隆初，三館所藏書僅一萬二千餘卷，及平諸國，盡收其圖籍，惟蜀、江南最多，凡得蜀書一萬三千卷，江南書二萬餘卷。」

　　五代十國的官府刻書事業有了初步發展。後唐明宗長興三年（932），宰相馮道、李愚奏請校正《九經》，刊刻出版，歷經二十餘年，後周廣順三年（953）六月，《九經》全部刊刻完成。《九經》的刊刻促進了儒家經典的普及，《通鑑》稱：「雖亂世，《九經》傳佈甚廣。」官府刻書事業的發展，促進了書籍的傳播，書籍的流通方式開始由手抄向雕版印刷過渡。

（二）私家收藏

1. 魏晉南北朝私家收藏

魏晉南北朝時期，私家收藏得到一定程度的發展，藏書家的人數及其藏書規模較之漢代已有大幅度增加，這三百多年中，藏書家人數有一百餘人，且出現了不少萬卷藏書家。這一時期的私家收藏呈現明顯的階段性與區域性。三國與西晉時，藏書家主要集中於北方，東晉政權建立後，南方地區相對較為安定，為私家收藏的發展創造了條件，至南朝時，私家收藏有了很大發展。北朝私家收藏雖有所發展，但無論藏書家人數還是藏書規模，都不如南朝。

魏、晉著名的藏書家有范蔚、張華等。范蔚家世好學，以儒學著名當世，家有藏書七千餘卷，遠近至其家讀書者有百餘人，范蔚不僅慷慨提供閱讀，還為眾人置辦衣食，可見其思想開明。張華（230～300），字茂先，范陽方城（今河北固安）人，著有《博物志》三十卷。張華家富有藏書，徙居時，竟然「載書三十乘」，秘書監摯虞整理官府藏書，常從張華處借閱以作參考，可見其藏書之多。

南朝私家收藏發展迅速，出現了不少萬卷藏書家。任昉、王僧孺、張緬、許亨等都藏書萬餘卷，而沈約「聚書至二萬卷，京師莫比」。沈約（441～513），字休文，吳興武康（今浙江德清）人，著有《宋書》一百卷。

蕭梁時期，梁武帝蕭衍重視文教，史稱：「梁武帝敦悅詩書，下化其上，四境之內，家有文史。」在梁武帝的重視下，梁朝私家收藏達到了南朝的最高峰。梁朝宗室藏書頗為豐富，如蕭勱，《南史》卷五十一《蕭勱傳》載，蕭勱「聚書至三萬卷，披翫不倦，尤好《東觀漢記》，略皆誦憶。」而梁元帝蕭繹在即位前已聚書多年，所聚書達七萬餘卷。經歷梁末戰亂後，陳朝私家收藏的發展勢頭已大不如前。

北朝私家收藏發展不如南方，藏書千卷以上的藏書家有十餘人，如北魏元延明、李葉興等，元延明「鳩集圖籍，萬有餘卷」，李葉興「愛好墳籍，鳩集不已，手自補修，躬加題帖，其家所有垂將萬卷」。

2. 隋唐私家收藏

隋朝歷史不足四十年，私家收藏並無太大發展。不少藏書家身跨兩朝，較為著名的藏書家有許善心、明克讓、牛弘等。牛弘（545～610），字里仁，擔任秘書監期間，上表請開獻書之路，為隋朝官府收藏的發展作出了貢獻。

唐朝私家收藏的發展可劃分為三個時期。第一階段為唐太宗至武則天時

期。唐前期，私家收藏呈不斷發展的趨勢，藏書家人數眾多，有魏徵、顏師古、李元嘉、元行沖、吳兢、韋述等人。第二階段為唐肅宗至憲宗時期。安史之亂以後，唐朝官府收藏逐漸衰落，而私家收藏的發展勢頭不減，藏書家有田弘正、蘇牟、李泌、柳宗元、韋處厚等人。第三階段為唐憲宗以後，隨著唐朝政治局勢的日益混亂，社會動盪不安，私家收藏走向衰落，這一時期的藏書家有王涯、段成式、李磎等人。

　　唐朝私家收藏的主體仍以貴族官僚和學者為主。李元嘉為唐高祖之子，聚書至萬卷。魏徵、李泌、韋處厚、王涯、李磎都曾擔任宰相。李泌祖孫三代藏書，聚書三萬卷。韋處厚「聚書逾萬卷，多手自刊校」。王涯「家書多與秘府侔」。學者則有顏師古、薛稷、吳兢、柳宗元等人。顏師古（581～645），本名籀，以字行世，祖父為北齊顏之推。師古少傳家業，博覽群書，所撰《漢書注》，是研究《漢書》的重要參考書籍。薛稷為唐代四大書法家。吳兢著述頗豐，撰有《貞觀政要》，並編有早期私家收藏目錄《西齋書目》。

　　唐代私家收藏的管理水平有所提高。北魏時，便已出現有用以藏書的藏書室，《魏書》卷八十四《平恒傳》載：「別構精廬，並置經籍於其中。」至唐代，見於記載的藏書樓日益增多。如鄴侯李泌，構築書樓，積書至三萬卷。李泌還用著色牙籤分類標記藏書，以便管理。此外，白居易建有池北書庫。田弘正「於府舍起書樓，聚書萬餘卷。」

3. 五代十國私家收藏

　　隋唐時期，長安作為全國的政治、文化中心，聚集了大批藏書家，東都洛陽也是私家收藏中心之一。五代十國時期，長安作為私家收藏中心的地位已不復存在，洛陽、開封作為五代都城，仍有一定數量的藏書家。南方地區戰亂較少，吳越、南唐、後蜀等地私家收藏得到了一定程度的發展，並為宋以後南方私家收藏的興盛奠定了基礎。

　　這一時期，中原地區著名的藏書家有王都、張昭遠等人。王都好聚圖書，「令人廣將金帛收市，以得為務，不責貴賤，書至三萬卷。」張昭「博通學藝，書無不覽……藏書數萬卷」，南唐私家收藏風氣興盛，藏書家有徐鉉、徐鍇兄弟等。徐鍇精於文字學，陸游《南唐書》稱：「江南藏書之盛，鍇力居多。」後蜀藏書家有毋昭裔等人，毋昭裔少時家貧，苦於書籍不易得，故其在擔任後蜀宰相時，出資刊刻《九經》《文選》《初學記》等書籍，以方便士人。

　　五代十國是私家收藏史上的過渡階段。魏晉南北朝至隋唐，藏書家在不斷增多，藏書數量也在擴大，但書籍的流通方式主要以手寫傳抄為主，私家收藏的發展程度較為有限。五代十國時期，雕版印刷術得到了一定程度的應用，官私刻書興起，書籍普及與流通速度大大加快，書籍逐步由手寫本時代向印本時代過渡，為北宋私家收藏的興盛奠定了基礎。

（三）寺觀收藏

1. 佛教寺院收藏

（1）魏晉南北朝寺院收藏

　　佛教在中國的發展經歷了由上而下的歷程。佛教在西漢末年傳入中國，到東漢時，已經在上層階級中傳播，但東漢佛教的發展較有限，譯經僅二百餘卷，佛寺的數量也無明確記載。三國時，佛教在魏、吳兩國得到發展。西晉時，譯經活動不斷開展，寺院增多，寺院藏書漸成規模，荀勖《中經新簿》已著錄有佛教典籍，專門收錄佛典的書目《眾經目錄》也在此時產生。

　　東晉朝廷支持佛教的發展，寺院隨之增多，佛典日益豐富。東晉寺院超過了一千七百六十八所，著名的佛教寺院有廬山東林寺和建康道場寺，所譯佛經有一百六十八部，共四百六十八卷。北方十六國也大力提倡佛教，尤以後秦姚興政權最為尊崇佛教。十六國時期，譯經二百五十一部，共一千二百四十八卷。

　　南朝歷代皇帝都支持佛教的發展，宋文帝等廣建佛寺，宿僧譯經。南朝佛教在梁時發展最為興盛，梁武帝蕭衍崇佛達到極點，多次舍身入寺。梁境內佛寺達到了二千八百四十六所，梁僧人釋僧佑所編《出三藏記集》，共著錄佛典二千一百六十二部，四千三百二十卷。梁末侯景之亂，佛教寺院藏書遭到一定程度的破壞，陳朝時，佛教發展勢頭已不如前。

　　北朝佛教也得到了快速發展。北魏太武帝曾嚴厲打擊佛教，但佛教隨後又在繼任皇帝的支持下得到發展，著名的雲岡石窟、龍門石窟以及少林寺均建於北魏時期。北魏孝明帝時期，佛教在北魏發展到了鼎盛，全國有寺院三萬餘所，僧尼二百萬。北周武帝雖然再次打擊佛教，而佛教在周武帝以後又得到了恢復。北朝譯經活動不如南朝，共譯經一百零五部，三百五十五卷。

　　魏晉南北朝著名的佛寺有襄陽檀溪寺、廬山東林寺、建康定林寺、洛陽永寧寺等。建康定林寺藏經四千餘卷，劉勰為其編有《定林寺經藏目錄》。

（2）隋唐五代寺院收藏

　　進入隋唐以後，佛教發展到了高峰。隋文帝、煬帝都尊崇佛教，大力支持

佛教的發展。隋文帝即位之初，即下詔令「京師及并州、相州、洛州等諸大都邑之處，並官寫一切經，置於寺內；而又別寫，藏於秘閣」，其後，隋文帝改京師陟岵寺為大興善寺，並在全國各州普建寺院。佛經的整理與翻譯工作也在此時展開。文帝設置譯館，立翻經學士，廣求天下名僧，主持譯經工作。在隋文帝的帶動下，民間抄寫佛經的數量有大為增長，史稱「天下之人，從風而靡，競相景慕，民間佛經，多於六經數百十倍」。

隋煬帝初，改全國僧寺為道場，令智果整理東都內道場藏書。煬帝又在上林園設置翻經館，徵集名僧智通等譯經。據《釋氏稽古略》等書統計，隋煬帝時共修補舊經九十萬三千五百八十二卷，可見隋煬帝時期佛經整理工作的繁盛。

唐朝統治者繼續支持佛教的發展。這一時期，佛經翻譯取得了很大的成績，佛寺遍布全國，佛學理論得到很大發展，佛教的各個宗派如天台、法相、華嚴等都在此時形成。唐朝後期的武宗會昌滅佛，大大打擊了佛教的發展，佛教從而走向衰落。

佛教《大藏經》在隋唐兩代逐漸趨於規範。南北朝時期，已經出現有「一切經」的名稱，隋開皇十七年（597），翻經學士費長房所撰《歷代三寶記》十五卷，卷十三、十四為《入藏目》，《入藏目》收錄了費長房認為應該入藏的經本。唐代最為著名的佛教經本目錄是《大唐內典錄》和《開元釋教錄》。《大唐內典錄》由西明寺高僧道宣所編，分為十部分，對佛教入藏標準作出了區分，這一分類簡明實用，在當時流傳甚廣，諸多寺院以此作為藏經管理依據。開元十八年（731），長安西崇福寺智升編纂了《開元釋教錄》二十卷，其最後兩卷為《入藏錄》，《入藏錄》別錄部分收錄了智升勘定無誤的真經一千一百二十四部，五千零四十八卷。《開元釋教錄》對後世影響極為深遠，成為此後各寺院整理、規範藏經的依據。

隋唐兩代著名的寺院有京師大興善寺、京師大慈恩寺、京師西明寺、五臺山金閣寺、廬山東林寺等。

2. 道教宮觀收藏

（1）魏晉南北朝道觀收藏

道教是中國土生土長的宗教，與佛教的發展不同，道教的發展走的是由下而上的歷程。早期道教產生於東漢中後期，三國兩晉時期，道教繼續在民間發展，道教徒藏書開始見於著錄是在西晉時期。西晉著名的道士以鄭隱為代表，

鄭隱本為儒者，晚年好仙道，家藏有較多道書，據其弟子葛洪所著《抱朴子‧遐覽》記載，鄭隱藏有道書六百七十卷。東晉時，朝廷奉行佛道並行的政策，道教逐漸得到發展，並開始在上層階級傳播。重要的道經「三洞真經」（《三皇經》《靈寶經》《上清經》）即產生於東晉。北方十六國時期，佛教發展迅速，道教的發展程度不如佛教。

南北朝時期，道教得到很大發展，道教典籍的整理和結集工作也在此時展開。南朝劉宋明帝時，宋明帝專門為道士陸修靜建立了崇虛館，令其負責整理道教典籍。陸修靜編撰了《三洞經書目錄》，這部目錄採用「三洞四輔十二類」的分類體系，收錄道書共一千二百二十八卷。其後王儉編撰《七志》時，也收錄了道書，道書已經在綜合目錄中取得了一席之地。

北魏寇謙之創立了新天師道，並得到了北魏道武帝的支持，其後道教繼續在北朝發展。北周武帝時，大建宮觀，武帝先後令玄都觀和通道觀負責整理道教典籍，玄都觀所編的《玄都書目》，著錄有道經二千零四卷，其後通道觀編成的《三洞珠囊》，共著錄各類道書八千餘卷，可見北周道經已有相當數量。

隨著道教典籍的日益增多，道觀藏書在南北朝得到很大發展。早期道教徒修行的場所比較簡陋，至南北朝，道觀遍布南北，如北齊文宣帝在詔書中提到「館舍盈於山藪，伽藍遍於州郡」「黃服之徒，數過於正戶」，館舍即道觀，伽藍即寺廟，道士人數甚至超過國家編戶人口，雖有所擴張，但道士人數眾多則是事實。各道觀規模不一，構造多為宮殿式，內有藏經樓，專貯道藏。

南朝著名的道觀有崇虛館、簡寂觀、懷仙館等，北朝道觀有玄都觀、通道觀、雲臺觀等。簡寂觀為陸修靜在廬山創建，宋明帝除為陸修靜修建崇虛館外，又在紹興為孔靈產建懷仙館。崇虛館、玄都觀、通道觀都曾負責收集和整理道經，其藏經應較為豐富。

（2）隋唐五代道觀收藏

隋唐時期，道教發展到了高峰時期。隋文帝即位之初，就在京城內修建宮觀 36 所，隋煬帝時期，又建造宮觀 24 所，隋煬帝還曾於東都洛陽建內道場，專門搜集道經、佛經。

唐高祖時，李淵將老子定位李姓遠祖，隆重建祠，加以祭祀。唐高祖之後的歷代皇帝都尊奉道教，唐玄宗時，道教發展到了極盛階段，據研究，開元年間國家承認的道觀便已超過 1300 所，全國道士約有四萬至六萬人。唐玄宗極力崇奉道教，先天元年（712），唐玄宗敕太清觀主史崇玄及昭文館、崇文院的

學士薛稷等對京中所藏二千餘卷古道經進行編輯、注釋，並編成《一切道經音義》，約一百五十卷。開元年間，唐玄宗遣使在全國搜訪道經，組織編纂道經，並纂有道經目錄，名為《三洞瓊綱》和《三洞玉緯》，《三洞瓊綱》著錄道經七千三百餘卷，《三洞玉緯》著錄道經九千餘卷。

據《唐大詔令》載，唐玄宗天寶八年（749），「令內出一切道經，宜令崇玄館即繕寫分送諸道採訪使，令管內諸道傳寫。其官本便留採訪，至郡，親勸持誦。」又據《南部新書》載：「天寶十載，寫一切道經五本，賜諸觀。」可見，唐玄宗不止一次賜道經予天下各道觀。

安史之亂後，唐代道教的發展受到了影響。開元年間編成不久的《三洞瓊綱》和《三洞玉緯》均毀於戰火。唐肅宗時期，搜訪得道經六千餘卷，唐代宗年間，道士申甫經過努力收集，道經共有七千餘卷。其後，道經數量又有衰減，唐文宗太和二年，太清宮上奏稱道經止有五千三百卷。唐末戰亂頻繁，道經遺失嚴重，曾有「神隱子」、杜光庭收拾整理道教殘經，但僅得三千餘卷。

唐代著名的道觀有京師昊天觀、京師太清宮、亳州太清宮。昊天觀、京師太清宮均為長安重要的道觀藏所。據元人《類編長安志》卷一〇載有《唐太清宮道藏經目碑》，可見太清宮藏有一定數量的道經，亳州太清宮所藏道經，歷經唐末五代戰亂，至北宋猶存。

五代十國時期，吳越國王曾為道士朱霄外在天台山桐柏宮築閣，收有道經二百函，不過因編纂道經過於草率，道經質量不高。此外，尚有道士暨齊物積書數千卷，梁文矩聚道書數千卷，長安高平縣西女學洞還藏有道經數萬卷。

（四）書院收藏

書院收藏源於唐代，書院之名始於唐代麗正書院、集賢書院。《新唐書·藝文志》記載了麗正書院、集賢書院的設立原因和經過：「初，隋嘉則殿書三十七萬卷，至武德初，有書八萬卷，重複相糅。王世充平，得隋舊書八千餘卷，太府卿宋遵貴監運東都，浮舟溯河，西致京師，經砥柱舟覆，盡亡其書。貞觀中，魏徵、虞世南、顏師古繼為秘書監，請購天下書……及還京師，遷書東宮麗正殿，置修書院於著作院。其後大明宮光順門外、東都明福門外，皆創集賢書院，學士通籍出入。」麗正書院、集賢書院在唐代主要是為了刊輯經籍，由於其正式使用了「書院」一詞，在事實上開創了書院藏書的肇端。此外，唐代有講學治學活動的書院也開始出現，如唐貞觀九年（635）在遂寧所辦的張九宗書院、唐中宗景龍年間的松洲書院等。

唐末到五代時期，私人書院在亂世中艱難延續，仍承擔著收藏典籍的責任。很多後朝知名書院也在此時期興建，比如嵩陽書院、應天府書院、白鹿洞書院等都建於五代。此時期的書院成為了亂世中讀書人安身立命之所。唐書院藏書對宋元明清的書院藏書起到了示範作用。

三、宋遼金元的文獻收藏

宋遼金元時期，文獻收藏與統治者政策息息相關，官府收藏略顯停滯，私家收藏、書院收藏蓬勃發展，寺觀收藏持續平穩。

（一）官府收藏

1. 宋代官府收藏

（1）兩宋官府收藏概況

宋初，直接繼承了後周官府藏書，在平定各國中，又收得南唐、吳越等國藏書，這些圖書構成了宋初官府藏書的基礎。其後，宋太宗、宋真宗等皇帝在徵集圖書的同時，制定優厚的賞賜標準，經過多年的努力搜集，北宋官府藏書數量快速增長。《宋史·藝文志》載，宋初，官府藏書僅一萬三千餘卷，至真宗朝，藏書達三萬九千一百四十二卷，徽宗時期，藏書已有七萬三千八百七十七卷。北宋末年，官府藏書遭靖康之難，藏書或是被毀，或是被金國運至北方。

南宋政權逐漸穩定後，大力訪求書籍，「屢優獻書之賞」，加之刻書事業的發展，南宋官府藏書得以部分恢復，孝宗淳熙五年（1178），秘書省對圖書整理後編成的《中興館閣書目》，共著錄圖書四萬四千四百八十六卷，至寧宗嘉定十三年（1220），又新增圖書一萬四千九百四十三卷，已經和北宋相差不遠。理宗以後的官府收藏，則無詳細資料記載。南宋滅亡之後，官府藏書大部分被運至元大都。

（2）官府收藏機構

北宋承唐、五代制度，設立昭文館、史館、集賢院三大藏書機構，太平興國二年（977），宋太宗專門為三館修建崇文院，崇文院東廊為昭文書庫，南廊為集賢書庫，西廊為史館書庫，其後，宋太宗又在崇文院中堂修建秘閣，秘閣繼三館之後，成為重要的中央藏書機構，與三館合稱「館閣」。三館中，以史館藏書為主，史館藏書最多、最全，秘閣所藏多為三館經過校定後的定本圖書以及書畫真蹟。

館閣作為中央藏書機構，有一套相應完備的官制。三館的最高官職為昭文館大學士、監修國史、集賢院大學士，均由宰相兼領。次於宰相的高級官員則有直昭文館、史館修纂、直集賢院等。

北宋前期，秘書省一度虛設，神宗元豐官制改革（1082）以後，館閣併入秘書省，秘書省再次成為國家藏書與管理機構，並延續至南宋滅亡。

北宋皇室藏書的主要機構有太清樓、殿閣、玉宸殿等。太清樓建於宋太宗時期，藏書主要來自於館閣，真宗咸平二年（999）「詔三館寫四部書一本來上，當置禁中太清樓，以便觀覽」，故太清樓藏書甚為豐富，幾乎與三館等。殿閣專門用以收藏前朝皇帝御書、御集，始於真宗朝，如收藏宋太宗御製、御集的龍圖閣，收藏真宗御製、御集的天章閣等。南宋皇室藏書的主要機構則有損齋、緝熙殿等，緝熙殿多藏善本珍本。

（3）官府收藏的整理與編目

兩宋對官府藏書的整理持續時間長、規模大，且多編有藏書目錄。宋真宗大中祥符八年（1015），館閣藏書毀於火災，真宗命重新抄寫、校勘太清樓藏書，以恢復館閣藏書。仁宗景祐元年（1034），命翰林學士張觀等編定四庫書，此項工作持續八年，參加者有宋祁、歐陽修等知名學者，在此基礎上，歐陽修等負責編纂了《崇文總目》。《崇文總目》成為瞭解北宋官府藏書的主要文獻。嘉祐四年（1059），宋仁宗又命蘇頌等人編訂四庫書。徽宗時期，因秘書省書籍多有缺失，且校勘不精，徽宗命設置補完校正文籍局，對秘書省書籍進行大規模校理，同時在《崇文總目》的基礎上編纂了《秘書總目》。

南宋圖書整理工作始於宋高宗紹興二年（1132），孝宗時期，秘書省經過幾十年的積累，藏書已相當豐富，淳熙三年（1176），秘書省對藏書作了大規模整理，並據此編撰了《中興館閣書目》。宋寧宗嘉定十三年（1220），秘書省又對圖書進行編次整理，此次整理工作編撰了《中興館閣續書目》，著錄孝宗朝以後新增圖書。

南宋圖書校勘的理論取得了一定的成就。紹興六年（1136），史館修撰范沖和秘書少監吳表臣在整理圖書的同時，制定了一套校讎式。該條例規定了校勘的原則、方法、格式及所用符號，涉及校勘的多個方面，對規範校書活動具有實用意義。

2. 遼金官府收藏

遼朝官府收藏的發展較為有限。遼國官府收藏機構有乾文閣、翰林院、國

子監等,遼在五京均設有國子監,另外,各地府學、州學、縣學都有規模不等的藏書。遼朝官府收藏的來源主要有三,一是滅亡後晉時所得後晉官府藏書,二是向民間徵集所得,三是各級官府刻印的圖書。遼朝未見有整理官府藏書的記載,其官府藏書的規模,也不得而知。

金朝漢化程度較高,官府藏書的發展程度高於遼朝。金滅亡北宋時,獲得了北宋大量藏書。金世宗完顏雍、章宗完顏璟都重視搜集圖書。章宗泰和元年(1201),「勅有司購遺書,宜尚其價,以廣搜訪藏書之家,有珍惜不願送官者,官為謄寫,畢,復還之,仍量給其直之。」在章宗的努力下,金朝官府藏書大為增加。

金朝重視翻譯漢文典籍,章宗時,曾翻譯杜甫、韓愈、歐陽修、蘇軾等人的文集,明昌五年(1194),又專門設置宏文院,負責翻譯漢文經書,故金代官府收藏中包括大量女真文獻,惜今已亡佚。

金仿傚宋官制,設置秘書監掌管圖書。趙秉文、元好問等學者都曾在秘書監任職,金代官府收藏對於金代文化發展起了重要作用。

3. 元代官府收藏

元初的圖書主要來源於宋、金。元滅亡南宋時,統帥伯顏命孟祺收取「秘書省、國子監、國史院、學士院、太常寺圖書」,送至元大都,故元朝官府收藏的數量很可觀。元順帝至正三年(1343),元朝廷開局修纂宋、遼、金三史,因編纂三史的資料不足,下詔購求遺書,但求書的成效則不得而知。

元朝官府收藏規模雖然龐大,但官府收藏的管理並不到位。秘書監是中央圖書收藏與管理機構,但秘書監從未對圖書進行整理編目工作,據《秘書監志》載:「自至元迄今,庫無定數,題目簡秩,寧無紊亂。」「迄今」指至正二年(1342),可見,從元初至元中後期,官府收藏一直缺乏有效的管理。因此,至正二年(1342),秘書監對庫存圖書進行了清點,並編有一份簡單的圖書清冊,該清單僅注明經史子集各部類的數量,沒有書的名稱、作者和卷數,不是一部圖書目錄。據錢大昕《補元史藝文志》,元代經部書籍804種,史部477種,子部763種,集部為1098種,合計3142種,說明元代官府收藏相當豐富。

除秘書省外,興文署、翰林國史院、國子監也是藏書機構。國子監、興文署主要從事官府刻書。翰林國史院藏書規模不詳,元代所修三史《遼史》《金史》《宋史》即在此完成,故翰林國史院應當藏有大量與修史相關的書籍。

（二）私家收藏

1. 宋代私家收藏

（1）私家收藏概況

進入北宋以後，私家收藏迎來了發展的黃金時期。雕版印刷術在宋代的廣泛運用，刻書業的發展，為私人收藏圖書提供了極大便利，加之在宋代崇文重教的政策影響下，藏書之風在士大夫階層盛行。兩宋私家收藏的規模空前發展，據諸家統計，見於文獻記載的宋代藏書家有五百餘人，這一數據已經超過了此前歷代總和。

北宋時期，河南、河北等地藏書家輩出，北宋覆滅後，南宋政權定都杭州，文化中心轉移到了江浙地區。南宋一代，江浙私家收藏迅速發展，逐步奠定了此後幾百年江浙地區作為全國私家收藏中心的地位。

兩宋著名的藏書家有歐陽修、宋敏求、蘇頌、賀鑄、周密、葉夢得、晁公武、陳振孫、尤袤等。

歐陽修（1007～1072），字永叔，廬陵（今江西吉安）人。歐陽修藏書萬卷，其特色是收藏了較多的金石文獻，並據此編有《集古錄》。

宋敏求（1019～1079），字次道，趙州（今河北趙縣）人。宋敏求之父宋綬，聚書已達萬卷，敏求在此基礎上收書達三萬餘卷，且注重藏以致用，所藏書「皆略誦習，熟於朝廷典故，士大夫疑議，必就正焉」。

蘇頌（1020～1101），字子容，泉州南安人。蘇頌聚書數萬卷，書多有抄自館閣者。蘇頌藏書思想開明，葉夢得常從蘇頌家借書抄閱。

賀鑄（1052～1125），字方回，衛州（今河南汲縣）人。賀鑄藏書萬餘卷，其對藏書的校勘極為精審，「無一字誤」。宋室南渡後，賀鑄藏書多數獻於官府。

葉夢得（1077～1148），字少蘊，吳縣（今江蘇吳縣）人。葉夢得注重抄校圖書，並對書籍版本有一定研究，如認為杭州所刊刻圖書質量最佳，福建次之，四川最差。葉氏藏書在晚年因火災被毀。

周密（1232～1298），字公瑾，原籍濟南，其家南渡後居吳興（今浙江湖州）人。周密世代藏書，聚書四萬二千餘卷，又有金石文獻一千五百餘種。

（2）私家收藏特點

藏書世家輩出。兩宋延續三世以上的藏書家有十四家，其中，四川眉山孫氏從唐末沿襲至南宋初，藏書延續十餘世，延續六世的有江西新喻劉氏與山東巨野晁氏，晁公武即為巨野晁氏第六代藏書家。

宋代宗室富於藏書。兩宋藏書之風興盛，宗室藏書家代不乏人。從北宋初至南宋末，總計多達三十餘人。比較著名的藏書家有趙元傑、趙宗綽、趙善應、趙汝愚等。趙元傑為宋太宗子，《宋史》載其「穎悟好學，善屬詞，工草隸飛白，建樓貯書二萬卷。」趙宗綽為宋真宗孫，《容齋隨筆》稱其聚書至七萬卷。趙善應、趙汝愚父子皆嗜書，趙善應藏書至三萬卷，趙汝愚位至宰相，與朱熹等有交往。

注重藏書的整理。兩宋藏書家注重校勘家藏，「手自校讎」的事例屢見於文獻中。除賀鑄、葉夢得外，如宋綬「校書如掃塵，一面掃，一面生，故有一書每三四校，猶有脫謬」，可見宋綬校書之勤；晁說之自稱「雖不敢與宋氏爭多，而校讎是正，則未肯自讓」，可見其亦重視對藏書的校勘。正是因為兩宋藏書家注重對藏書的校理，宋代舊鈔舊刻具有較高的質量，為明清藏書家所青睞。

注重藏書的編目工作。私家收藏目錄是私家收藏發展到一定階段的產物，唐時見於記載的私藏目錄有吳兢《西齋書目》，宋代出現了為數眾多的私家收藏目錄。宋代藏書家編有藏書目錄的有近四十家，如宋綬、歐陽修、王欽臣、葉夢得、周密等，不過大部分都已經亡佚，流傳至今的有晁公武《郡齋讀書志》、尤袤《遂初堂書目》、陳振孫《直齋書錄解題》。晁公武《郡齋讀書志》、陳振孫《直齋書錄解題》開私家收藏提要目錄的先河，而尤袤《遂初堂書目》則開版本目錄學的先河，有關三書的介紹，詳見本書第三章第二節。宋代私家收藏目錄的編撰是私家收藏史上的重大突破。

2. 遼金私家收藏

遼代私家收藏的文獻記載極少，見於史籍的藏書家僅一二人，如耶律倍、王繼恩。耶律倍為遼太祖阿保機長子，阿保機死後，因其母述律后的操縱，被迫讓位於其弟耶律德光。《遼史》載：「倍初市書至萬卷，藏於醫巫閭絕頂之望海堂，通陰陽，知音律，精醫藥砭炳之術，工遼、漢文章，嘗譯陰符經，善畫本國人物。」耶律倍漢文化程度高，藏有大量圖書，且專門建有望海堂以貯藏書籍。宦官王繼恩不喜權利，「每得賜賚，市書至萬卷，載以自隨，誦讀不倦。」

金朝私家收藏的發展程度高於遼朝。金代著名藏書家有完顏勗、元好問等。完顏勗為金宗室，金滅北宋時，完顏勗惟取圖書而已。元好問（1190～1257），字裕之，號遺山，為金末文壇領袖，著作有《遺山先生文集》等傳世。元好問藏書多為宋元祐以前書籍，其《古物譜》載：「予家所藏書，宋元祐以

前物也。法書則唐人筆跡即五代寫本為多。」但金為蒙古吞併時，元好問藏書基本被毀。另如宇文虛中、高士談等文士也多有藏書。

3. 元代私家收藏

經過宋元之際的戰亂，元初私家收藏的發展受到了影響，元中後期以後，刻書業逐步發展，私家收藏得以復興。

元代私家收藏的發展逐步脫離了政治中心。南宋時期，江浙私家收藏興盛，入元以後，江浙地區的私家收藏憑藉其社會基礎，逐步得以恢復，為明代江浙私家收藏的興盛奠定了基礎。元大都聚集了一批官宦藏書家，但已不占私家收藏的主要地位。

元代前期藏書家有莊肅、趙孟俯等，後期有蘇天爵、楊維楨等。莊肅，字幼恭，松江（今上海）人，聚書達八萬卷，元順帝修宋、遼、金三史，派人從其家求得藏書五百卷。趙孟俯（1254～1322），字子昂，浙江湖州人，為宋宗室，尤精於書畫，所藏兩《漢書》，為明清藏書家所珍視。蘇天爵（1294～1352），字伯修，真定（今河北正定）人。楊維楨（1296～1370），字廉夫，號鐵崖，浙江人。蘇天爵與楊維楨均以文學著稱於世，藏書數萬卷。

元代還出現了蒙古族藏書家。蒙古族藏書家都出身於上層仕宦之家，比較著名的有廉希憲、千奴等。廉希憲藏書兩萬卷，常與理學家許衡講學，其子惇承父業，亦好藏書。藏書家千奴還將藏書捐助辦學。總體而言，蒙古族藏書家無論人數還是藏書數量都遠不及漢族藏書家。

（三）寺觀收藏

1. 佛教寺院收藏

（1）宋代寺院收藏

宋代佛教進入了平穩發展時期。北宋初，宋太祖改變後周世宗限制佛教的政策，一定程度支持佛教的發展，宋太祖之後的皇帝大體都支持佛教的發展。

宋代的譯經工作依舊在進行，不過，宋代佛經的刊印取得了更大的成績。開寶四年（971），宋太祖命張從信前往益州負責雕版大藏經，此次刊印工作以《開元釋教錄》為依據，至宋太宗太平興國八年（983）完成，共完成雕版五千多卷，世稱《開寶藏》。《開寶藏》完成後，大量頒賜各地寺院，並在很大程度上促進了私刻大藏的發展。

宋神宗元豐三年（1080），福州東禪寺發起勸募，雕刻大藏經，至宋徽宗崇寧三年（1104）完成，世稱《崇寧藏》，全藏共一千四百四十部，六千一百零八

卷。其後，福州開元寺、湖州思溪圓覺禪寺等寺院又相繼刊刻了《毗盧藏》《圓覺藏》《資福藏》等，佛經的陸續刊刻，大大豐富了各地寺院藏書。

（2）遼金寺院收藏

遼朝佛教有一定發展，遼太祖耶律阿保機等皇帝一貫支持佛教的發展。遼朝曾刊刻有《契丹藏》，《契丹藏》刻於遼興宗重熙年間，完成於遼道宗清寧八年（1062），歷時三十餘年。全藏收經有六千多卷，分為大字本和小字本兩種。該藏刊刻後，曾廣泛頒賜予各寺院。大字本《契丹藏》於 1974 年發現於山西應縣佛宮寺釋迦塔，小字本也在河北豐潤天宮寺塔被發現。

金朝對宗教的限制較為嚴格，官府未刊刻《大藏經》。金熙宗時，比丘尼崔法珍募資翻刻北宋《開寶藏》於解州天寧寺，歷時二十餘年完成。1932 年，該藏發現於山西趙城縣，說明該藏刊刻後，有一定範圍的傳播。

（3）元代寺院收藏

蒙古國時期，佛教已經有所發展，忽必烈即位後，以西藏名僧八思巴為國師，藏傳佛教在元代獲得了特殊地位。元代佛經的刊刻依舊盛行，元代官刻《大藏經》有《元官藏》，刻於元晚期，全藏收經六千五百餘卷。私刻《大藏經》有《普寧藏》和《毗盧藏》。《普寧藏》刻於杭州餘杭縣白雲宗南山大普寧寺，全藏收經一千四百三十部，六千零四卷。《毗盧藏》刻於福建建陽縣後山報恩萬壽堂，刊刻時間約在元後期。除以上漢文《大藏經》外，元代還刊刻有蒙文、藏文《大藏經》。藏文《大藏經》由甘珠爾、丹珠爾兩部分組成，藏文《大藏經》在此前一直以手寫本形式流傳，元仁宗時期由江河尕布主持雕印，但今未發現該藏的版片和印本。蒙文《大藏經》由藏文《大藏經》所翻譯，主要在蒙古地區流通，但元代蒙文《大藏經》並未全部刊刻完成，直至清代才得以全部刊刻。

2. 道教宮觀收藏

（1）宋代道觀收藏

宋朝道觀收藏的發展依舊興盛，宋太宗、宋真宗等都大力提倡道教，如宋太宗專門召見華山道士陳摶，賜號「希夷先生」，真宗大中祥符二年（1009），詔令「諸路、州、府、軍、監、關、縣擇官地建道觀，並以天慶為額。民有願捨地備材創蓋者，亦聽。」真宗後期，又在各地廣建宮觀，其在開封所建玉清昭應宮、會靈觀則以宰相兼領。宋徽宗推崇道教更是不遺餘力，自封「教主道君皇帝」。

　　宋代多次組織大規模地修纂《道藏》，並且正式把道教典籍的總集稱之為《道藏》。宋太宗時，搜訪得道經七千餘卷，令徐鉉、王禹偁等校正，共得三千三百三十七卷。真宗大中祥符二年（1009），以王欽若負責整理道經，不少官員如戚綸、陳堯佐等都參與其事。大中祥符九年（1016），編成新的道經目錄，真宗賜名《寶文統錄》，這部經目沿用過去的三洞四輔經目進行增補，洞真部六百二十卷，洞玄部一千零一十三卷，共計四千三百五十九卷。

　　大中祥符五年（1012），張君房與李建中受詔在杭州監寫道經，天禧三年（1019）完成，題曰《大宋天宮寶藏》，共四千五百六十五卷，較之《寶文統錄》已增加二百零六卷。其後，張君房撮其精要，於仁宗天聖年間纂成《雲笈七籤》一百二十二卷。徽宗即位之初，就下詔搜訪道教遺經，政和三年（1113），徽宗敕令道士元妙宗、王道堅等校定《道藏》，賜名《政和萬壽道藏》，《政和萬壽道藏》是第一部全部刊印的《道藏》，在刊印後，徽宗遍賜予各地著名道觀。

　　兩宋之際，各地道觀多毀於戰亂。南宋孝宗時期，開始重建《道藏》。孝宗淳熙二年（1175），令福州閩縣九仙山巔報恩光孝觀將所藏《萬壽政和道藏》送至臨安府，由太乙宮抄錄一份，孝宗題名為《瓊章寶藏》，此後又抄寫有數份。《瓊章寶藏》抄寫後，分賜予杭州洞霄宮、仙居縣凝真宮、餘杭縣、蘄春山蓬萊觀等觀收藏。

　　兩宋《道藏》編纂與刊印後，多有頒賜各地道觀，故兩宋道觀收藏頗為興盛。北宋藏有《道藏》的著名道觀有東京建隆觀、太一宮、亳州太清宮、龍泉縣萬壽宮等。南宋除太乙宮、洞霄宮等外，收藏有《道藏》的宮觀尚有臨安佑聖觀、龍翔觀、宗陽宮、四聖延詳觀、廬山太平興國宮等。

　　（2）遼金道觀收藏

　　金代中期以後，全真教在北方興起。金世宗大定二十八年（1188），下詔將北宋藏於開封的《政和萬壽道藏》經版調至中都天長觀，並命孫明道整理補缺，金章宗明昌元年（1190），又下詔搜訪各地遺經，由孫明道負責修纂《道藏》，孫明道依三洞四輔之例，編成《大金玄都寶藏》，共收道經六千四百五十五卷。新《道藏》編成後，曾賜予各地道觀。

　　蒙古入侵之際，不少道觀所藏《道藏》被毀，山西管州所存《道藏》，成為丘處機弟子宋德方重修《道藏》的底本。

　　蒙古國時期，全真教丘處機受成吉思汗接見，頗受寵信，故全真教勢力

一度頗為壯大。其後，全真教披雲真人宋德方與其弟子秦志安等，以《大金玄都寶藏》為主，搜羅遺佚道經，經過校讎補訂，於 1244 年全部刊刻完畢。新《道藏》共計七千八百餘卷，比金代《玄都道藏》增加約一千三百五十卷，所增入者多為全真教道經，新道藏仍稱《玄都道藏》，共刊刻一百二十部，分藏各宮觀。

（3）元代道觀收藏

元世祖時期，全真教的發展受到抑制，至元十八年（1280），忽必烈下詔，除《道德經》外，《道藏》經文及書版一併焚毀，道觀藏書因而遭受嚴重損失。當然，元朝焚毀道經的詔令沒有完全貫徹，仍有一些道觀藏書得以保存。元武宗以後，全真教有所復興。

元代藏有《道藏》的著名道觀有大都長春宮、河北三清觀、陝西重陽萬壽宮、江西雲叢山崇真觀、湖北九宮山傾天瑞慶宮、湖南壽星觀、廬山太平興國宮、浙江天台山桐柏宮等，其中，大都長春觀等北方道觀所藏《大藏經》較有可能在世祖忽必烈時期被毀，而南方道觀藏經則有不少保存下來，傳至明代。

（四）書院收藏

1. 兩宋書院收藏

書院產生於唐代，至宋代，書院蓬勃發展。北宋初，朝廷無力在全國範圍內興辦官學，故大力支持書院的發展，宋太宗、真宗、仁宗連續不斷地通過賜田、賜額、賜書等一系列措施對書院加以提倡。白鹿洞書院、嶽麓書院等都在這一時期發展起來。可以說，書院在北宋初一定程度上承擔了官學的角色。宋仁宗慶曆以後，朝廷三次復興官學，建立了一套完整的官學教育體系。在此種背景下，書院逐漸失去了朝廷的支持，地方士人轉而成為書院發展的主要力量。總體而言，北宋書院的發展並未進入正軌。

南宋時期，書院蓬勃發展，南方各省普遍建立有書院。朱熹等學者以書院為陣地，大力宣揚理學，書院逐漸與理學一體化，書院藏書也在這一時期興起。

兩宋時期著名的書院有嶽麓書院、嵩陽書院、白鹿洞書院、鶴山書院等。

嶽麓書院創建於北宋開寶九年（976），咸平二年（999），知州李允則建藏書樓，其後，嶽麓書院兩獲賜書，藏書樓改名為御書閣。白鹿洞書院在宋太宗時期就得賜書，南宋時期，朱熹重建白鹿洞書院，並請宋孝宗賜書。鶴山書院位於四川蒲江，南宋魏了翁創建，其自作《書鶴山書院始末》稱：「堂之後為閣家，故有書，某又得秘書之副而傳錄焉，與訪尋於公私所板行者，

凡得十萬卷，以附益而尊閣之，取《六經閣記》中語，榜以『尊經』，則陽安劉公為之記。」鶴山書院專門建有閣樓存放書籍，所藏書籍達到十萬卷，規模相當可觀。

不過，從目前的文獻記載來看，南宋書院藏書的管理制度還沒有建立起來。

2. 元代書院收藏

元代書院在宋代的基礎上繼續發展。蒙古貴族重視書院，窩闊台時期，便興建了太極書院藏書樓，元世祖忽必烈在統一全國之前，便下詔要求：「宣聖廟及管內書院，有司歲時致祭，月朔釋奠，禁諸官員使臣軍馬，毋得侵擾褻瀆，違者加罪。」不過，宋元之際，仍有不少書院毀於戰火。元統一全國後，朝廷重申對書院的保護，忽必烈、成宗、武宗多次下詔要求清還學田、禁止侵擾書院，經過三四十年，書院逐漸復興，並走向官學化。

元代重要的書院有太極書院、草堂書院、穎昌書院、西湖書院等。太極書院位於元大都，藏書八千餘卷，多理學著作。草堂書院位於成都，元人李祁稱草堂書院藏書二十七萬卷，恐有誇大之嫌疑，但其應擁有較大數量的藏書。西湖書院改南宋太學而設，據泰定元年（1324）《西湖書院重整書目碑》載，西湖書院藏書共有經部書籍 51 種，史部書籍 36 種，子集二部書籍 35 種，又據陳基《西湖書院書目序》記載，書院藏有南宋書板 7893 塊。

元代書院的管理制度有所發展。據陳基《西湖書院書目序》載，西湖書院有尊經閣，「閣之北為書庫，實始收拾宋學舊板，設司書掌之」，《西湖書院重整書目碑》便提到了司書王某。可見，西湖書院已有專人管理圖書。

元代書院已編制有院藏圖書目錄。如西湖書院在泰定元年（1324）有陳袤撰《西湖書院重整書目記》，據《西湖書院重整書目碑》，該書目並沒有嚴格按照四部分類法，而是將集部並於子部。另據陳基《西湖書院書目序》載，至正二十一年（1361），在時任浙江省平章政事張士信的主持下，西湖書院又對院藏書籍作整理，並編有書目。此外，今可知元代尚有《杜洲書院書板書籍目錄》，以及柳貫所作《共山書院藏書目錄序》。

四、明代的文獻收藏

明代，官府收藏在早中期受到重視，後期走向沒落。私家收藏超越宋代，藏書名家輩出。寺觀收藏注重官刻頒賜。書院收藏滯後，但藏書編目和管理制度得到一定發展。

（一）官府收藏

1. 官府收藏概況

第一階段為明太祖至明英宗時期。明初，明太祖、成祖都重視收集圖書。1368 年，明軍攻破元大都後，將元朝官府書籍悉數運至南京，這部分書籍構成了明初官府收藏的基礎。永樂年間，明成祖在得知官府藏書仍有較多闕漏後，說道：「士庶家稍有餘資，尚欲積書，況朝廷乎」於是令禮部尚書鄭賜廣求遺書。明成祖遷都北京後，又將南京文淵閣中的精品運至北京。明宣宗時期，仍舊重視藏書事業，官府藏書規模在宣宗、英宗時期蔚為大觀。明英宗正統六年（1441），大學士楊士奇整理文淵閣藏書後編有《文淵閣書目》，《文淵閣書目》收書七千餘種，但未分卷數，據《明史藝文志》載，是時，文淵閣「貯書約二萬餘部，近百萬卷」。

第二階段為明英宗至明末。明英宗以後，皇帝逐漸不再關心藏書事業，藏書的管理日益鬆懈，藏書被盜竊事件時有發生，官府收藏開始走向下坡路。孝宗弘治五年（1492），大學士邱濬上書請求加強藏書的管理，並提出訪求遺書的建議，最終未付諸實施。萬曆三十三年（1605），張萱等整理文淵閣藏書後編有《新定內閣藏書目錄》，相比較《文淵閣書目》，四部之書已「十亡其九」，至於宋元舊本，並不見登載，「著於錄者，悉成弘以後所編」。可見文淵閣藏書遺失何其嚴重。明清易代之際，藏書又遭受重大損失，遺存者為清朝所繼承。

2. 官府收藏機構

明代沒有建立專門的中央官府收藏機構，官府藏書主要集中於宮廷，重要的宮廷收藏機構有南京文淵閣、北京文淵閣、皇史宬。南京文淵閣建於明初，明初所獲元大都藏書即貯藏於此。明成祖編修《永樂大典》，正是以南京文淵閣藏書為基礎，明朝遷都北京後，南京文淵閣繼續存在。北京文淵閣建成於明英宗正統六年（1441），明朝遷都北京後，明成祖取南京文淵閣的精品運至北京，藏於宮廷，北京文淵閣建成後，書籍入藏文淵閣，文淵閣藏書在明中後期逐步散佚，明末毀於李自成農民軍。皇史宬建於明世宗嘉靖時期。皇史宬主要收藏明代諸帝《實錄》和《寶訓》，另外，皇史宬還收藏有一部《永樂大典》。《永樂大典》編成後，僅有一部抄本，明世宗擔心《永樂大典》被毀，故特命抄錄副本，藏於皇史宬。

明代沒有建立一套健全的官府收藏管理制度。明太祖洪武三年（1370），設秘書監掌管宮廷藏書，然而，洪武十三年（1380），秘書監被撤銷，宮廷藏書由

翰林院負責，翰林院掌管圖書的官員僅二人，且地位不高，難以有效承擔起管理藏書的重任，因而明朝官府藏書長期缺乏有效管理。

3. 官府藏書的整理與編目

明代大規模地整理圖書共兩次，第一次是在正統六年（1441），北京文淵閣建成，楊士奇主持清點文淵閣書籍，並編有《文淵閣書目》，《文淵閣書目》僅為帳簿式目錄。第二次是在萬曆三十三年（1605），中書舍人張萱等奉敕對文淵閣藏書進行整理，並纂輯了《新定內閣藏書目錄》，該書目著錄每書的書名、作者、卷帙，有的書有簡明的解題，但總體而言，還是比較粗略。

4. 官府刻書事業

明代官府收藏事業無大建樹，但官府刻書事業有明顯進步。明代刻書機構主要有司禮監、南北國子監。司禮監是內府重要機構，下設經廠掌管內府書籍的刻印。國子監是明代最高學府與主要的刻書機構，南京國子監在明廷遷都北京後，仍舊存在，南、北國子監又稱南雍、北雍。國子監藏書規模雖不大，但其刻書事業在明代佔有重要地位。明初，明太祖將杭州西湖書院收藏宋元書版全部運至南京，藏於南京國子監，故南京國子監擁有刻書所需要的優秀底本。南京國子監刻書數量眾多，周弘祖《古今書刻》著錄南京國子監刻書達 270 多種，最為著名的有「二十一史」，「二十一史」多據宋元書版雕刻，質量上乘。北京國子監無豐富的刻書底本，刻書數量不如南京國子監。明代官府刻書業的發展，有利於私家收藏的發展，對保存傳統典籍、普及傳統文化意義重大。

（二）私家收藏

1. 明代私家收藏概況

明代私家收藏的發展超越宋代，達到新的高度，其發展階段可以分為兩個時期。第一階段為明太祖至明武宗時期。明初私家收藏在經歷元末戰亂後，受到了很大影響。隨著明朝社會安定，刻書業逐步發展，私家收藏逐漸恢復。明孝宗、武宗時期，官府收藏逐步沒落，而私家收藏風氣日益興盛。這一時期著名的藏書家有宋濂、楊士奇、葉盛等。

宋濂（1310～1381），字景濂，浦江（浙江浦江）人。主持編修《元史》，藏書萬卷。

楊士奇（1365～1444），本名寓，以字行，號東里，江西泰和人。官至內閣大學士、少師。藏書數千卷。

葉盛（1420〜1474），字與中，崑山（江蘇崑山）人。編有《菉竹堂書目》，著錄圖書二萬餘卷。葉盛所藏多奇書秘本。

第二階段為明世宗嘉靖以後。嘉靖以後，刻書業發達，私家收藏步入興盛階段。江浙地區獨領風騷，藏書大家輩出。江蘇藏書家有何良俊、王世貞、趙琦美、錢謙益、毛晉等，浙江藏書家有范欽、胡應麟、祁承爗等。

何良俊（1506〜1573），字元郎，號柘湖居士，華亭（上海松江）人。何良俊藏書豐富，所藏書還包括雜劇本三百種，錢謙益稱其藏書有四萬卷，後毀於倭亂。

王世貞（1526〜1590），字元美，號鳳洲，太倉人。王世貞藏書處有小酉館、爾雅樓等，小酉館藏書三萬餘卷，爾雅樓所藏多為宋元舊版，如《漢書》《後漢書》，原為元趙孟頫所藏，尤為王世貞重視。

趙琦美（1563〜1624），字玄度，常熟人。趙琦美之父趙用賢喜好藏書，藏書二千餘種，趙琦美在此基礎上努力搜集，藏書總數達五千餘種，所藏《古今雜劇》二百四十二種，是我國戲劇史的寶庫。趙琦美卒後，藏書大部分歸錢謙益。

錢謙益（1582〜1664），字受之，號牧齋，常熟人。錢謙益為明後期藏書巨擘，其絳雲樓藏書樓雄視一方。錢謙益藏書主要購自趙琦美等藏書家，所收必為宋元舊書。1650 年，絳雲樓藏書樓不幸毀於火災，灰燼之餘書，盡數贈與族孫錢曾。

毛晉（1598〜1659），字子晉。毛晉是明末藏書大家，積書八萬四千冊，築有汲古閣書樓。毛晉利用所藏書籍刊刻出版，刻書規模巨大，毛氏刻書在明清兩代名聞天下。

范欽（1505〜1585），字堯卿，鄞縣（浙江寧波）人。范欽每歷官一地，必努力收集圖書，回歸故里後建有天一閣藏書樓。天一閣藏書七萬餘卷，其中，尤以明代地方志與科舉錄為特色。

胡應麟（1551〜1602），字符瑞，號少室山人，金華人。胡應麟科舉失利後，築室山中，藏書四萬卷。胡應麟在《少室山房筆叢·經籍會通》裏就收藏標準、藏書鑒定等方面提出了諸多看法，頗有參考價值。

祁承爗（1563〜1628），字爾光，號夷度，山陰（浙江紹興）人。祁承爗藏書十萬餘卷，藏有大量的傳奇、小說等，著有《澹生堂藏書約》。祁承爗在《澹生堂藏書約》中就購書和鑒書的原則和方法進行了總結，有一定的實用意義。

當然，江浙以外的藏書家並非寥若晨星。山東李開先、河南晁瑮、河北高儒、福建陳第都以藏書著稱於世。

李開先（1502～1568），山東章丘人。李開先藏書數萬卷，史稱其「藏書之名聞天下」。李氏藏有豐富的詞曲文獻。

晁瑮（1507～1560），河南開州人。晁瑮建有寶文堂藏書樓，並與其子晁東吳合撰有《寶文堂書目》。《寶文堂書目》著錄圖書近八千種，可見晁氏藏書數量相當豐富，同時，《寶文堂書目》著錄了時人認為難登大雅之堂的元、明話本、小說、雜劇和傳奇。

高儒，河北涿州人。高儒出身武將，但致力於藏書，藏書不下萬卷。高儒編有《百川書志》，《百川書志》著錄了高儒所藏的小說、戲曲。

陳第（1541～1617），字季立，福建連江人。陳第原以教學為生，後得俞大猷、譚綸賞識，擔任邊將十餘年，辭官回鄉後，致力於藏書。陳第對待藏書的思想較為樂觀，其在《世善堂藏書目錄題詞》說道：「吳買書，蓋以自娛，特未即棄去耳，非積之以為子孫遺也。子孫之讀不讀，聽其自然；至於守與不能守，亦數有必至。」

縱觀明代私家收藏的歷史，明代藏書家的人數大大超越前代，葉昌熾《藏書紀事詩》所著錄的明代著名藏書家便有 427 人，且藏書家的藏書規模巨大，多為 3 萬卷以上，如天一閣藏書達七萬餘卷，毛晉汲古閣聚書達八萬餘冊，祁承㸁藏書更是超過十萬卷。不過，總體而言，明代私家收藏的地域分布不平衡，江浙地區一直是私家收藏的中心。

2. 私家收藏的特點

（1）收藏內容豐富

明代不少藏書家收藏內容廣泛，不限於傳統書籍，而是根據實際情況收藏，具有時代特色。明代藏書家收藏內容的擴大主要體現在三方面。

第一，收藏大量小說與戲劇。戲劇與小說在明代得到很大發展，雖然明代統治者嚴禁民間私藏小說、戲劇作品，一批文人士大夫也對小說持否定態度，然而，仍舊有不少藏書家藏有大量的戲曲、小說文獻。如趙琦美收藏有《古今雜劇》二百四十二種，晁瑮、高儒均收藏有一定數量的小說和戲曲。這些文獻成為今日研究古代歷史與文化的寶貴資料。

第二，收藏時人認為價值不大的書籍。范欽每歷官一地，便會搜集當地的地方志與登科錄，這些資料在時人看來並無太大價值，搜集難度不大，故范欽

天一閣藏書樓收藏了大量明代地方志與登科錄，這部分資料在今日看來，卻是研究明代地域史與科舉制度的重要資料。

第三，收藏西學書籍。明清之際，西學傳入，中國出現了一批翻譯西學或研究西學的著作。明末部分藏書家能夠擴大視野，收藏西學著作。如錢謙益《絳雲樓書目》著錄有《西學凡》《勾股義》等十種書籍，祁承爜《澹生堂書目》著錄有《幾何原本》《測量法義》《西士超言》等書籍。

（2）注重收藏宋元舊籍

隨著古籍的日益散亡，明中後期藏書家越來越注重收藏宋元舊刻，如王世貞「爾雅樓」專藏宋版書，自稱達三千餘卷，其中所藏《漢書》《後漢書》，係王世貞以一莊園所購得，尤為珍貴。錢謙益所收必宋元版，不取近人所刻及抄本。明末毛晉為求宋元舊書不惜耗費鉅資，曾公開告示曰：「有以宋槧本至者，門內主人計葉酬錢，每葉出二佰。」

（3）私家刻書興盛

明中後期圖書刊刻業發達，私家刻書之風興盛，不少藏書家出於傳播學術文化的目的，將所藏書籍刊刻於世。私家刻書與明代坊刻書籍多粗製濫造不同，不少藏書家所刻書籍具有很高質量。明代較著名的刻書家有朱承爵、顧元慶。

朱承爵（1480～1527），字子儋。江陰（江蘇無錫）人。所刻如杜牧《樊川詩集》、韋莊《浣花集》及黃庭堅《黃太史精華錄》，皆刊刻精良，世稱善本。

顧元慶（1487～1565），字大有，號大山石人，長洲人。顧元慶建有夷白齋藏書樓，藏書萬卷，並擇其中善本刊刻，所刻書有《顧氏文房叢刻》。

明代藏書家所刊刻書籍，不少是以叢書的形式刊刻。如顧元慶《顧氏文房叢刻》，胡文煥《格致叢書》、毛晉《津逮秘書》等。叢書更有利於文獻的保存，不少罕見古書即是有賴於這些叢書得以保存。

明代藏書家能夠不私所藏，將所藏書籍刊刻於世，有利於私家收藏的發展，促進了書籍的流通和文化的傳播，對於古典文獻的保存具有重要意義。

3. 私家收藏理論的建設

明代私家收藏發達，在此基礎上，部分藏書家提出並總結了一些藏書理論，如高濂、胡應麟、祁承爜等。

高濂，字深甫，錢塘人。高濂編有《遵生八箋》，在《遵生八箋·論藏書》中，高濂提到，宋元刻本各有特點，宋刻本「紙堅刻軟，字畫如寫，格用單邊，

間多譌字，用墨稀薄，雖著水濕，燥無溫跡，開卷一種書香，自生異味」，宋刻本以「活襯竹紙為佳」，元刻本「仿宋單邊，字畫不分粗細，較宋邊條闊多一線，紙鬆刻硬，用墨穢濁，中無譌字，開卷了無嗅味」。同時，高濂對明人偽造宋版書籍的做法也予以揭露，具有一定的參考價值。

祁承爜著有《澹生堂藏書約》一書，《澹生堂藏書約》分《讀書訓》《聚書訓》《藏書訓略》三部分，其中，《藏書訓略》集中了祁氏一生藏書經驗的總結。《藏書訓略》又分「購書」「鑒書」兩部分，祁承爜提出了「購書三法」和「鑒書五法」，「購書三法」即「眼界欲寬，精神欲注，而心思欲巧」，「鑒書五法」包括「審輕重」「辨真偽」「核名實」「權輕重」「別品類」。祁承爜所提出的部分觀點具有一定的參考價值，如他認為，求書應別出心裁，可以從古書中輯佚書，或從當代人的文集中搜集書籍的刊刻時間與年月，然後編制成購書目錄等。

4. 文獻收藏的保管

藏書保護是私家收藏的重要環節，如若保護不慎，藏書家多年之心血便可能付諸東流，前代藏書家在藏書保護方面創造了一些可行的經驗，如定期曝書等，明代藏書家在前人的基礎上，總結了一套頗為有效的文獻保護方法。

明代藏書家多建有藏書樓。部分藏書家已經能夠從文獻保護的角度設計建築藏書樓。防火為藏書保護的首要環節，范氏天一閣藏書樓能得以長久保存，與其藏書樓的建設有很大的關係。天一閣藏書樓為木構建築，為防範火災，天一閣閣前建有水池，且天一閣兩旁築有高牆，以防鄰居失火延燒。

江南地區春夏時節為梅雨季節，故防潮也是藏書樓建設的重要考慮因素。天一閣為一排六開間的兩層木結構樓房，坐北朝南，清代乾隆專程派杭州織造寅著到天一閣作調查，寅著進呈乾隆的報告提到：「西偏一間安設樓梯，東偏一間以近牆壁，恐受濕氣，並不貯書。惟居中三間排列大櫥十口，內六櫥前後有門，兩面貯書，取其透風。」可見，天一閣在建造時充分考慮了防潮功能。胡應麟的二酉山房同樣考慮了防潮功能，據記載，二酉山房「屋凡三楹，上固而下隆其址，使避濕而四敞之，可就日」。

在圖書的防蠹技術方面，明人也有所改進。範式天一閣以芸草防蠹，芸草能分泌抗蟲殺菌物質，可以在一定時間內防蠹。更為先進的是，廣東南海發明了防蠹紙「萬年紅」，即將含有毒性的鉛丹塗在紙上，鉛丹的主要成分是四氧化三鉛，能毒死蛀蟲，當時，廣東所出的線裝書，往往在扉頁和封底裏各裝一張防蠹紙作為附頁，用以防蠹，此方法至今有效。

（三）寺觀收藏

1. 寺院收藏

明立國後，藏傳佛教逐漸退出內地，漢傳佛教重新得到發展。明代佛教的發展已經不如前代興盛，不過，明代依舊刊刻了 7 部漢文大藏經。官刻大藏經有《洪武南藏》《永樂南藏》《永樂北藏》。

《洪武南藏》刻於南京蔣山寺，始刻於洪武五年（1372），完成於洪武三十一年（1398），永樂年間因蔣山寺被燒毀，經版無存，傳世本稀少。《永樂南藏》刻於永樂十年（1412），完成於永樂十五年（1417），共收經一千六百一十部，六千三百三十一卷。《永樂北藏》刻於永樂十九年（1421），完成於明英宗正統五年（1440），共收經一千六百二十一部，六千三百六十一卷。此藏字體工整美觀，裝幀典雅。

私刻藏經有《楊家經坊藏》《武林藏》《徑山藏》《萬曆藏》。《楊家經坊藏》刻於永樂年間，此藏為坊刻本，在大藏經刊刻史上較為罕見。《武林藏》刊刻時間最早，今已不傳。《萬曆藏》刊刻於萬曆十七年（1589），完成於清順治十四年（1657）。全藏收經一千六百五十九部，六千二百三十四卷。《徑山藏》刻於浙江餘杭徑山寺，又稱《嘉興藏》。《徑山藏》分正、續藏兩部分，共收經二千一百三十七部，一萬零八百一十四卷。始刻於明萬曆時期，清康熙年間才得以完成。全藏的刊刻由紫柏禪師首倡，並得到了藏書家馮夢禎、錢謙益、毛晉、陳繼儒等的支持。該藏刊刻完成後，規定各地寺廟可至嘉興楞嚴寺接洽，故《徑山藏》傳佈廣泛。

明代官刻藏經多有頒賜各地寺院，私刻藏經亦可由各地寺院請藏，故明代全國各地寺院普遍收藏有大藏經，較為知名的有南京蔣山寺、南京報恩寺、嘉興楞嚴寺、鳳陽大龍興寺、鎮江金山寺、南京靈谷寺、揚州天寧寺、萬壽寺等。

2. 道觀收藏

明代不少皇帝信奉道教，道教收藏在明代呈現復興局面。明英宗正統九年（1444），組織道士邵以正等刊刻《道藏》，正統十二年（1447）刊刻完畢，稱《正統道藏》。《正統道藏》在宋代《政和道藏》的基礎上有所修補，增加了元、明以來新修道經，《正統道藏》的特點是收錄了較多全真教的道書。《正統道藏》刊刻後，朝廷多次頒賜予天下各道觀，如正統十二年（1447），頒賜北京白雲觀、太原陽曲縣玄通觀、廣信府貴溪縣龍虎山太上清宮、江寧獅子山盧龍觀、江寧上元縣長壽山朝真觀、江寧方山洞玄觀、江寧府句容縣青雲觀、茅山元符

宮等道藏各一部。明神宗萬曆三十五年（1607），由第五十代天師張國祥負責刊印《續道藏》,《續道藏》主要是天師道系統的道書。明熹宗天啟六年（1626），又刊刻了袖珍本《道藏》。

（四）書院收藏

1. 明代書院收藏概況

明代書院的發展較為曲折。明初，經歷元末戰亂後，書院毀壞嚴重，而明政府並不支持書院的發展，故明初書院發展甚為緩慢，這種狀況持續了約一百年。弘治、正德時期，書院開始復興。湛若水、王陽明等名儒以書院為講學陣地，宣揚其學術思想，全社會掀起興辦書院的熱潮，書院數量呈直線上升的趨勢。然而，明朝政府並不支持書院的發展，數次禁燬書院，特別是明末宦官魏忠賢掌權時期，因東林黨事件，魏忠賢下令「盡毀天下書院」，明代書院的發展走向下坡。

書院收藏的發展與明中後期書院的空前發展並不協調。明代八股取士的科舉制度是影響書院收藏發展的重要原因。此外，王陽明等書院的倡導者門與書院收藏的發展不無關係，王陽明以書院為講學陣地，宣傳其心學主張，忽視了知識的積累，書院收藏沒有受到重視，至王學弟子及再傳弟子時期，心學逐步走向空談心性的反面，書院收藏受到了很大影響，故明中後期書院收藏規模沒有獲得大發展。

2. 書院收藏的編目與管理

雖然明代書院的收藏規模不大，明代書院收藏事業仍舊取得了一定的成就，主要體現在書院藏書目錄的編制和書院管理制度的日趨成熟方面。

明代不少書院編有藏書目錄。如江西白鹿洞書院，萬曆四年（1525）刊有李夢陽所編《白鹿洞書院新志》，著錄院藏圖書共八十三部，一千零三十八本，萬曆三十三年（1554）又有鄭廷鵠《白鹿洞志》，著錄官員贈書六十八部三百五十三本，院藏全部圖書一百七十六種，一千九百四十本。虞山書院則有萬曆孫慎行、張鼐所編《虞山書院志》，著錄藏書二百六十五部，共山書院有萬曆嶽和聲所編《共山書院志》，著錄藏書七百一十三本。從這些書目中，可以看出，明代書院的藏書增長緩慢，數量不大。

明代白鹿洞書院制定有明確的圖書借閱規則，成化六年（1470），李齡重修書院，並制定了書籍的借閱細則，規定書籍的借閱需要憑統一的借書票，其借書票樣式如下：

> 某於某月日借洞內藏書某樣一部，計幾本，看閱繳書銷票，損失賠還，不致久淹時日，此照。並不許借出洞外，上司遊客亦不得用勢勒取，管幹亦不許擅發一本。

從中可以看出，白鹿洞書院對於圖書借閱的規定已經比較細化，白鹿洞書院的圖書借閱須做好借書登記，並注明借出何書，借出幾本等，借書票的出現，說明白鹿洞書院的圖書借閱制度已經比較正規。此外，白鹿洞書院有關《整書事宜》的規定，頗具特色，其規定：「修整圖書，每五年一大修，三年一小修。」白鹿洞書院制定了明確的圖書修整制度，有利於保護圖書的完整性、保證圖書的借閱得以繼續。

五、清代的文獻收藏

清代，官府收藏得到重建。私家收藏發展到鼎盛時期，藏書家超過歷代總和，藏書理論研究空前。寺院收藏盛行、道觀收藏走向沒落。書院收藏得到復蘇，藏書管理逐漸規範，走向近代化。

（一）官府收藏

1.《四庫全書》與官府收藏

明代官府收藏盛極一時，後因管理不善遺逸嚴重，明末又經李自成農民軍之亂，官府藏書已寥寥無幾，故清初所繼承的明代官府藏書並不豐厚。據研究，清代所繼承的明宮廷所藏善本書僅四十二部，且有二十部並非直接得自明宮廷，而是由明宮廷散出後流入民間，其後再傳入清宮。康熙、雍正以及乾隆初期，朝廷多次下詔徵集書籍，然而，效果並不明顯。乾隆三十七年（1772），詔開四庫館，徵集天下書籍，編修《四庫全書》，伴隨著《四庫全書》的編修，清朝官府收藏體系的建設得以完成。

徵書活動之初，鑒於文字獄的影響，負責徵集圖書的官員以及藏書家均心有疑慮，擔心因書籍禍及自身。為此，乾隆帝連下諭旨：「朕辦事光明正大，可以共信於天下，豈有下詔訪求遺籍，顧於書中尋摘瑕疵罪及收藏之人乎？」「書中或有忌諱誕妄字句，不應留以貽惑後學者，進到時亦不過將書毀棄，轉諭其家，不必收存，與藏書之人並無干涉，至督撫等經手匯送，更無關礙。」同時保證，所有各家進到之書，待修書完畢後，定當發還。在乾隆帝軟硬兼施的政策下，乾隆三十八年（1773）以後，徵書活動有了很大進展，乾隆三十九年（1774），各地進書已達一萬餘種。

　　《四庫全書》編修歷時二十餘年，共抄錄七份。據《四庫全書總目》，共著錄圖書三千四百六十一種，七萬九千三百零六卷，存目六千七百九十三種，九萬三千五百五十一卷。同時，為方便閱覽，乾隆又專門編纂了《四庫全書薈要》，作為《四庫全書》的濃縮本，《四庫全書薈要》共抄錄兩份。《四庫全書》及《薈要》的編修，極大地豐富了清代官府藏書。

2. 官府收藏機構

（1）南北七閣

　　乾隆帝先後建立北方四閣和南方三閣以貯藏七份《四庫全書》。北方四閣即文淵閣、文溯閣、文源閣、文津閣，南方三閣為文匯閣、文宗閣、文瀾閣。南北七閣在入藏《四庫全書》以前，均先入藏了一部《古今圖書集成》。

　　文淵閣是皇室藏書的重要組成部分，乾隆四十七年（1782）入藏第一份《四庫全書》。文淵閣《四庫全書》在裝幀、保護和管理方面優於其餘諸閣。文淵閣《四庫全書》現藏臺北故宮博物館。文溯閣《四庫全書》位於盛京故宮，現移送至甘肅省圖書館。文源閣位於圓明園，藏書毀於英法聯軍。文津閣位於承德避暑山莊，所藏《四庫全書》今保存於國家圖書館。

　　乾隆四十七年（1782），命四庫館臣抄《四庫全書》三份，分藏於揚州的文匯閣、鎮江的文宗閣以及杭州的文瀾閣。與北方四閣不同的是，南方三閣對外開放，具有公共圖書館的性質。文匯閣與文宗閣藏書毀於太平天國戰亂，文瀾閣部分藏書毀於戰亂，後在藏書家丁丙等的搶救下，文瀾閣藏書得以大部分恢復。

（2）南北七閣外的藏書處所

　　清入關後，沿襲明代制度，沒有建立專門的官府藏書機構，藏書主要集中於宮廷。清代宮廷藏書處所無處不在，天祿琳琅、武英殿、摛藻堂、味腴書屋、宛委別藏都是重要的宮廷藏書處所。天祿琳琅建於乾隆時期，是重要的善本書庫，多藏宋元明舊籍。摛藻堂和味腴書屋各藏一份《四庫全書薈要》，摛藻堂《四庫全書薈要》今藏臺北故宮博物院，味腴書屋位於圓明園，所藏《四庫全書薈要》與文源閣《四庫全書》一併毀於英法聯軍。宛委別藏位於清宮養心殿，嘉慶時期，阮元收集《四庫全書》未收書，進呈於嘉慶皇帝，嘉慶賜名為「宛委別藏」。武英殿是主要的圖書刻印機構，《四庫全書》編修完畢後，所採進書籍的底本多數存放於此。

　　中央官府藏書機構則有翰林院。《四庫全書》纂修完畢後，3000餘種《四庫全書總目》所著錄的圖書底本貯藏於翰林院，乾隆曾規定，翰林院所藏《四

庫全書》底本可以開放閱讀，嘉慶以後，翰林院的管理日益鬆弛，《四庫全書》底本逐漸遺失，八國聯軍侵佔北京期間，翰林院藏書遭到嚴重破壞，僅存吉光片羽。翰林院另藏有明《永樂大典》一部，《永樂大典》至乾隆時已經散失約十分之一，清末歷次戰亂中，《永樂大典》損失極為嚴重，僅存約八百卷，只有原書的三十分之一。

3. 官府收藏的整理與編目

清代大規模的官府藏書整理工作是在乾隆時期。清代對官府藏書的整理工作主要有兩方面。

一是輯佚，《四庫全書》編修期間，館臣從《永樂大典》中輯得圖書三百八十九種，一些重要的文獻如《舊五代史》、李燾《續資治通鑒長編》即從《永樂大典》中輯出。

二是圖書編目，為便於瀏覽《四庫全書》，乾隆帝敕令編撰《四庫全書總目》，《四庫全書總目》是傳統學術史的系統總結，具有很高的學術價值。另外，乾隆帝又令大學士于敏中等整理天祿琳琅藏書，並編有《天祿琳琅書目》，嘉慶三年（1798），彭元瑞等又編定了《欽定天祿琳琅書目後編》，《天祿琳琅書目》及後編是重要的官府善本書目，對考察古典文獻流傳有重要參考價值。

（二）私家收藏

1. 私家收藏的歷程

（1）清前期的私家收藏

清代是私家收藏發展的最高峰。清代私家收藏的人數與規模超越歷朝歷代。清初，江浙地區雖經明末戰火，依舊是私家收藏的中心。江蘇著名的藏書家有錢曾、毛晉父子、徐乾學、黃虞稷等，浙江則有寧波范氏、黃宗羲、朱彝尊等。此外，山東王士禎也以藏書著名。

錢曾（1629～1701），字遵王，常熟人。錢曾家有述古堂藏書樓，其部分藏書為錢謙益所贈。錢曾注重收藏宋元舊刻，藏書質量高，同時，錢曾注重對藏書的校理，著有《讀書敏求記》等。

毛晉汲古閣從明末延續至清代，其子毛扆承續父業，繼續刊刻書籍。

徐乾學（1631～1694），字原一。徐乾學嗜好收藏圖書，家有傳是樓藏書樓，經過幾十年的積累，傳是樓藏書近四千種。徐乾學重視對藏書的分類管理，時人彭士望、汪琬等提到傳是樓藏書依次分類，井井有條。徐乾學弟弟徐秉義、徐元文均致力於藏書。

黃虞稷（1629～1691），字俞邰，江寧人。黃虞稷之父黃居中建有千頃齋藏書樓，聚書六萬餘卷，黃虞稷在此基礎上，增至八萬卷。黃虞稷藏書多收明人著作，是其藏書一大特色。

寧波範式天一閣藏書從范欽創辦伊始，已延續上百年，範式天一閣藏書管理嚴格，有「代不分書，書不出閣」的規定，故藏書保存有條不紊。

黃宗羲（1610～1695），字太沖，餘姚人，學者尊為梨洲先生。黃宗羲子黃百家在《續鈔書堂藏書目序》中稱其家藏書「綜合若干萬卷」，所藏書籍在清初多有遺失，康熙二十九年（1690），藏書又因水災損失嚴重，鄭南溪在整理劫後遺書時說道「尚可得三萬卷」，可見其藏書之豐。

朱彝尊（1629～1709），字錫皂，號竹垞，秀水人。朱彝尊通過購買、抄寫等方式，聚書甚為豐富。同時，朱彝尊注重對藏書的整理和利用，編撰有《經義考》等著作。

王士禎（1634～1711），字子真，山東新臺人。王士禎為清初學界名流，家有池北書庫。王士禎重視書籍的實用價值，收書不限於宋元刊本。王士禎在校讀藏書同時，多撰有藏書題跋，記述藏書作者情況、考察藏書版本等。其藏書在卒後不就便因鼠蠹、水災等散佚。

（2）清代中期的私家收藏

乾隆至道光前期，私家收藏繼續向前發展。著名的藏書家有鮑廷博、寧波范氏、汪啟淑、馬裕、黃丕烈等。乾隆編修《四庫全書》時，從各地徵得大量圖書，其中，鮑廷博、寧波范氏、汪啟淑和馬裕獻書最多，均達到五六百種以上。

鮑廷博（1728～1814），字以文，杭州人。鮑廷博家有知不足齋書樓，藏書甚為豐富，鮑廷博與江浙著名藏書家汪啟淑、郁禮等都有互抄圖書。鮑廷博注重對藏書的校勘，並刊刻出版有《知不足齋叢書》，所校勘和刊刻圖書頗受當時和後世學界稱譽。

馬裕，揚州人，世代藏書，馬氏藏書興起於馬曰琯、馬曰璐兄弟，馬氏兄弟聚書幾十年，積至十餘萬卷。《四庫全書》編修時，馬氏共進呈圖書七百七十六種。

汪啟淑（1728～1799），字季峰，原籍安徽歙縣，客居杭州，家有開萬樓貯存圖書。

寧波范氏在乾隆年間傳至范懋柱，鮑氏、馬氏、汪氏三家在《四庫全書》

徵書之後，都因進呈大量藏書導致藏書嚴重受損，范氏雖也遭受較大損失，但仍有相當數量的藏書。

黃丕烈（1763～1825），字紹武，號蕘圃，江蘇吳縣（蘇州）人。黃丕烈喜好收藏宋元舊書，所藏宋元舊籍達百餘部。同時，黃氏注重藏書的整理工作，其在校勘學、版本目錄學方面都取得了很高成就。在長期的收藏過程中，黃丕烈將藏書校勘、藏書的來龍去脈、版刻及掌故等寫成題跋，富有參考價值，其題跋主要彙集於《士禮居藏書題跋記》中。

（3）清代後期的私家收藏

清後期，私家收藏已經呈現逐步衰落的趨勢，不過，清末仍舊出現了幾大著名的藏書家。江蘇瞿氏、山東楊氏、浙江陸心源、丁氏並為「清末藏書四大家」。

瞿氏藏書興起於瞿鏞。瞿鏞（1794～1846），字子鏞。瞿鏞建有鐵琴銅劍書樓，編有《鐵琴銅劍樓書目》，著錄圖書一千三百餘種。鐵琴銅劍書樓傳至其子瞿秉淵和瞿秉清時，正值太平天國動亂，瞿氏費盡心機，將重要書籍分存至各地，藏書才免於厄運。瞿氏藏書歷經四代，其後，瞿氏藏書大部分贈予北京圖書館（今國家圖書館）。

山東楊氏海源閣藏書，建於楊以增時期。楊以增（1787～1855），字益之，山東聊城人。楊以增聚書十萬餘卷，多藏宋元舊本。楊氏藏書延續三世，其中一部分藏書毀於同治年間捻軍戰亂。民國以後，楊氏藏書主要歸於國家圖書館和山東圖書館。

陸心源（1834～1894），字剛父。陸氏藏書樓皕宋樓、十萬卷樓等，藏書數量巨大。清末，陸氏藏書售於日本靜嘉堂文庫。

杭州丁申、丁丙兄弟，建有嘉惠堂書室，分八千卷樓、後八千卷樓、小八千卷樓。八千卷樓儲存四庫著錄之書，後八千卷樓藏四庫未收書，小八千卷樓則是善本書室。丁丙著有《善本書室藏書志》，著錄其所收善本書籍的情況。光緒三十三年（1907），丁氏藏書全部售於江南圖書館（今南京圖書館）。

2. 私家收藏與學術研究

清代藏書家對藏書的利用頗為廣泛，不少藏書家在版本學、校勘學、輯佚學等方面都取得了一定成就。

明末藏書家重視宋元舊籍的風氣延續到了清代，清代錢曾、黃丕烈等人都以收藏宋元舊書而著稱於世，不少藏書家重視對藏書的整理，並在校書時撰有藏

書題跋，考證藏書的版本等內容，較為著名的藏書整理著作有錢曾《讀書敏求記》、朱彝尊《經義考》、黃丕烈《士禮居藏書題跋記》、瞿氏《鐵琴銅劍樓書目》、丁丙《善本書室藏書志》等，這些著作對於研究古籍版本具有重要的參考價值。

清代藏書家重視對藏書的校勘，較為著名的有盧文弨、顧廣圻、黃丕烈。盧氏有抱經堂藏書樓，盧氏一生校書眾多，對《宋史》《新唐書》等幾十種重要書籍都做了校勘，此外，盧氏還將所校書籍與自著以「抱經堂叢書」為名刊印出版。盧氏所校書籍深得學者讚譽。顧廣圻藏書規模不大，但他極為重視對藏書的校勘，他還為當時眾多藏書大家如黃丕烈、孫星衍等主持校書工作，所校書質量精湛。

藏書家利用藏書進行輯佚工作的則有嚴可均、黃奭、馬國翰等。嚴可均輯有《全上古秦漢三國六朝文》，黃奭編有《漢學堂叢書》，輯錄唐以前佚書二百多種，馬國瀚編有《玉函山房輯佚書》，輯錄周至隋唐佚書六百多種。這些藏書家在輯佚時，一般都結合校勘、考證等工作進行，所輯佚書具有較高的質量，為古籍整理和研究做出了重要貢獻。

3. 私家收藏的學術總結

清代私家收藏發達，出現了一些對歷代私家收藏活動進行總結的學術著作。較有代表性的是孫從添《藏書紀要》、葉昌熾《藏書紀事詩》和葉德輝《藏書十約》《書林清話》。

孫從添藏書數萬卷，所編《藏書紀要》全面設計了私家收藏活動中的購求、鑒別、抄錄、校讎、裝訂、編目、收藏和曝書八個環節，另外還敘述了孫氏自己的收藏心得和實用技術。孫氏對藏書的各個環節都有較為詳細的闡述，故《藏書紀要》問世後，備受好評，被譽為是「收藏之指南」。

葉昌熾也是一位大藏書家，藏有不少方志和金石碑刻資料。《藏書紀事詩》以詩紀事，「各為一詩，條舉事實，詳注其下」。全書共七卷，起自後蜀毋昭裔，終於清代蔣鳳藻，共計傳錄藏書家七百三十九人。《藏書紀事詩》對印刷術應用以來藏書家的收藏活動作了系統總結，成為後世研究私家收藏史的重要研究資料。

葉德輝《藏書十約》分為購置、鑒別、裝潢、陳列、抄補、傳錄、校勘、題跋、收藏和印記十個部分，其中不乏獨到見解。《書林清話》涉及範圍廣泛，對古籍版本、圖書刊刻等做了較大篇幅的介紹，與藏書有關的內容如《書肆之緣起》《洪亮吉論藏書有數等》《近人藏書侈宋刻之陋》等，多有參考意義。

（三）寺院收藏

1. 寺院收藏

清朝入關以前，已經信奉佛教，入關後，清廷對佛教繼續採取尊崇、保護政策。總體而言，清代的佛教日趨衰落，但清代寺院藏書十分盛行。清代官刻大藏經有漢文《大藏經》、滿文《大藏經》、藏文《大藏經》、蒙文《大藏經》。

清王朝官刻漢文大藏經僅一部，俗稱《龍藏》。《龍藏》開刻於雍正十一年（1733），完成於乾隆三年（1738），全藏版式和內容均仿照《永樂北藏》，共收經一千六百六十九部，七千一百六十八卷。該藏主要用以頒賜，其經版一直保存至今。據《順天府志》等地方志記載，全國有北京清梵寺、北京妙應寺等寺院獲賜《龍藏》。

滿文《大藏經》，又稱《國語大藏》。乾隆年間，清廷刻有滿文《大藏經》一部，因漢、蒙、藏均已有大藏經刊刻，獨缺滿文《大藏經》，故乾隆選漢文大藏經主要部分刊印，滿文《大藏經》共計六百九十九種，收書二千五百三十五卷，今拉薩布達拉宮藏有完整的全藏一部。

藏文《大藏經》刻印版本較多，清廷官刻本始刻於康熙二十二年（1683），康熙年間刻印了《甘珠爾》，雍正年間續刻《丹珠爾》。此外，四川德格縣以及拉薩等地也刊印有藏文《大藏經》。青海、西藏、甘肅等地喇嘛寺廟均有收藏藏文《大藏經》。

蒙文大藏經主要依據元代刊本重印，其分類與結構與藏文《大藏經》基本一致。

清代藏經較為著名的寺院有北京賢良寺、北京柏林寺、杭州靈隱寺、杭州雲棲寺等。

清代寺院除收藏佛經外，還有專門的文人收藏。文人藏書於寺院，歷史悠久，清代則出現了靈隱書藏和焦山書藏。靈隱書藏的創議人為翁方綱，主事者為阮元，靈隱書藏建立後，還制定了專門的《靈隱書藏條例》。靈隱書藏後來毀於太平天國戰亂。鎮江焦山書藏創議人為阮元，主事者為丁淮。焦山書藏仿靈隱書藏制定有書藏條例，焦山書藏藏書最盛時多達三千五百七十種，四千零二部，五萬九千七百四十七卷，惜毀於日軍之手。

2. 道觀收藏

清代統治者不信奉道教，道觀收藏在清代走向衰落。有清一代，清廷未組織重修《道藏》，清廷曾頒賜道藏的記載有三次，康熙八年（1669），賜奉天府

承德縣太清宮《道藏》一部，康熙二十五年（1686），頒賜錢塘佑聖觀《道藏》一部，乾隆十五年（1750），賜蘇州玄妙觀《道藏》一部。此外，各地道觀所藏明代頒賜《道藏》也多有存者，藏有明版《道藏》的著名道觀有北京白雲觀、南京朝天宮、杭州火德廟等。此外，福建龍溪玄妙觀藏有《政和萬壽道藏》，太平天國時方遭焚毀。

（四）書院收藏

1. 清代書院收藏概況

清代書院的發展頗為興盛。順治、康熙、雍正三朝，清廷的書院政策逐漸由壓制轉變為扶植，如康熙帝四次賜書予白鹿洞書院，雲南昆明的五華書院獲賜《古今圖書集成》一部。朝廷在賜書的同時，也制定方針規範書院的發展。在此背景下，書院呈現復興局面，新建和修復書院不斷增多，除邊疆地區外，書院幾乎普及至全國大部分地區。

清代中期是書院收藏發展的高峰期。乾隆、嘉慶、道光三朝，政府大力提倡書院的發展，屢屢下達詔令規範書院的發展。書院收藏受到了重視，藏書規模不斷擴大。

清代後期，因戰亂的影響，全國不少書院被毀。其後，朝廷下詔修復書院，地方督撫如曾國藩、胡林翼等也積極支持書院的發展，為書院購置圖書，不少地方官紳也向書院贈書，如嶽麓書院被毀後，全省官紳即院中書生共捐圖書二百二十餘部。故書院在清代後期一度復興。

2. 書院收藏的管理

清代書院收藏的管理已經步入正軌。書院收藏的顯著特點在於其開放性，書院收藏體系不同於官府收藏和私家收藏，書院藏書可以開放閱讀，故借閱管理是書院收藏管理制度的最主要環節，清代書院有一套較為完備的借閱制度。

書院一般設置有專門的書籍管理人員。如湖南箴言書院藏書管理人員由監院、司書、掌管各職事構成。

清代書院的借閱手續已經相當規範。如《大梁書院》規定：「書院置一閱書簿，交司書吏收執。凡肄業生欲閱書者，必邀同齋長一人告司書吏檢取，於簿內記明某月某日取某書幾卷幾本、某生閱、齋長某人，各於名下書押。肄業生欲閱書，如不邀同齋長於簿內分書名押，司書吏勿擅給。取出各書交還後，司書吏即於閱書簿內注明某日交還。」

在借閱時限和借閱冊數方面，各書院的規定不一，如大梁書院規定，每次結束至遲十日交還，不得逾期，交換後再去，借書冊數，規定每次借書，每人只許借一種，不得超過五卷。肇慶端溪書院制定有《肇慶府原定收借書籍規條》，規定：「書院生徒借閱書籍，務將書名、冊數姓名、交還日月注明，交管書人存查，不准私自擅取，如半月不歸還由管書人追查。」「生徒取閱書籍每次只准 5 冊，如前取未還，不得續借，也不准每種書籍各借 5 冊。」

各書院對於未遵守借閱規則，或是破壞圖書的情形也制定有處罰措施。如惠州豐湖書院規定「污損卷面，罰令重訂；破爛遺失，罰令賠償，後不復借（董事、掌書生徒徇情不究者，賠償斥退）。」又如福建鼇峰書院規定，借書只能在書院內閱讀抄寫，不得擅自帶出書院，如有違反，嗣後不得再借，借書如有遺失，則要賠償。廣東肇慶端溪書院則規定「不准生徒私自攜帶書院藏書，亦不許借出書院，違者由管書人秉請院長議罰；不准在書上批抹塗污，違者由管書人秉請院長飭賠。」

3. 書院收藏的近代化

書院收藏的近代化是清後期書院收藏發展的顯著特點。咸豐、同治以後，隨著「西學東漸」的深入，書院逐步走向了近代化，書院收藏制度進行了多方面調整。

書院收藏範圍在擴大。逐步由傳統的經史子集擴大到新學、時務書籍，如嶽麓書院在光緒二十四年（1898）收藏了一批由熊希齡等人在上海購置的西學書籍，包括《電學》《數理學》《東方時局論略》等書，大梁書院則收藏有《英文指南》《法字入門》等書。書院藏書內容的擴大在大梁書院院藏書目中也有反映，如 1904 年，顧璜所編《大梁書院續藏書目錄》中，將藏書分類調整為經、史、子、集、叢、算、時務七類。

書院藏書的服務對象在擴大。舊時書院藏書的服務對象僅為本院師生，新式書院則逐步擴大到了社會人士，已經具有公共圖書館的性質。如湖南箴言書院規定，社會人士如需閱讀書院藏書，可以向監院申請，書院給與限定閱讀時間。

六、近現代的文獻收藏

近現代，傳統文獻收藏體系逐漸瓦解，圖書館體系逐步確立。

（一）傳統文獻收藏體系的瓦解

鴉片戰爭以後，清朝逐漸陷入了內憂外患的境地。清末的歷次戰亂對清

朝官府收藏的破壞極為嚴重，南北七閣中的文源閣、文匯閣、文宗閣三閣被毀，翰林院等機構藏書幾乎蕩然無存，歷經幾千年的官府收藏至此已經趨於瓦解。

私家收藏在清代後期也逐漸走向下坡，趨於衰落。太平天國等戰亂摧毀了江南學術共同體的物質基礎，學者流離失所，藏書被焚毀，嚴重影響了私家收藏的發展。戰亂過後，江蘇學政上奏朝廷，說道：「民間藏書之家，卷帙悉成灰燼。亂後雖偶有書肆所刻經書，但係刪節之本，簡陋不堪。士子有志讀書，無從購覓。」可見，作為私家收藏中心的江浙地區遭到了戰亂的嚴重摧殘。另一方面，舊式的地主經濟逐步解體，私家收藏的經濟來源受到影響，傳統藏書家已經無法維持舊有的藏書模式。

（二）近現代圖書館的興起與發展

1. 近代圖書館的興起

在西方思想的影響下，書院收藏體系近代化的步伐走在了前列。清後期的部分書院如開封大梁書院、惠州豐湖書院、南京惜陰書院的藏書服務範圍由本院師生擴大到了社會人士，書院的借閱管理制度也日益規範，已經具有公共圖書館的性質。

在學習西方的過程中，洋務派、維新派部分也在積極倡導和實踐建立公共圖書館，清政府實施新政期間，將籌建圖書館作為預備立憲的一項措施，1909年，清政府頒布了《京師及各省圖書館通行章程》，該章程對圖書館的設置、圖書館的管理制度等方面都做了規定，推動了近代圖書館的發展。

清政府的最後十年，省立圖書館在全國普遍建立起來。1904年，湖南圖書館成立，它是第一所官辦的公共圖書館。至辛亥革命爆發前，除新疆、江西、四川三省外，其餘各省都建立了公共圖書館，京師圖書館也於1909年開始籌辦。這一時期較有代表性的圖書館為江南圖書館和京師圖書館。

江南圖書館創建於光緒三十三年（1907），由兩江總督端方籌辦，實際負責人為著名藏書家繆荃孫。經繆荃孫等人努力，由政府出資購得江南丁氏八千卷樓藏書，這批圖書奠定了江南圖書館的藏書基礎。其後，圖書館通過接納和徵集私家藏書等方式，藏書日益豐富。民國以後，圖書館幾度更名，1949年以後，該館與南京圖書館合併。

京師圖書館的創辦晚於各省圖書館，籌辦於1909年，辛亥革命以後，圖書館才得以正式開放。1926年，京師圖書館更名為國立京師圖書館，1928年

改為國立北平圖書館，1929 年，與北平北海圖書館合併。圖書館合併之後，通過接受捐贈等方式，藏書量不斷豐富，同時，圖書館在為社會服務方面作出了很大的貢獻，至 1933 年，圖書館閱覽人數為四十三萬餘人，日均一千餘人。圖書館還通過編撰書目索引、定期出版刊物發揮圖書館館藏圖書的功用。

2. 現代圖書館的發展

清末所產生的圖書館多在籌辦階段，未正式對外開放。同時，圖書館的收藏內容與管理方式並沒有真正突破，與西方公共圖書館有很大差距。

民國成立後，教育部於民國四年（1915）頒布了《通俗圖書館規程》和《圖書館規程》，這兩個規程雖然仍有很大不足，但它們指出了圖書館應「儲集各種通俗圖書，以供公眾之閱覽」，這一思想有了明顯進步。

民國五年（1916），在京師圖書館的請求下，教育部通過內務部發布了「呈繳本制度」，規定全國出版圖書在內務部立案，應以一部交國立圖書館收藏，這一制度促進了圖書館事業的發展。

到了 20 年代以後，沈祖榮等留美歸國人士大力倡導新圖書館運動，宣揚歐美圖書館制度，經過幾年的推動，圖書館事業有了很大改進，主要體現在兩方面：一是服務對象的普及，實現了向普通民眾開放的目標；二是圖書館管理制度的改進，各圖書館紛紛傚仿歐美模式，在圖書館藏書的分類、借閱制度等方面向歐美看齊。

（三）近現代私家收藏

清後期以來，私家收藏的衰落已經不可挽回，同時，在西方思想的影響下，私家收藏也在經歷著變革，清末及辛亥革命以後，一批新式藏書家興起。這一時期較為著名的藏書家有盧靖、傅增湘、蔣汝藻、劉承乾等。

盧靖（1856～1948），字勉之，湖北沔陽人。盧靖在辛亥革命後從事商業經營，擁有豐厚資產，聚書達十餘萬卷。盧氏熱心於圖書事業，出資興建南開大學圖書館，又建立北京木齋圖書館，後來停辦後則將藏書捐贈與清華大學。盧靖之弟盧弼亦愛好藏書。

傅增湘（1872～1950），字沅叔，四川江安人。傅增湘藏書極為豐富，有二十餘萬冊，且頗多宋元舊籍，同時，傅增湘注重藏以致用，在目錄學、版本學等方面都取得了較大成就。傅增湘晚年囑付後人將大部分藏書捐與北京圖書館和四川大學圖書館。

蔣汝藻（1877～1954），字元采，浙江吳興人。蔣汝藻家世代藏書，加之其在民國時從事商業經營，有一定的財力，藏書日益增多。蔣汝藻藏有不少抄本，如黃丕烈「士禮居」校跋本。其藏書後來大多數出售於商務印書館、北平圖書館等。

劉承幹（1882～1963），字貞一，浙江吳興人。劉承幹所收宋元善本豐富，地方志便有一千二百種，劉承幹思想開明，樂於借閱，其藏書最後基本都出售或是捐贈給了公共圖書館和學校圖書館。

清末民國的藏書家處於中國急劇變革的時代，具有明顯的時代特點。第一，藏書思想開明。如繆荃孫將家藏編成《藝風藏書記》，並刊印出版，為世人瞭解其家藏提供了便利，其後，從繆荃孫借書者日益增多。又如國英，定期對社會開放藏書樓，國英認為「其所以不自秘者，誠念子孫未必能讀，即使能讀，亦何妨與人共讀」。部分藏書家還試圖依靠家藏成立私立圖書館，如梁鼎芬，在廣州成立了梁祠圖書館，並制定有《梁祠圖書章程》。第二，部分藏書家藏書最後匯入了公共圖書館。這一時期的藏書家意識到藏書歸公更有利於圖書的保存和傳播，故部分藏書家在身前或身後通過捐贈和出售的方式化私藏為公藏。除傅增湘、劉承乾等人外，如丁丙、盛宣懷、羅振玉、張壽鏞等人的藏書最後都歸入了公共圖書館。

參考文獻

1. 程千帆、徐有富：《校讎廣義·典藏篇》，濟南：齊魯書社，1998 年。
2. 傅璇琮、謝灼華主編：《中國藏書通史》，寧波：寧波出版社，2001 年。
3. 任繼愈主編：《中國藏書樓》，瀋陽：遼寧人民出版社，2001 年。

第六章　傳統介質文獻檢索

第一節　紙質文獻檢索的方法

　　紙質檢索工具主要有目錄、索引、辭典、類書、政書、年鑒、表譜及圖錄等。工具書為檢索查閱而編撰產生，掌握檢索工具的編排方法，依照漢字順序、分類、主題或其他方法進行檢索，可以實現快捷迅速查找信息。

一、字順檢索

　　字典、辭典、索引及百科全書等通常都依字序進行編排，利用這些工具書檢索時即可依照漢字的音序、形序和號碼來查找相關信息。

（一）音序法

1. 漢語拼音

　　自 1958 年推行「漢語拼音方案」後，漢語拼音檢字隨普通話的推廣而被廣泛使用，依漢語拼音來檢索已成為使用當代工具書最常用的方法之一，因其簡單、基本且常用，接受過最基本教育即可操作，故此處不再贅述使用方法。

2. 注音字母

　　注音字母於 1918 年由北洋政府公布並推行，在「漢語拼音方案」出臺之前，一直使用注音字母為通行漢字注音及學習普通話。注音字母是利用漢字偏旁及古字改造而成，共 37 個：含 21 個聲母，ㄅ、ㄆ、ㄇ、ㄈ、ㄉ、ㄊ、ㄋ、ㄌ、ㄍ、ㄎ、ㄏ、ㄐ、ㄑ、ㄒ、ㄓ、ㄔ、ㄕ、ㄖ、ㄗ、ㄘ、ㄙ；16 個韻母，ㄚ、ㄛ、ㄜ、ㄝ、ㄞ、ㄟ、ㄠ、ㄡ、ㄢ、ㄣ、ㄤ、ㄥ、ㄦ、ㄧ、ㄨ、ㄩ。

使用注音字母檢字時先依聲母檢索，聲母相同者依韻母，同聲同韻者再依陰陽上去四聲排查。自「漢語拼音方案」推行至今，注音字母早已在全國範圍內被漢語拼音取代，故目前仍需使用注音字母法查詢的工具書少之又少，除港、澳、臺地區出版的部分工具書外，只有《國語辭典》（商務印書館 1937～1945 年）、《同音字典》（五十年代出版社 1955 年）及《新華字典》（人民教育出版社 1953 年）等少數舊工具書。

3. 韻部

我國古代社會長期使用韻部法來進行字的編排與檢索，先人按韻母將韻文押韻的文字分類，稱為「韻部」。古代韻書大多是按照韻部來排列，不過不同時期對韻部的理解與分類不盡相同。隋代《切韻》分韻部為 193 部，唐《唐韻》、北宋《廣韻》與《集韻》分為 206 韻部，南宋《禮部韻略》歸韻部為 107 韻，金人《平水新刊禮部韻略》分為 106 韻，即後世最常用的「平水韻」，清代《佩文韻府》《經籍纂詁》及近世《辭通》所用皆 106 部的平水韻，它亦是元以來作詩押韻的依據，分上平聲 15 韻、下平聲 15 韻、上聲 29 韻、去聲 30 韻及入聲 17 韻，明初編《洪武正韻》改韻部為 76 部，並用此韻部法編成《永樂大典》。

使用韻部檢索時需首先確定所檢字屬於何聲，再確定屬於哪個韻。使用韻部檢索需懂古韻，而今人多缺少相關知識，此時可利用《漢語大字典》、舊版《詞源》、《辭海》等書查找檢索字的韻部，例如「上」字可在《漢語大字典》中查得「《廣韻》時亮切，去漾禪。陽部。」由於古韻早已不再是必備的基本知識，現在再版的一些韻書都加附上了筆劃、四角等輔助索引。

（二）形序法

1. 部首

很多工具書在編排時按照若干字的相同部首歸類並排列，故檢索時就要依部首法來檢索查詢。部首法很早即開始使用，東漢《說文解字》將所收九千餘漢字分為 540 部，為後世辭書依部首編排開創先河並提供依據，但分類顯得過於龐雜，於是後世不斷對歸併部首進行增補。明梅膺祚《字彙》遵循《說文解字》的原則將部首簡化為 214 部。清《康熙字典》、晚近《中華大字典》、新舊版本《詞源》及舊版《辭海》都基本沿用 214 部。大陸後出版的繁體字辭書《漢語大字典》《漢語大詞典》則以《康熙字典》214 部為基礎，更訂為 200 部。

　　上述字典辭典的部首分類屬於舊部首，漢字歸部時依據雖是字形與字義，但更偏重於按照字義定部首。自 20 世紀 50 年代推行簡化字後舊的部首就不再適用，於是以《新華字典》為首，包括之後編排出版的一系列簡體字字詞典對傳統的部首法進行了改革。新部首法定部時不考慮字義，完全依照字形劃分，依筆劃數目排列部首，同一部首字按照部首外筆劃數目排序，至於有幾個部首的字則同時收錄於幾個相應的部首內，對於無法判斷部首的字則按照起筆筆形檢索。

　　部首法最大優點是符合漢字的形體特點，將數量龐大且複雜的漢字按字形或字義分析歸入若干部首內，方便讀者按部檢字，閱讀中遇到的生僻字往往並不清楚讀音，這時則可利用分析部首進行精確檢索，從而得知字音、字義等一系列信息。使用部首檢字還要注意，繁簡字字形不同，例如今字「歡」可查部首為「又」與「欠」，但「歡」的繁體字為「懽」，部首就變成了「忄」，使用部首進行檢索時應注意區分；新舊工具書定部首的原則相去甚遠；對於一些不易確定部首的難字，很多工具書會附「難檢字表」，應善加利用。

　　2. 筆劃

　　筆劃法即依據條目漢字筆劃多少來檢索，多用於單字檢索或是條目首字筆劃檢索。但筆劃相同的漢字往往很多，在其中檢索某一個漢字時亦非常不易，因此常常輔助以部首與起筆筆形。有些工具書的檢索首先按照筆劃查找，然後再在相同筆劃內依部首檢索，與部首檢索次序恰好相反，例如《十通索引》《中國人名大詞典》等工具書檢索即屬於此類。有些工具書檢索先按照筆劃檢索，再在筆劃相同漢字中依起筆筆形查找，起筆筆形即「點（丶）、橫（一）、豎（丨）、撇（丿）、折（一）」五種，查詢《中國歷代官制詞典》《簡明中國古籍辭典》等工具書即用此法。

　　相較於其他檢字法，筆劃檢字法簡單易懂、容易掌握，但使用起來過於繁瑣，筆劃的計算亦時有歧義，還有某些生僻字、難字難以斷定筆劃，這些都給檢索帶來困難，多數工具書中，筆劃檢索只是作為輔助而並非唯一的檢索方法。

　　（三）號碼法

　　1. 四角號碼

　　四角號碼法依漢字結構將所有筆劃歸入 0 至 9 十個號碼之中，在一個漢字的四個角各取一個號碼，連接成四個數字組成四角號碼。十個數字代表的筆劃筆形如下：

關於號碼所涵蓋筆形，還有一個方便記憶的口訣：「橫一垂二三點捺，叉四插五方框六，七角八八九是小，點下有橫變零頭。」

將漢字的四個角歸入數字後需將數字鏈接在一起，取角順序是左上、右上、左下、右下。應注意：一筆可以分角取號，例如「以」左邊是一筆，上取 2、下取 7；一筆的上下兩段和別筆構成兩種筆形的，分兩角取號，例如「水」字左邊，上取 1、下取 9；下角筆形偏在一角的，按實際位置取號，缺角作 0，例如「妒」右下角缺，取為 0；凡外圍是「口、門（門）、鬥」的三類字，左右兩下角改取裏面的筆形，例如「田」是 6040；一個筆形，前角已經用過，後角作 0，例如「王」字左上角為一橫，取 1，右上角因為前面已經用過，所以取 0。

使用四角號碼法時還需注意，角形有兩單筆或一單筆一復筆的，不論高低，一律取最左或最右的筆形；有兩復筆可取的，在上角取較高的復筆，在下取較低的復筆；當中起筆的撇，下角有他筆的，取他筆作下角，但左邊起筆的撇，取撇筆作角。

另外，此法有兩種情況會使用附號，一是四角號碼字較多時，再取靠近右下角（第四角）上方一個筆形作「附號」，如果這一筆形已被右上角用過，則作 0；二是四角和「附號」相同的字，照各字所含橫筆數目，順序排列。

四角號碼法使用的方便之處在於使用較為廣泛，除字典外考察古籍的工具書（如書目、人名索引等）多採用此法。

2. 中國字庋擷法

與四角號碼法一樣，中國字庋擷法也是將筆形變作數字的檢字方法，不過相較四角號碼法略為複雜。使用此種方法先將漢字以「中國字庋擷」五個字分為五種筆體，即單體（中）、包託體（國）、上下體（字）、左殼體（庋）和左右體（擷），依次用數字 1 至 5 表示，然後再將漢字筆形分為十種，用數字 1 至 9 表示，取號原理與四角號碼檢字法相同。

最初使用中國字庋擷法的是哈佛大學燕京學社引得編纂處 1931～1950 年編纂出版的 64 種引得，不過由於此種方法難於掌握，近年影印的引得大多都新附了四角號碼檢字法和漢語拼音檢字法，且此方法基本未被其他工具書採用，所以中國字庋擷法僅用來檢索解放前出版的 64 種引得，一般無需掌握，僅作瞭解即可。

另外，還有一些工具書使用自己的號碼檢字法，如《全國總書目》使用「起筆筆形號碼法」、《新橋字典》使用「母筆筆形號碼法」、《三角號碼字典》使用

「三角號碼法」等。這些號碼檢字法並未普及，故不再一一說明。

二、分類檢索

有一些工具書是按照知識內容或學科內容等信息進行分類編排的，通常情況下，書目、索引、類書、政書及年鑒等工具書都採用此種編排方法，對這類工具書檢索所用到的方法即分類檢索方法。

（一）按學科體系檢索

1.「六分法」「四分法」

我國古人前輩自漢代《七略》起即開始按照資料內容來創建分類體系，《七略》及稍後的《漢書·藝文志》都是分書籍為六類的「六分法」。西晉荀勖的《中經新簿》又創立了「四分法」，將經學、子學、史學與文學四類書籍分別列入「甲」「乙」「丙」「丁」四部之中；東晉李充的《晉元帝四部書目》改四部為甲部收五經、乙部收史記、丙部收諸子、丁部收詩集，「四分法」次序至此確定；唐初編《隋書·經籍志》直接以「經、史、子、集」命名四部，亦為後世分類之效法。對於依學科內容編排的工具書，我們應悉知大體分類情況，然後按部類檢索。

2. 現代圖書分類法

「六分法」與「四分法」是古籍編排的方法，現代圖書按學科體系進行編排時又有不同的分類方法，從二十世紀初起很多學者就開始引進或自編適應時代的圖書分類法，曾經使用過的有〔美〕杜威的《十進分類法》、劉國鈞的《中國圖書分類法》、《山東省圖書館分類法》、《中國人民大學圖書館分類法》等，目前國內使用最普遍的是《中國圖書館分類法》，它被廣泛用於各種工具書及圖書館分類目錄，如《全國總書目》《全國報刊索引》《中國百科年鑒》等工具書的體系基本都依此編排而成。現當代圖書的編排是依現代科學分類來進行的，大類之下再區分小的類別，按等級關係來安排類目，例如《中國圖書館分類法》分為「A 馬克思主義、列寧主義、毛澤東思想、鄧小平理論；B 哲學、宗教；C 社會科學總論；D 政治、法律；E 軍事；F 經濟；G 文化、科學、教育、體育；H 語言、文字；I 文學；J 藝術；K 歷史、地理；N 自然科學總論；O 數理科學和化學；P 天文學、地球科學；Q 生物科學；R 醫藥、衛生；S 農業科學；T 工業技術；U 交通運輸；V 航空、航天；X 環境科學、安全科學；Z 綜合性圖書」22 個大類。

（二）按事物性質檢索

古代的類書、政書和現代的一些手冊、指南、年鑑等通常按照文獻內容或是條目的性質分為幾個類別進行編排，如開性質分類之先例的《爾雅》後十六篇即是按照「釋親」「釋宮」「釋器」「釋樂」「釋天」「釋地」「釋丘」「釋山」「釋水」「釋草」「釋木」「釋蟲」「釋魚」「釋鳥」「釋獸」「釋畜」來分門別類對條目進行解釋。後世類書、政書的編纂多借鑒《爾雅》來分類，次序多為先天地帝王再典章制度再其他物事，典型者如《藝文類聚》《古今圖書集成》及《通典》等皆是依此法排列條目。故而，檢索這類書籍時就需依照條目性質來查找。

三、其他檢索方法

有一些專門工具書是按照時間、地理或建制等順序來編排詞條的，使用這些工具書時需依照一定順序來檢索。

（一）按時間順序檢索

通常在使用年表、曆表、年譜等工具書時會用到此種方法，另有一些查找人物資料的工具書也可能會使用此種方法，例如《中國歷代名人辭典》即先按朝代順序，每一朝代的歷史人物又按生年順序排列。還有些書目，在同一類的圖書中按時代順序排列等。

（二）按地理順序檢索

此種方法是按照一定行政區域次序檢索資料，適用於地理及有關地方資料的工具書，如《中國名勝辭典》一類的辭書、各類地圖及《中國地方志聯合目錄》一類的書目等。

另外，還有像黃本驥《歷代職官表》和劉壽林《辛亥以後十七年職官表》等按機構建制來檢索的職官表，如陳厚耀《春秋世族譜》一類依血緣譜系來檢索的世系表或族譜，還有一些按照數字檢索的數學工具書等。

上述檢索方法僅是一個大體介紹，現實操作中很多時候並非僅僅檢索單本工具書或使用一種檢索方法即可解決問題，很多時候需要選擇、判斷與綜合運用，例如一般字典至少都會附上拼音檢索及部首檢索兩種檢字表，在選擇檢字方法時需依據個人需要進行。

第二節　紙質文獻檢索的基本途徑

紙質文獻檢索一般從需求出發，利用目錄、索引、辭書、年譜、地圖等工具書，從外表特徵或內容特徵著手，按照書名、人名、地名、字詞句、歷史事件、制度、職官等多種途徑進行檢索。

一、書名檢索

書名檢索是根據書名（刊名、篇名、卷名）來查找文獻，主要利用各種類型書刊目錄、索引及辭書等，對特定文獻檢索很適宜。

（一）檢索古籍

1. 古籍概況檢索

（1）書目提要

一般而言，對古籍的定義為前人所撰寫的書籍，包括經後人整理的各種本子，主要指辛亥革命前著述或印刷的書籍。據不完全統計，現存古籍約有十萬餘種。檢索這些古籍的內容、著者等基本情況主要是利用提要書目以及叢書綜錄。

檢索現存古籍最重要的書目是《四庫全書總目》（永瑢等撰，中華書局1981年影印版），總目按經、史、子、集四部分類法編排，四部之下再分小類，較複雜小類還會再分子目，大小類前都有小序，子目後附案語，說明該類書源流及歸類理由，每一部書都有介紹書籍內容、作者生平、考核版本與文字異同等的提要。書後附有「四庫撤毀書提要」「四庫未收書提要」及「四庫全書總目書名及著者姓名索引」，其中「四庫全書總目書名及著者姓名索引」是依四角號碼檢字法編排的。後介於《四庫全書總目》卷帙繁浩，紀昀等又奉命編成更加便於翻閱的《四庫全書簡明目錄》（永瑢、紀昀等編，上海古典文學出版社1957年），附四角號碼檢字法的「書名索引」與「著者索引」。

對於《四庫全書總目》內容上存在的錯誤和遺漏，前人曾有很多訂補之作，主要有《四庫提要辯證》（余嘉錫編，科學出版社1958年、中華書局1980年重印），該書考訂古籍近五百種，依《總目》次序編排而成；《四庫全書總目提要補正》（胡玉縉撰，中華書局1964年、上海書店出版社1998年），考訂古籍兩千餘種，按《總目》次序編排，書後附書名索引；《四庫提要補正》（崔富章編，杭州大學出版社1990年）；《四庫提要訂誤》（李裕民編，書目文獻出版社1990年；中華書局，2005年）；《四庫全書總目辨誤》（楊武泉編，上海古籍出

版社 2001 年）。上述書籍可以作為在使用《總目》時的參考。

　　《金毓黻手定本文溯閣四庫全書提要》（金毓黻輯，中華全國圖書館文獻縮微複製中心 1999 年）可謂《四庫全書總目》的別一版本，內附金氏「解題」及「文溯閣四庫全書提要與總目異同表」「聚珍版提要與四庫本提要異同表」等。

　　另有一些與《四庫全書總目》相關的工具書簡單介紹如下，《續修四庫全書總目提要（稿本）》（中國科學院圖書館整理，齊魯書社 1996 年）；《四庫全書存目叢書·目錄索引》（《四庫全書存目叢書》編纂委員會編，齊魯書社 1997年）、《四庫全書存目叢書補編·目錄索引》（《四庫全書存目叢書》編纂委員會，齊魯書社 2001 年），書由總目錄、書名索引及著者索引組成，以書名或著者檢索的索引均按照四角號碼排序。

　　而《四庫禁燬書叢刊索引》（北京出版社 2001 年）、《四庫未收書輯刊·卷首·目錄索引》（北京出版社 2000 年）、《清代禁燬書目（補遺）·清代禁書知見錄》（商務印書館 1957 年）、《清代各省禁書匯考》（雷夢辰編，書目文獻出版社 1989 年）、《四庫採進書目》（吳慰祖校訂，商務印書館 1960 年）等則可對清代的禁書進行檢索查考。

　　《四庫全書》所收書籍雖廣泛，但由於編修朝代的限制，收錄書籍僅截止於乾隆年間，若對乾隆朝之後的古籍進行檢索可利用的書目有：《書目問答》（張之洞撰，范希曾補正，中華書局 1963 年重印本）；《鄭堂讀書記》（周中孚編，中華書局 1993 年）；《販書偶記》（孫殿起編，中華書局 1959 年）、《販書偶記續編》（雷夢水編，上海古籍出版社 1980 年）；《古籍整理圖書目錄（1949～1991）》（國務院古籍整理出版規劃小組辦公室編，中華書局 1992 年），主要收錄 1949 至 1991 年間出版整理的古籍，包括辛亥革命以前的著作、辛亥革命以後對古籍整理加工的著作、古籍相關的工具書及部分漢譯少數民族古籍等，全書正文按年編排，同一年內分類排列，後附四角號碼順序的書名索引；《新中國古籍整理圖書總目錄》（全國古籍整理出版規劃領導小組辦公室編，嶽麓書社 2007 年），該書收錄了 1949 至 2003 年間出版整理的古籍，正文按照圖書類別分為十類；《香港所藏古籍書目》（賈晉華主編，上海古籍出版社 2003年），該書為香港地區古籍聯合目錄；《臺灣公藏普通本線裝書書名索引》（臺北中央圖書館 1982 年）。

　　另外有宋代私人書目《郡齋讀書志校證》（晁公武撰，孫猛校證，上海古籍出版社 1990 年）及《直齋書錄解題》（陳振孫撰，上海古籍出版社 1987 年）

可以用來檢索古籍，兩本書都附有新編的索引以方便查找；《文獻通考》《續文獻通考》《清朝文獻通考》《清朝續文獻通考》四部書中的「經籍考」實際上也起到提要書目的作用，亦可加以利用。

目前還出版了一些諸如《中國通俗小說總目提要》（江蘇省社會科學院明清小說研究中心、江蘇省社會科學院文學研究所編，中國文聯出版公司 1990 年）、《中國文言小說總目提要》（寧稼雨編，齊魯書社 1996 年）、《中國小說提要（古代部分）》（朱禮生、羅宗陽主編，百花洲文藝出版社 1993 年）、《稀見地方志提要》（陳光貽編，齊魯書社 1987 年）、《上海圖書館館藏家譜提要》（王鶴鳴等主編，上海古籍出版社 2000 年）等專題性古籍提要書目。

（2）叢書目錄

有些古籍並無單行本，而是收錄於叢書之中，有些古籍雖有單行本流傳於世，但也常常被一種或多種叢書所收錄。目前檢索查找古籍叢書最主要的工具書是《中國叢書綜錄》（上海圖書館編，中華書局 1982～1984 年），該書分三冊：第一冊是叢書總錄，分彙編和類編兩個部分，但凡可歸入經、史、子、集四部者按四部入類編，餘下具綜合性者分雜纂、輯佚、郡邑、氏族、獨撰五類入彙編，每種叢書介紹名稱、編者、版本等，書後附「全國主要圖書館收藏情況表」「叢書書名索引」和「索引字頭筆劃檢字」；第二冊是子目分類目錄，本冊將《中國叢書綜錄》所收全部古籍按照經、史、子、集編排，每個條目下記載了書名、卷數、著者信息，並載有該古籍收錄於哪部叢書之中，再據第一冊檢索叢書信息，即可得到收錄該叢書的圖書館；第三冊是索引，供檢索第二冊各種古籍使用，包括「子目書名索引」和「子目著者索引」兩個部分，均按照四角號碼檢字法編排，書前附「索引字頭筆劃檢字」和「索引字頭拼音檢字」，以供不懂四角號碼的人使用。使用該工具書檢索應注意兩個問題：一是不同叢書收錄的同一古籍常常卷數不相同，一般來說，卷數多者為全本、足本，在查閱文獻資料時要儘量使用它們；二是一些叢書不止有一個版本，不同版本叢書卷數與收錄古籍子目都不盡相同，故我們利用第二冊檢索古籍時需留意該叢書的版本，以免影響到文獻檢索的效果。

另應注意與《中國叢書綜錄》關聯圖書一併作參考。《中國叢書綜錄補正》（陽海清編，蔣孝達校訂，江蘇廣陵古籍刻印社 1984 年），該書編排體例與《中國叢書綜錄》相同，重點在考訂、補正《中國叢書綜錄》錯漏之處，補充了一些叢書版本、子目，並增補了叢書異名，訂正了一些錯誤；《中國叢書目

錄及子目索引彙編》（施廷鏞主編，嚴仲儀、倪友春分編，南京大學出版社 1982 年），該書重在增補《中國叢書綜錄》未收叢書，後附「叢書書名索引」及「子目書名索引」。

另外幾部較重要叢書目錄工具書：《四部叢刊書錄》（孫毓修編，商務印書館 1922 年），該書是張元濟所編《四部叢刊》初編的目錄，按經、史、子、集四部編排，每一條目下載版本、收藏圖記等信息；《四部備要書目提要》（中華書局 1936 年）；《叢書集成初編目錄》（商務印書館 1935 年初版，中華書局 1983 年重印），利用該書查找《叢書集成初編》所收叢書及其子目，子目按照經、史、子、集編排，標記出已出版古籍與未出版古籍，書後附「書名索引」及「未出書名索引」。

（3）專門辭典

檢索古籍還可以使用專門辭書，不過專門檢索古籍的辭書書目並不多，除在「書目」部分介紹的幾本檢索《四庫全書》的辭典外，還有《簡明中國古籍辭典》（吳楓主編，吉林文史出版社 1987 年），該詞典選錄先秦至辛亥革命期間至今有籍可徵古籍四千餘條，以書名作為條目，按照首字筆劃排列順序，書後附「書名分類索引」及「著者索引」。

2. 古籍佚失及流傳情況檢索

有時候我們需要瞭解古籍的流傳情況，這時候除上面介紹的書目中有一些會在古籍基本情況介紹中有闡述外，主要利用正史、《通志》、《文獻通考》系列中的「藝文志」或者「經籍志」以及它們的補志。

正史中的「藝文志」或「經籍志」是官方參考各種官私書目編纂而成，編纂「藝文志」或「經籍志」的正史有《漢書》《後漢書》《三國志》《隋書》《舊唐書》《新唐書》《宋史》《明史》《清史稿》，其中大部分都是古今典籍一併收錄，只有《明史・藝文志》《清史稿・藝文志》是只記載當代人著述。《漢志》依劉歆《七略》編纂，有敘有論，可反映學術思想的演變。《隋志》更是因其具有「辨章學術，考鏡源流」之功而受歷代學者重視。另外還有後世學者對各正史的藝文志或經籍志所作的補志，這些補志多收入開明書店 1936～1937 年出版的《二十五史補編》之中，此書中華書局 1955 年重印，但該書目前尚未出相應索引，使用並不方便。商務印書館 1955 年起開始重新排印「十史藝文經籍志」，已出《漢書・藝文志》《隋書・經籍志》《唐書經籍藝文合志》《補五代史藝文志》《宋史・藝文志》《遼金元藝文志》《明史・藝文志》等，每本書後都附有四角號碼

的書名及著者索引，檢索極為方便。

　　系統檢索正史藝文志一般利用《藝文志二十種綜合引得》（哈佛燕京學社引得編纂處 1933 年編印，中華書局 1960 年、上海古籍出版社 1986 年重印），二十種藝文志實際上是指正史藝文志 7 種、補志 8 種、禁燬書目 4 種和徵訪書目 1 種，基本上反映了我國從古代至清末的古籍，該書書名與作者人名按中國字庋擷法編排，書前有筆劃檢字。

　　像查符郎所撰《符子》，無論以「符郎」還是以「符子」作檢索詞，都可以見到以下的著錄：隋 3／4b；舊唐 2／4a，唐 3／5a，這些數字即表示《隋書・經籍志》卷三第四頁背面（指清張壽榮輯刻《八史經籍志》本，下同）、《舊唐書・經籍志》卷二第四頁正面、《新唐書・藝文志》卷三第五頁正面，均見符郎撰《符子》一書，而五代以下藝文志則未見著錄，可能其書在此前後已經亡佚。

　　《通志》《續通志》《清朝通志》中的「藝文志」和《文獻通考》《續文獻通考》《清朝文獻通考》《清朝續文獻通考》中的「經籍志」可以與正史藝文志或經籍志互相參照。

3. 古籍版本檢索

　　有些工具書側重檢索查詢某種古籍都有哪些版本，較為常用的有：《增訂四庫簡明目錄標注》（邵懿辰撰、邵章續錄，中華書局上海編輯所 1958 年出版、1979 年上海古籍出版社曾出新一版），該書於《四庫》書版本記載頗詳，記錄了四庫所收書及部分未收書的不同版本，並匯錄各家批註，通常被視為查考古籍版本的必備參考書，後附邵章撰「四庫未傳本書目」、據劉燕庭家藏鈔本錄入的「東國書目」（朝鮮、日本刻書書目）等；《天祿琳琅書目》（於敏忠、彭元瑞等編，清光緒年間長沙王氏校刊本）及其後編實存的記錄《天祿琳琅查存書目》（施廷鏞編）、《天祿琳琅現存書目》（張允亮編）；《皕宋樓藏書志、皕宋樓藏書續志》（陸心源撰，中華書局 1990 年）；《士禮居藏書題跋記》（黃丕烈撰、潘祖蔭輯、周少川點校，書目文獻出版社 1989 年）；《藝風堂藏書記》（繆荃孫編，清光緒年間江陰繆氏刻本）；《鐵琴銅劍樓藏書題跋集錄》（翟良氏輯，上海古籍出版社 1985 年）；《邵亭知見傳本書目》（莫友之輯、莫繩孫編，上海掃葉山房 1923 年）；《藏園訂補邵園知見傳本書目》（莫友芝撰、傅增湘訂補，中華書局 1993 年）；《書目答問補正》（張之洞撰、范希曾補正，上海古籍出版社 1983 年）。

　　各類古籍版本眾多，而其中古籍的善本尤為重要，專門檢索善本主要可以利用工具書有：《中國古籍善本書目》（中國古籍善本書目編委會編、顧廷龍主編，上海古籍出版社 1986～1996 年），該書分經、史、子、集、叢書五部，收錄各地區圖書館、博物館、文獻館及高校等機構的代表性古籍善本，每部古籍都標明書名、卷數、作者、版本和收藏單位等信息；《中國善本書提要》（王重民編，上海古籍出版社 1983 年），該書收錄撰者經眼的四千餘本古籍善本，每部書載書名、卷數、行款、板框、收藏地點等信息，凡《四庫全書總目》已作提要書籍不再詳作提要，但對《總目》中的訛誤或未完善的加以辯證補充，書後附書名索引、撰校刊刻人名索引、刻工人名索引、刻書鋪號索引等；《中國善本書提要補編》（王重民撰，書目文獻出版社 1991 年），該書是上一書的續編；《藏園群書經眼錄》（傅增湘撰，中華書局 1983 年），該書收書五千種，論及各古籍特點、淵源及優劣，為瞭解近代所存古籍善本概貌與流傳情況提供了重要資料；《影印善本書目錄（1911～1984）》（中華書局 1991 年），該書收錄1911 至 1984 年間我國影印出版的善本書籍；《古籍宋元刻工姓名索引》（王肇元編，上海古籍出版社 1990 年），宋元刻本多為善本，故當時刻工情況的瞭解也有助於善本的檢索查找。

　　通過影印、影刻等方式再現圖書部分內容的版本圖錄亦可以提供很多重要的版本信息，主要有：《中國刻板圖錄》（北京圖書館編，文物出版社 1961年），該書彙集了我國歷代古籍善本及版畫的書影；《中國國家圖書館古籍珍品圖錄》（任繼愈主編，北京圖書館出版社 1999 年），書分古籍善本、甲骨金石、中外輿圖、少數民族文獻四部分，各幅圖版從形態、特點、價值等方面予以介紹；《北京大學圖書館藏善本書錄》（張玉范、沈乃文主編，北京大學出版社 1998 年）；《鐵琴銅劍樓宋金元本書影》（翟霍甲編，1922 年家印本）；《宋元版刻圖釋》（陳堅、馬文大輯，學苑出版社 2000 年）；《明代版本圖錄初編》（潘承弼、顧廷龍編，開明書店 1941 年），書後附索引；《清代版本圖錄》（黃永年、賈二強編，浙江古籍出版社 1997 年）；《古本小說版畫圖錄》（金沛霖主編，線裝書局 1996 年）；《珍稀古籍書影叢刊》（徐蜀主編，北京圖書館出版社 2003 年）。

　　4. 書名異同及真偽檢索

　　檢索古籍書名異同之工具書主要有：《同書異名匯錄》（杜信孚、王劍編，江蘇古籍出版社 2000 年）；《同書異名通檢》（杜信孚等編，江蘇人民出版社

1982 年）；《同書異名通檢（增訂本）》（杜信孚等編，江蘇人民出版社 1982 年）；《古書同名異稱舉要》（張雪庵著，山東人民出版社 1980 年），該書兼具檢索同名異書、同書異稱兩種功用，含同名異書、同書異稱和附錄三部分，書中涉及的都是比較重要和常見的古籍。

　　檢索古籍的真偽，主要可以利用《中國偽書綜考》（鄧瑞全、王冠英主編，黃山書社 1998 年）一書，該書是一部全面介紹、考證歷史上偽造書籍的著作，分經、史、子、集、道、佛和近代偽書 7 大部分 55 類，收錄古代包括近代有偽作疑問的書籍千餘種，主要內容有：作偽的程度或類型，分全部偽、部分偽、作者偽、時代偽、疑偽、誤題撰人等情況；作偽者或被作偽者的生平履歷簡介；作偽原因分，如政治背景、文化背景、時代特點、學術風氣等；該書主內容介紹；該書辨偽過程介紹，包括偽書產生的時代、什麼時候首先辨偽、各家辨偽的主要證據以及撰稿人的分析和論證等；該書學術價值及使用方法簡介；該書的存佚情況和版本。另有《偽書通考》（張心編，上海商務印書館 1957 年），該書集明宋濂《諸子辨》、明胡應麟《四部正偽》、清姚際恒《古今偽書考》而成，分經、史、子、集、佛藏、道藏六部分，涉古籍千餘部。

（二）檢索近現代書籍

　　檢索近現代書籍主要利用的仍是圖書書目。《民國時期總書目》（北京圖書館編，書目文獻出版社 1986～1997 年），該書收錄了 1991 至 1949 年間出版的中文圖書十二萬四千餘種，各分冊均採用分類編排，檢索方法一是可以使用卷首的分類目錄，還可根據各分冊後附的書名索引，索引按漢語拼音字母順序排列；《（生活）全國總書目》（平心編，上海生活書店 1935 年）；《抗戰時期出版圖書書目（1937～1945）》（重慶圖書館 1957 至 1959 年編輯刊行）；《解放區根據地圖書目錄》（中國人民大學圖書館編，中國人民大學出版社 1989 年）；《全國總書目》（原由國家版本圖書館編，中華書局出版，現由新聞出版署信息中心編），該書具有圖書年鑒性質，自 1949 年起按年每年出版一本，1966 至 1969 年停編，1970 年起恢復出版，該書根據全國各出版單位交送的樣本書編纂而成，凡公開出版發行、具有正式書號之圖書均收錄其中，大致反映了每年全國各出版社的出版情況；《全國新書目》（原為國家版本圖書館編輯，現由新聞出版總署信息中心主辦，全國新書目雜誌社編輯出版）；《中國國家書目》（1958 年起由北京圖書館《中國國家書目》編輯組以手工方式開始編輯，1987 年《中國國家書目（1985）》正式出版），該書是我國出版的第一部國家書目，

後來隨形勢發展逐步計算機化，目前該書出版已實現印刷與光盤並行；《江蘇省立國學圖書館總目》（江蘇省立國學圖書館 1933 年編印），補編十二卷，1936 年出版；《江蘇省立國學圖書館現存書目》（江蘇省立國學圖書館 1948 編印），續編一冊，1951 年出版。

以上工具書可以用來檢索各專科、綜合圖書，還有些工具書將某一學科或專題圖書彙集起來，目的明確、針對性強、節省時間，更加方便專科檢索。文史哲類圖書專科檢索主要可以使用：《古漢語書目指南》（王英明編，齊魯書社 1988 年），後附古漢語必讀書目；《漢文字學要籍概述》（羅君惕編，中華書局 1984 年）；《史籍舉要》（柴德編，北京出版社 1982 年）；《中國現代史論文著作目錄索引（1949～1981）》（榮天琳主編，北京大學出版社 1986 年）；《中國近現代史論著目錄總匯（1980～1990）》（徐舸主編，南京大學出版社 1992 年）；《八十年來史學書目》（中國社會科學院歷史研究所資料室編，中國社會科學出版社 1984 年）；《中國歷史工具書指南》（林鐵森主編，北京出版社 1992 年）。

二、人名檢索

人名包括古今人物的本名、異名（筆名、室名、別號）、行第、年號、廟號、諡號、避諱、同名、職官名等，一般通過索引、名錄、辭典等工具書進行檢索。

（一）檢索人物稱呼

1. 字、別號檢索

遇到僅記載人物的字、別號等而未記本名的情況，可以利用以下工具書：《室名別號索引》（陳乃乾編，丁寧、何文廣、雷夢水補編，中華書局 1982 年第二版），該書收錄了自秦漢至現代的室名別號，並在其後注明人物的時代、籍貫與姓名，書中條目按照筆劃排序，書後附筆畫檢字及四角號碼檢字；《古今人物別名索引》（陳德芸編，上海書店 1982 年據嶺南大學圖書館 1937 年版影印出版），書中錄別名、字、號、諡號等各種稱呼，在條目後注本名與時代，書後附檢目；《歷代名人室名別號辭典》（池秀雲編撰，山西古籍出版社 1998 年增訂版），本書以室名和號為條目，後注姓名、朝代、籍貫等信息，書後附人名索引；《中國古代文學家字號室名別稱詞典》（張福慶編著，華文出版社 2002 年）詞典正文後附總索引，將該詞典收錄的古代文學家的姓名、

別名、字、號、別稱、室名等按筆劃筆形為序混合編排，該詞典若從正文詞條入手，可以由文學家的姓名查得室名、別稱和字、號，若從總索引入手，則可由室名、別稱和字、號查得文學家的姓名；《明人室名別稱字號索引》（楊廷福、楊同甫編，上海古籍出版社 2002 年）；《清人室名別稱字號索引》（楊廷福、楊同甫編，上海古籍出版社 2001 年增補版），正文前附筆畫檢字表及四角號碼檢字表；《中國近現代人物名號大辭典》（陳玉堂編著，浙江古籍出版社 1993 年）及《中國近現代人物名號大辭典續編》（陳玉堂編著，浙江古籍出版社 2001 年）；《綽號異稱辭典》（謝蒼霖編，江西高校出版社 1999 年）；《中國歷代書畫篆刻家字號索引》（商承祚、黃華編，人民美術出版社 1960 年）；《清代書畫家字號引得》（蔡金重編，上海古籍出版社 1990 年重印）。這些工具書使用方法與前述幾種相同，可彼此參考對照使用，此處不再一一贅述舉例。

2. 行第檢索

唐代詩文集中常有以行第相稱呼者，時風盛行，如白居易多處被稱為「白二十二」，而宋人承唐之風亦有此舉，故而在閱讀唐宋詩文集等作品的過程中就需借助專門工具書：《唐人行第錄》（岑仲勉編，上海古籍出版社 1978 年），以姓名筆劃為序，同姓者則按排行次序定先後，書後附四角號碼人名索引；《宋人行第考錄》（鄧子勉編，中華書局 2001 年），以姓氏筆劃為序。

3. 諡號與本名相互檢索

諡號、本名相互檢索工具書有：《歷代名臣諡法彙考》（劉長華編，江蘇廣陵古籍刻印社 1989 年），《清諡法考》（雷延壽編，1924 年鉛印本），此書可做前書之補充；《歷代人物諡號封爵索引》（楊震方、水賚佑編著，上海古籍出版社 1996 年），書後附四角號碼索引。

4. 筆名與本名相互檢索

筆名、本名相互檢索工具書有：《戊戌變法前後報刊作者字號筆名錄》（張靜廬、林松、李松年編，載於中華書局 1965 年 6 月出版的《文史》第四輯）；《辛亥革命時期重要報刊作者筆名錄》（張靜廬、李松年編，載於中華書局 1962 年 10 月出版的《文史》第一輯）；《中國現代作家筆名索引》（苗士心編，山東大學出版社），分筆名索引與筆名錄兩部分，利用索引可從筆名查到原名，而利用筆名錄則能從原名查出該作家所有筆名及個人情況。

5. 同名同姓者區分檢索

同名同姓者檢索工具書有：《古今同姓名錄》（〔梁〕元帝蕭繹撰，〔唐〕陸善經續，〔元〕葉森補）有《四庫全書》本、《叢書集成初編》本、臺北商務印書館 1983 年版本等；《古今同姓名大辭典》（彭作楨輯著，上海書店 1983 年版影印），書中按筆劃排列，每個姓名前有代表同名人數的數字，姓名下分別注明同姓名者各自的簡況；《同姓名錄》（〔明〕余寅撰，〔明〕周應賓補，上海古籍出版社 1992 年版）；《九史同姓名略》（〔清〕汪輝祖撰，該書有《叢書集成初編》本、臺灣藝文出版社 1966 年版本等）；《同姓名錄》（〔清〕王廷燦編，收入齊魯書社 1995 年出版《四庫全書存目叢書》子部類書類中）；《歷代同姓名錄》（〔清〕劉長華編，收入《崇川劉氏叢書》中）有清同治五年（1866）海寧陳氏慎初堂印本，原哈佛燕京學社引得編纂處曾據該書編《歷代同姓名錄引得》，於 1931 年印行，臺北成文出版社 1966 年重印。

6. 並稱檢索

並稱檢索工具書有：《歷代名人並稱辭典》（龔潛庵、李小松、黃昏編著，上海辭書出版社 2001 年），該辭典按照並稱人數排序，詞目中字數少的在前，多的在後，筆劃少的在前，多的在後。正文前後分別有詞目表和詞目筆劃索引供檢索用。

（二）檢索特定人物基本情況

1. 專門辭典

《中國人名大辭典》（臧勵龢等編，商務印書館 1921 年初版，上海書店 1980 年、中州古籍出版社 1993 年均曾重印），書末附四角號碼索引；《中國歷代人名大辭典》（張撝之、沈起煒、劉德重主編，上海古籍出版社 1999 年），此辭典收錄人物相當全備，正文前有筆劃目錄，正文後附歷代紀年表和四角號碼索引；《中國人名大詞典》（廖蓋隆等主編，上海辭書出版社 1989～1992 年出版），詞目按姓名的音序排列，書末附筆劃索引；《中國歷代人名辭典》（邱樹森主編，江西教育出版社 1989 年）；《中國語文學家辭典》（陳高春編，河南人民出版社 1986 年增訂本），書末附有五種索引，辭目音序索引、辭目筆劃索引、異名筆劃索引及語文學著作筆劃索引；《中國文學家大辭典》（中華書局 1992 年起陸續出版）；《中國佛教人名大辭典》（震華法師編著，上海辭書出版社 1999 年）；《中國音樂舞蹈戲曲人名詞典》（曹惆生編，商務印書館 1959 年），

附四角號碼人名索引；《二十五史人名大辭典》（黃惠賢主編，中州古籍出版社1997 年）。上述辭典皆附有索引，檢索方法並不複雜。

　　2. 人物生卒表譜

　　有時我們需要瞭解某歷史人物的時間軸，具體到生卒年或某行為發生的具體時間，此時一般的辭典就未免過於簡單而無法滿足要求，需求助此方面專門的工具書，專門檢索人物生卒年的有：《歷代人物年里碑傳綜表》（姜亮夫纂定，陶秋英校，中華書局 1959 年），該書按生年先後排列，所收條目唐以前人凡生卒年可考的一概收錄，宋以後稍加選擇，明清以後則從嚴，後附筆畫索引；《中國歷史人物生卒年表》（吳海林、李延沛編，黑龍江人民出版社 1981 年）；《疑年錄彙編》（張惟驤編，收入臺北新文豐出版公司 1989 年出版《叢書集成續編》中）；《歷代名人生卒年表》（梁廷燦編，臺灣商務印書館 1979 年第 2版），該書索引方法有二，一為依姓氏筆劃為序、一為四角號碼檢字；《歷代名人生卒錄》（錢保塘編，臺北廣文書局 1978 年據海寧錢氏清風室 1936 年刊本影印出版）；《釋氏疑年錄》（陳垣撰，江蘇廣陵古籍刻印社 1991 年），書末附按名字末字筆劃檢索之通檢；《宋元理學家著述生卒年表》（麥仲貴著，香港新亞研究所 1968 年）；《歷代書畫家生卒年表》（樊萬春編，文物出版社 1996 年）；《明清進士題名碑錄索引》（朱保炯、謝沛霖編，上海古籍出版社 1980 年），該書索引另按四角號碼次序排列進士姓名，再將籍貫、科年、甲第、名次注於其後。

　　按照具體年月繫以人物事蹟勾畫出人物生平時間軸之文成為年譜，年譜的編纂大約肇於兩宋之際，後世尤其是清代所編年譜眾多，為世人瞭解譜主生平提供了極大方便，但同樣是由於年譜數量眾多而使人無從下手得到想要的信息，這時便需要專門查詢人物年譜的工具書，查到具體人物年譜後再尋找年譜以瞭解人物生平，這類工具書有：《中國歷代人物年譜考錄》（謝巍編撰，中華書局 1992 年），附編包括「合編年譜」「合刊年譜」「通譜」「齒譜」「疑年錄及人物生卒年表」「學術年表」「大事年表」等方面的內容，書後附「譜主姓名索引」和「年譜收藏單位簡稱表」；《中國歷代年譜總錄》（楊殿殉編，北京圖書館出版社 1996 年增訂本），目錄編排以人物生年先後為序；《中國年譜辭典》（黃秀文主編，百家出版社 1997 年），以人物年代先後為序，後附「譜主索引」和「譜名索引」；《近三百年人物年譜知見錄》（來新夏著，上海人民出版社 1983 年）；《中國歷代名人年譜總目》（增訂版）（王德毅編，臺北新文豐出

版公司 1999 年）;《北京圖書館藏珍本年譜叢刊》（周和平主編，北京圖書館出版社 1999 年），卷末並附有譜名、譜主、編者 3 種索引;《中國歷代名人年譜彙編》（王民信主編，臺北廣文書局 1971 年），以譜主生年為序，附人名索引;《新編中國名人年譜集成》（王雲五主編，臺灣商務印書館 1978 年起出版）。

3. 人物傳記資料

以上所介紹各檢索途徑都是偏重於瞭解人物的某一方面，而若欲瞭解人物詳細生平事蹟則莫若翻閱人物的傳記資料，而迄今為止留存下來的人物傳記數量龐大，有單獨刊行者、有收錄於史書中者、亦有收於文集、方志等各種典籍之中者。如同上面所介紹的年譜，翻閱如此浩如煙海的傳記需借助專門書籍。

正史中的傳記，要查找這些人物生平可借助於:《二十四史紀傳人名索引》（張忱石、吳樹平編，中華書局 1980 年），該索引根據中華書局版《二十四史》點校本編制而成，每個條目後注有該人物傳記所在的冊數、卷數及頁數（例子），採用四角號碼檢字法，書後附筆畫索引;《二十四史傳目引得》（梁啟雄編，中華書局 1936 年），書前有筆劃檢字與拼音檢字。

地方志中檢索人物傳記可參閱:《宋元方志傳記索引》（朱士嘉編，中華書局 1963 年），書前有「引用宋元方志書名簡表」，書後附人名四角號碼檢索;《明代地方志傳記索引:中日現藏三百種》（臺北大化書局 1986 年編輯出版）;《天一閣藏明代方志選刊人物資料人名索引》（華東師範大學圖書館古籍部編，上海書店 1997 年），條目按四角號碼檢字法編排，書後附《天一閣藏明代方志選刊》種數編號表和姓氏筆劃索引;《中國地方志宋代人物資料索引》（沈治宏、王蓉貴編撰，四川辭書出版社 1997 年），按人物姓名四角號碼編排;《北京天津地方志人物傳記索引》（高秀芳等編，北京大學出版社 1987 年）;《東北方志人物傳記資料索引》（遼寧圖書館編，遼寧人民出版社出版），該書有《遼寧卷》（1991 年出版）、《吉林卷》（1989 年出版）及《黑龍江卷》（1989 年出版）;《廣東地方志傳記索引》（潘銘燊編，香港中文大學出版社 1989 年），上冊為漢語拼音排列的人名索引，下冊為依方志原書次序的人名表;《廣西方志傳記人名索引》（廣西通志館舊志整理室、廣西社會科學院情報所編著，廣西人民出版社 1989 年）。

其他檢索傳記的專門工具書:《唐五代人物傳記資料綜合索引》（傅璇琮、張忱石、許逸民編，中華書局 1982 年），該書分「字號索引」和「姓名索引」

兩部分，分別用來查找本名與檢索傳記資料所在，都採用四角號碼編排；《宋人傳記資料索引》（昌彼得等編，王德毅增訂，中華書局 1988 年據臺北鼎文書局 1977 年增訂版影印出版），條目排列按姓氏的筆劃筆形，同姓氏的，又先單名，後復名，再根據名字的筆劃數分先後；《宋人傳記資料索引補編》（李國玲編纂，四川大學出版社 1994 年），後附「宋人別名字號封諡索引」；《遼金元傳記三十種綜合引得》（哈佛燕京學社引得編纂處 1940 年編印，中華書局 1987 年曾出影印本），全書採取姓與字號兩目混合編排的做法，以姓名為正目，下注傳記所在，字號為附目，下注本來姓名；《元人傳記資料索引》（王德毅、李榮村、潘柏澄編，中華書局 1987 年據臺北新文豐出版公司 1979 年版影印出版），前 4 冊為漢人部分，依姓名筆劃排列，最後一冊為非漢人部分，按其名的羅馬拼音排列；《元朝人名錄》（羅依果、櫻占梅著，臺北南天書局有限公司 1988 年出版正編 3 冊，1996 年出版補編 1 冊）；《明人傳記資料索引》（昌彼得主編，中華書局 1987 年據臺北文史哲出版社 1978 年再版本影印出版），全書依姓名筆劃排列人名詞條，書末附「字號索引」，可依字號查本名；《明遺民傳記索引》（謝正光編，上海古籍出版社 1992 年）；《清代碑傳文通檢》（陳乃乾編，中華書局 1959 年），全書按碑傳主姓氏筆劃自少而多排序，附「異名表」「生卒考異」「清代文集經眼目錄」3 種附錄；《辛亥以來人物傳記資料索引》（王明根主編，上海辭書出版社 1990 年），條目按照姓名筆劃自少而多次序排列；《古今中外人物傳記指南錄》（邵延森編撰，江蘇教育出版社出版，該書包括 1989 年正編、1990 年前編與 1997 年續編）；《中國近代人物傳記資料索引》（臺北「國立中央圖書館」編，臺北「中華叢書編審委員會」1973 年）。

4. 典籍專書人名索引

另外還有一些可以用來檢索出現在典籍專書中的人名：《中國上古人名辭彙及索引》（潘英主編，臺北明文書局 1993 年），該書涵括《春秋》《左傳》《國語》《尚書》《古本竹書紀年》《詩經》《論語》《逸周書》中所出現人物的姓、氏、名、字、諡、號，每一條目注明在上述各書的章節；《四庫全書傳記資料索引》（臺灣「中華文化復興運動推行委員會」四庫全書索引編纂小組主編，臺北商務印書館 1991 年），該索引依據 1986 年臺灣商務印書館影印的《文淵閣四庫全書》編制，附字號索引；《清史稿紀表傳人名索引》（何英芳編，中華書局 1996 年）根據中華書局 1977 年出版的《清史稿》點校本編制而成，採用四角號碼檢字法；《二十四史人名索引》（中華書局 1998 年）據中華書局二十

四史點校本編制，但凡出現在二十四史中的人名全部編入書中，條目根據人物姓名四角號碼編排；《古今圖書集成各部列傳綜合索引》（楊家駱主編，臺北鼎文書局 1988 年）；《歷代高僧傳索引》（上海書店 1989 年影印出版）；《唐會要人名索引》（張忱石編，中華書局 1991 年）；《宋會要輯稿人名索引》（王德毅編著，臺北新文豐出版公司 1978 年初版，1999 年重印）；《續資治通鑑長編人名索引》（〔日〕梅原郁編，臺北宗青圖書出版公司 1986 年）；《建炎以來繫年要錄人名索引》（〔日〕梅原郁編，臺北宗青圖書出版公司 1986 年）；《宋代郡守通考人名索引》（李之亮編，巴蜀書社 2001 年）；《宋元學案人名索引》（鄧元鼎、王默君編，上海商務印書館 1936 年初版，臺北河洛圖書出版社 1980 年重印）；《宋元學案人名索引》（〔日〕鈴木直治等編輯，臺北廣文書局 1979 年）；《古今圖書集成中明人傳記索引》（章群輯，香港明代傳記編纂委員會 1963 年印行）；《明代傳記叢刊索引》（周駿富編，臺北明文書局 1991 年）；《清代傳記叢刊索引》（周駿富編，臺北明文書局 1985 年）。

三、地名檢索

我國由古至今疆域分分合合、地名與轄區不斷變化，或同名異地、或同一地區名字不同，有些地區還有簡稱、別稱等，甚至有兩個及以上地區的合稱，且方位、轄區、行政級別等常有變動，情況極為複雜，掌握地名檢索十分重要，可通過地圖、辭典、地理沿革表等進行檢索。

（一）地名檢索辭典

地名的檢索除使用《辭海》等綜合大辭典外，還有不少專門辭典供讀者使用，利用辭典可以檢索到地理位置、行政轄區、地理概況、地理沿革等基本信息，使用簡單、方便，但檢索到的信息相對泛泛，如需深入瞭解通常還要輔助以其他工具書。常用的地名專門辭典有：《最新中外地名辭典》（葛綏成等編，中華書局 1924 年初版，1940 年增訂，1948 年再版），書中詞條按照筆劃排序，正文前有「中文檢字表」，收錄詞條較全，但內容簡單且較為陳舊；《中國古今地名大辭典》（臧勵龢等編，商務印書館 1931 年初版，1982 年重印），以地名筆劃為序排列並有「檢字表」，書後附四角號碼索引；《中國歷史地名大辭典》（魏嵩山主編，廣東教育出版社 1995 年），書中條目依筆劃筆順編排，書前有「首字筆劃檢索表」，書後附「音序索引」；《中國歷史地名大辭典》（鄭梁生等編譯，臺北三通圖書股份有限公司 1984 年），分大陸、臺灣兩部分，詞條按《康熙字

典》部首排列，每卷卷首附詞條首字的筆劃檢字表，亦可根據筆劃來檢索詞條，最後一卷附「縣市名稱之主要變革（歷史上主要的地名）」表和新編的按音序排列的地名總索引；《中國政區大典》（李寶庫主編，浙江人民出版社 1999 年），該書電子版也同時由浙江電子音像出版社正式出版發行；《讀史方輿紀要索引：支那歷代地名要覽》（〔日〕青山定雄編，臺北洪氏出版社 1984 年），為日本青山定雄為顧祖禹《讀史方輿紀要》所編制的索引，方便了書中地名的檢索，且又於每一地名下一一注明原書卷數、所隸屬府州縣及今天的方位，故而兼有索引兼辭典的性質。

　　除上述地名索引外還有一些古籍地名索引用來檢索某部專門古籍，亦多少可以起到辭典的性質：《三國志地名索引》（王天良編，中華書局 1980 年），據中華書局 1959 年《三國志》點校本編制，對書中提到的地名連並裴松之注中的地名一概收錄；《水經注通檢今釋》（趙永復編，復旦大學出版社 1985 年），詞條下注明該水道位於《水經注疏》（楊守敬，科學出版社）和《王氏合校水經注》（王先謙，中華書局四部備要本）二書中的卷數、頁數，還對一部分水道予以今釋，書後附水名的筆劃筆順索引；《資治通鑑胡注地名索引》（〔日〕荒木敏一、米田賢次郎編，京都人文科學研究所 1967 年），以中華書局 1956 年出版的《資治通鑑》為底本編制。

　　哈佛燕京學社引得編纂處編纂出版的各種史書的綜合引得眾亦列有地名條目可以用來檢索古籍專書中的地名，不再一一贅述。

（二）古代地名檢索

　　古代地名情況較為複雜，除了歷經幾千年的變更沿革外，還有一些習慣稱呼，可以從地名中反映出一些地理環境、社會經濟情況及居住者情況等信息，此處簡單介紹幾點有關地名的一般習慣：山南水北為陽、山北水南為陰；東為左、西為右，即「江東」又稱「江左」；地名取字，春秋時「氏」「父」甚多，至兩漢「鄉」「亭」「聚」等字漸入地名，六朝多用「塢」「壁」「壘」「戍」等字，唐中葉後則多出現「鎮」「集」「市」等；位於河流上源的地名常會有「源」字，河流、湖泊出入口處則慣用「門」「口」等字。

1. 利用地圖檢索地名

　　檢索地名最常用的工具當推地圖，利用地圖可以清晰直觀得到所查地名的地理位置、轄區等內容。我國很早就開始重視地圖的繪製，但由於地圖製

作難度大且事關軍政需藏於官府，故較一般書籍傳世更加困難。流傳下來且較為知名的古地圖有：1973 年馬王堆出土的漢文帝時期的地圖碎片是目前最早的地圖，經整理考定後定名「地形圖」與「駐軍圖」，收於《古地圖》（馬王堆漢墓帛書整理小組編，文物出版社 1977 年）中；南宋時期刻於石碑的《禹跡圖》與《華夷圖》，《華夷圖》是現存最早的全國地圖；明代羅洪先依照元人朱思本所繪《輿地圖》增廣而成的《廣輿圖》，明清之地圖多受此影響；清康熙帝主持下編繪的《皇輿全圖》，收於《中華古地圖珍品選集》（中國測繪研究院編，哈爾濱地圖出版社 1998 年），在此地圖基礎上，乾隆朝擴大增編而成《乾隆內府輿圖》，同治年間，胡林翼根據康乾兩朝地圖編制成清一代流傳最廣的地圖《大清一統輿圖》；清末學者楊守敬編制的《歷代輿地圖》乃古地圖集大成者。

古地圖雖然有很高的研究價值，但作為工具書來檢索地名存在一定難度，且古地圖存在著許多誤舛與不合今日習慣之處，故將地圖作為工具書檢索古代地名最常應用的是今人編繪的歷史地圖，目前比較常用的有：《中國歷史地圖集》（譚其驤主編，地圖出版社 1982～1987 年），按朝代分為八冊，對歷史上各政區的設置及部族分布，選擇其中某一年或某一時期的情況進行編繪，每一時期都有疆域全圖及州郡分圖，或一州一圖、或數州一圖，地圖中的重要地名都有古今對照標示，每冊地圖後還附地名索引（只用古地名），以便查詢；《中國古代地圖集》（曹婉如等編，文物出版社 1990～1997 年），分戰國至元代、明代、清代三卷，主要收集整理各時代地圖並錄入相關論文，檢索地名遠不若譚其驤主編的地圖集方便；《中國古代歷史地圖集》（王雅軒等主編，遼寧教育出版社 1990 年），共有地圖 108 幅，書後附古今地名對照，無專門的地名檢索表；《中國歷史地圖集》（中國歷史地圖集編輯組編，中華地圖學社出版社 1974 年）。

2. 利用地理志檢索地名

古代正史、地方志等中的地理志以及當時地理相關的專著詳盡反映了歷代疆域版圖、地理位置、地理沿革甚至人情土產等內容，是檢索查考古代地名時的直接資料，非常重要。

（1）正史中的「地理志」

二十五史中有敘述地理內容的史書有十六部、志書二十種，分別是：《漢書・地理志》《後漢書・郡國志》《晉書・地理志》《宋書・州郡志》《南齊書・州郡志》《魏書・地形志》《隋書・地理志》《新唐書・地理志》《舊唐書・地理

志》《新五代史・職方考》《宋史・地理志》《宋史・河渠志》《遼史・地理志》《金史・地理志》《金史・河渠志》《元史・地理志》《元史・河渠志》《明史・地理志》《明史・河渠志》。

　　「地理志」「地形志」等並非每一代史書都有介紹且多有舛誤，故清代以降又陸續有人為已有「地理志」和缺漏「地理志」的史書作大量補注、補撰工作，這些補志收錄在開明書店 1936 至 1937 年出版的《二十五史補編》（中華書局 1955 年曾重印）一書之中，包括：《楚漢諸侯疆域志》（［清］劉文淇）、《孫漢書地理志校本》（［清］汪遠）、《漢書地理志補校》（楊守敬）、《漢書地理志校注》（［清］王紹蘭）、《漢書地理志補注》（［清］吳卓信）、《新斠注地理志集釋》（［清］錢坫斠注、徐松集釋）、《漢書地理志詳釋》（［清］呂調陽）、《漢志釋地略》（［清］汪士鐸）、《漢書地理志稽疑》（［清］全祖望）、《漢志志疑》（［清］汪士鐸）、《漢志水道疏證》（［清］洪頤煊）、《漢書地理志水道圖說》（［清］陳澧）、《漢書地理志水道圖說補正》（［清］吳承志）、《新莽職方考》（譚其驤）、《漢志郡國沿革考》（［清］黃大華）、《後漢縣邑省併表》（周明泰）、《三國郡縣表附考證》（［清］吳增僅撰、楊守敬補正）、《三國疆域表》（［清］謝鍾英）、《補三國疆域志補注》（［清］洪亮吉撰、謝鍾英補注）、《三國疆域志疑》（［清］謝鍾英）、《晉書地理志新補正》（［清］畢沅）、《新校晉書地理志》（［清］方愷）、《東晉疆域志》（［清］洪亮吉）、《十六國疆域志》（［清］洪亮吉）、《宋州郡志校勘記》（［清］成孺）、《補梁疆域志》（［清］洪齮孫）、《補陳疆域志》（臧勵和）、《魏書地形志校錄》（［清］溫日鑒）、《隋書地理志考證附補遺》（楊守敬）、《東晉南北朝輿地表》（［清］徐文范）、《五代地理考》（［清］練恕）、《宋史地理志考異》（聶崇岐）、《遼史地理志考》（［清］李慎儒）。另有今人王仲犖撰《北周地理志》（中華書局 1980 年）、華強撰《太平天國地理志》（廣西人民出版社 1991 年）。這些志書一般根據當朝建制，依領屬關係排列。正史地理志雖然內容翔實且參考價值高，但古文字語言頗為難懂、通篇文字敘述地理情況缺少直觀性，加之檢索較為不易，雖有一些古籍有近現代出的專門索引，但是數量僅占少數，故而僅以簡單的瞭解為目標的快速檢索一般不常使用志書。

　　除上述史志外還有《歷代地理志韻編今釋》，清李兆洛編。該書按韻部分類，把歷代「正史」《地理志》中的地名都收錄在內，從清代才開始設置的地名，也收錄了一部分，不但可以查找某一地名，而且可以根據本書的編排方法看出某一具體地名古今建置的沿革變化，起古今地名相對照的作用。

（2）地方志中的「地理志」

同正史一樣，各省、府、縣等地區的地方志中一般也都有該地區的地理概況，介紹地理建制、沿革、人情風貌、古蹟名勝等。若要查考各個地區的地方志有哪些以及在什麼地方可以找到這些地方志可以利用的主要有：《中國地方志綜錄（增訂本）》（朱士嘉主編，商務印書館 1958 年），書末附「書名索引」及「人名索引」；《上海圖書館地方志目錄》（上海圖書館編印 1979 年），後附依四角號碼編排的「書名索引」；《中國地方志聯合目錄》（中國科學院北京天文臺主編，中華書局 1985 年），後附書名索引。必要時還可以查考《臺灣公藏方志聯合目錄（增訂本）》（臺北「國立中央圖書館」特藏室編，1981 年出版）和《美國國會圖書館藏中國方志目錄》（朱士嘉編，中華書局 1989 年）。我們在閱讀學習的過程中時常會遇到一些較為偏僻的小地名，而這些地名並未記載於正史的志書之中，這時我們就可以利用地方志來瞭解情況。

（3）地理志性質的專門書籍

歷代相關專門書籍有幾種質量較高的官修地理書：唐代的《元和郡縣志》（〔唐〕李吉甫撰，中華書局 1983 年），該書依次介紹了唐代十道所屬的府、州、縣的戶口、沿革、道里、山川、古蹟等，書後附地名索引；北宋初修的《太平寰宇記》（〔宋〕樂史撰，清刻本）；北宋後期的《元豐九域志》（〔宋〕王存撰）；明代的《明一統志》（〔明〕李賢，中華書局 1956 年）；清代官修地理總志《大清一統志》，因該書第三次修編始於嘉慶年間且材料以嘉慶二十五年（1820）為下限，故又名《嘉慶重修一統志》（商務印書館出版的《四部叢刊續編》中的影印本），書後附有按四角號碼編排的索引，將各種人名地名及其他條目都依照順序排列。除官修地理志外還有：清人顧祖禹輯著的《讀史方輿紀要》（中華書局依商務版《國學基本叢書》本 1955 年重印），該書包含歷代州域形勢、分省記述、記錄山川江河的川瀆部分、記述星宿的分野部分四部分內容，關於此書另有《讀史方輿紀要索引：中國歷代地名要覽》可兼作該書索引；清人段長基的《廿四史三表》之中的《歷代疆域表》，該表將每一代都邑郡縣都列入其內加以說明，條理清晰、便於查看。

3. 地理沿革檢索

歷朝歷代的行政區域建制多有沿承與變化，如果需要重點查考地名的沿革變化，可以使用的工具書除辭典外還有一些專門的地理沿革表或圖：《歷代地理沿革表》（〔清〕陳芳績編，黃廷鑒校補，道光十三年常熟張氏刊本、《廣雅書局

叢書》本、《叢書集成初編》本、江蘇廣陵古籍刻印社 1991 年），該書分部、郡、縣三表，部表列虞、前漢、後漢、三國、晉、南北朝、隋、唐、五代、宋遼金、元、明十二朝沿用、變遷情況，郡、縣表第一個朝代為秦而非虞，其餘與部表同，歷代沿革一目了然，但是檢索不便；《歷代疆域表》與《歷代沿革表》，兩表都是清人段長基編、清人段摺書注，有清刊本與《四部備要》本；《中國歷代政區沿革》（《中國歷代政區沿革》編寫組編，河北教育出版社 1996 年）；《中國歷代行政區劃（公元前 221 年～公元 1991 年）》（張明庚、張明聚編，中國華僑出版社 1996 年）；《清代政區沿革綜表》（牛平漢主編，中國地圖出版社 1990年）；《清代地理沿革表》（趙泉澄編，中華書局 1955 年），該書材料較翔實可靠，後附省、府、廳、州、縣名四角號碼索引；另外可使用《歷代輿地沿革圖》及《歷代地理志韻編今釋》。

（三）近現代地名檢索

相對於古代地名，近現代地名複雜度較低，且大家更加熟悉現代的地理情況，檢索查考也更為熟練，此部分僅簡單介紹一二。

1. 利用地名錄檢索地名

可供檢索的主要有：《中國地名錄——中華人民共和國地圖集地名索引》（國家測繪局科學研究所地名研究室編，地圖出版社 1983 年），該書是依《中華人民共和國地圖集》作出的地名索引，並作了相應的訂正，書中條目按漢語拼音音序排列；《世界地名錄》（中國大百科全書出版社 1984 年），書中中國地名部分的條目按照漢語拼音字母順序排列，列出地名及地理座標；另外還有各地在全國地名普查的基礎上出版的一些地名錄，諸如《江蘇南京市地名錄》《浙江省嘉興市地名錄》等。

2. 利用地圖檢索地名

檢索近現代地名常用的地圖有：《中華人民共和國地圖集》（地圖出版社編，北京地圖出版社 1957 年），該圖集分甲、乙兩種，甲本附有地名索引，可以用來檢索；《中華人民共和國地圖集》（地圖出版社編，北京地圖出版社 1972年）；《中華人民共和國地圖集（新世紀版）》（總參謀部測繪局編，星球地圖出版社 2001 年），該圖集採用現代數字製圖技術，縣級以上行政區劃分截止到 2001 年，相對前兩本圖冊資料較新；《分省中國地圖集》（中國地圖出版社 2003年），該圖集以一個省級行政單位為一幅，並插有直轄市、省會、特別行政區

等地區的略圖，圖末附地名索引；《世界地圖》（總參謀部測繪局編，星球地圖出版社 2000 年）。

3. 地名沿革檢索

可供檢索的主要有：《中國近現代政區沿革表》（張在普編，福建省地圖出版社 1987 年），該表上接《嘉慶一統志表》，一直到 1984 年間的政區沿革都可利用該書查考，表後附按筆劃法編排的「地名索引」；《中國行政區劃沿革手冊》（陳潮編，中國地圖出版社 2000 年）；《中華人民共和國政區沿革（1949～1979）》（史為樂編，江蘇人民出版社 1981 年），後附按地名首字排列的地名索引；《中華人民共和國縣級以上行政區劃沿革（1949～1983）》（中華人民共和國民政部編，測繪出版社 1986 年出版第一卷、1987 年出版第二卷）；《中國地名演變手冊：1912 年以來省市縣新老地名》（張志強等編，中國大百科全書出版社 2001 年），該手冊收集 1912 年至 1999 年底的全部新老省（區）、市、縣名（包括繁體字、異體字書寫的地名）編為條目，正文前有「地名首字筆劃檢字表」和「地名首字漢語拼音檢字表」。

四、字詞句檢索

日常的學習研究中最常遇到的檢索內容當首推字詞句的檢索，字詞句的查考一般是其讀音、字形及含義，主要利用的工具書是相關字典、辭典、索引、辭書、類書等。

（一）字詞檢索

我國很早就開始使用文字，歷經幾千年的發展，字詞的音、義、形都有很大的變化，加上多數字詞都兼多個讀音與釋義，增加了字詞檢索的複雜性。該部分擬介紹現代常用基本詞典、古代字典詞典、專門字形字典、特殊詞辭典四個方面。

1. 現代常用基本字典、辭典

現代檢索字詞常用的字典主要有：《新華字典》（原由新華辭書社編，人民教育出版社 1953 年出版注音字母音序本、1954 年出版部首排列本，1957 年轉商務印書館出版新版音序本、1959 年出版漢語拼音字母音序本、1962 年修訂重排音序本、1971 年修訂重排音序本、1979 年修訂重排音序本，1990、1992、1998 年續加修訂，至 2004 年出版第 10 版）屬於普及性工具書，收錄詞條廣泛、權威性高、檢索簡單方便，是查考一般字詞常用辭書；《漢語大字典》（徐

中舒主編，四川辭書出版社、湖北辭書出版社 1986 至 1990 年出版，1992 年出版縮印本），該詞典另有《漢語大字典（簡編本）》（湖北辭書出版社 1996 年）；《中華字海》（冷玉龍等編，中華書局、中國友誼出版公司 1994 年）。這些字典是現代常用的基本工具書，都附有現代漢語拼音檢索，操作簡單，不再一一舉例說明。

　　上述字典都收有一定量的詞語，可以進行普通詞彙的檢索查詢，不過一般字典收詞量並不大，且釋義簡單，要專門檢索詞彙的含義則應該使用辭典。我國目前最常用的辭典當推《辭源》與《辭海》：《辭源》（陸爾奎、方毅等編，商務印書館 1915 年出版正編，1931 年出版續編，1939 年出版正、續編合訂本，1958 年重印）以字統詞，單字依 214 個部首排列，複詞依字數多少為序；《辭海》（陸費逵、舒新城等編，中華書局 1936 年出版兩冊，1947 年出合訂本，1958、1981 年重印）；《辭海》（上海辭書出版社 1979 年出版 3 卷本，1980 年出版縮印合訂本，另出版 20 個分冊本）。

　　其他綜合性大辭典還有：《漢語大詞典》（羅竹風主編，上海辭書出版社 1986 年出版第 1 卷，第 2 卷起由漢語大詞典出版社出版，1994 年出齊，1997 年出版縮印本，1998 年出版光盤版）收錄古今詞語及習見常用的百科詞語，為方便二字條目和多字條目檢索，專門編纂《多功能漢語大詞典索引》（漢語大詞典編纂處、日本禪文化研究所合編，漢語大詞典出版社 1997 年）來檢索詞條；《中國語言學大辭典》（陳海洋主編，江西教育出版社 1991 年）共 14 部分，比較全面反映中國語言學歷史與現狀，是國內第一本中國語言學綜合性大辭典等。在此處特別說明一點，上面介紹的幾部辭典收詞廣泛，除了基本詞彙查詢外亦包括大多數專門詞彙，故亦可以用來檢索諸如人名、地名、典章制度等內容，關於這一點本章其他部分不再將綜合性大辭典作為檢索途徑來重複介紹。

2. 古代字書檢索

　　古代字書檢索主要有：《說文解字》（東漢許慎著，中華書局 1963 年影印清陳昌治刊本）是我國第一部字典，以篆文為主，首創依部首編排條目之法，按文字形體及偏旁分為 540 部，每字先進行釋義，繼而依據六書（指事、象形、形聲、會意、轉注、假借）來分析字形。《說文》原本已經失傳，現在使用的版本是經宋代徐鉉等人校訂過的本子——世稱「大徐本」，字目下的反切注音是依照唐人孫愐的《唐韻》而加，「新附字」也是徐鉉所加。另外，徐鉉

還在許慎的解說內加有按語，並用「臣鉉曰」「臣鉉等曰」字樣標明。徐鍇著有《說文繫傳》，世稱「小徐本」。

3. 古文字字形檢索

漢字數千年的發展過程中出現了各種各樣的字體字形，我們現在通用的簡體字是建國後對漢字進行整理、簡化後的字體，在學習過程中難免會遇到古時所用的字體，這就需要我們掌握一定的古字知識及如何檢索查考古文字的知識。我國最早出現的文字是商代與西周時期刻在龜甲獸骨上的「甲骨文」，另有「殷墟文字」「龜甲文字」等稱呼，而商周時期還有一些文字刻在周鼎等器皿之上，叫做「金文」；至西周晚期，金文與甲骨文等殷周古字發展成為大篆；秦一統華宇之後在全國範圍內推行了大篆簡化而成的小篆字體；之後書寫更加簡單的隸書漸漸興起，並在漢代代替小篆成為正式通行的文字；另有後世慢慢作為獨立字體發展出的「草書」「行書」「楷書」等文字；在古璽印、古陶器、古錢幣等對象上亦刻有不同形體的文字。

檢索古字字形可以使用一些收錄甲骨文、金文等多種古文字的字形彙編，主要有：《古籀彙編》（徐文鏡編，商務印書館 1934 年出版、武漢古籍書店 1981 年印行），彙集甲骨文、金文、石鼓文、印璽文、陶文、古幣、古兵器等各種古文字，依《說文解字》次序編排，字下列出諸家解釋，書前有按楷體筆劃排列的「古籀彙編檢字」；《古文字類編》（高明編，中華書局 1980 年），用表格形式編錄已認識的甲骨文、金文、石刻、竹簡、帛書、載書（盟書）、符節、璽印、陶器以及泉貨（錢幣）等文字，每個字形下都注有出處與時代，還附有「引書目錄」與「引器目錄」，後附按楷體筆劃排列的檢字表；《金石大字典》（汪仁壽編，求古齋書局 1914 年印行，中華書局香港分局 1975 年出版、1981 年重印），匯收各種金石文字字形，按《康熙字典》部首法編排，書前有楷書筆劃檢字表；《古文字字形表》（徐中舒主編，漢語古文字字形表編寫組編，四川人民出版社 1981 年），書中字按《說文解字》部首排列，附楷體字筆劃檢字表；《古文字詁林》（《古文字詁林》編纂委員會編，李圃主編，上海教育出版社 2001 年）。

查考甲骨文字利用的工具書主要有：《甲骨文編》（中國科學院考古研究所編，中華書局 1965 年出版、1982 年再版），甲骨刻辭中所見文字基本都被收入本書之中，後附楷體筆劃索引，字下注明卷數及頁碼；《甲骨學文字編》（朱芳圃編，商務印書館 1934 年補訂再版），該書錄字雖不若《甲骨文編》豐富，但於字下注有各家解釋；《甲骨文字典》（徐中舒主編，四川辭書出扳社 1989

年），全書按《說文解字》編排，附楷書筆劃索引；《甲骨文字詁林》（于省吾主編，中華書局 1996 年），收錄了發現甲骨文開始至 1989 年間對甲骨文的考釋研究成果。

查考金文利用的工具書主要有：《金文編》（容庚編，張振林、馬國權摹補，中華書局 1985 年），該書是一部相當完備的金文字典，依《說文解字》排序，後附採用的彝器目錄與楷體筆劃檢字；《金文續編》（容庚編，上海書店 2000 年重印），附採用的秦漢器物銘文和楷體筆劃檢字；《金文詁林》（周法高主編，張日升、徐芷儀、林潔明編，香港中文大學 1974～1975 年出版），該書最後一冊是索引，有按《康熙字典》部首編排的通檢等內容；《金文大字典》（戴家祥主編，學林出版社 1995 年）。

查考古璽印文字利用的工具書主要有：《古璽文編》（羅福頤主編，文物出版社 1981 年），該書按《說文解字》排序，後附按筆劃檢索的檢字表；《漢印文字徵》（羅福頤編，文物出版社 1981 年），書中古字按《說文解字》順序排列，附錄附不可識別古字，並附筆畫檢字表；《漢印文字徵補遺》（羅福頤主編，文物出版社 1982 年），增補了一些字，體例與《漢印文字徵》同。

檢索簡帛文字利用的工具書主要有：《漢簡文字編》（王夢鷗編，臺北藝文印書館 1974 年）；《木簡字典》（〔日〕佐野光一編，日本雄山閣出版社 1985 年）；《秦簡文字編》（張世超、張玉春編，日本京都中文出版社 1990 年）；《長沙楚帛書文字編》（曾憲通撰集，中華書局 1993 年）；《漢代簡牘草字編》（陸錫興編，上海書畫出版社 1989 年）；《睡虎地秦簡文字編》（陳振裕、劉信芳編，湖北人民出版社 1993 年）；《睡虎地秦簡文字編》（張守中撰集，文物出版社 1994 年）；《戰國楚簡文字編》（郭若愚編著，上海書畫出版社 1994 年）；《楚系簡帛文字編》（滕壬生編，湖北教育出版社 1995 年）；《包山楚簡文字編》（張守中撰集，文物出版社 1996 年）；《曾侯乙墓竹簡文字編》（滕壬生、黃錫全主編，臺灣藝文印書館 1996 年）；《郭店楚簡文字編》（張守中、張小滄、郝建文撰集，文物出版社 2000 年）；《馬王堆簡帛文字編》（駢宇騫編，文物出版社 2001 年）；《銀雀山漢簡文字編》（陳松長編，文物出版社 2001 年）。

查考古幣、古陶、古磚文字利用的工具書主要有：《古幣文編》（張頷編，中華書局 1986 年），收錄周至秦代的金屬貨幣文字，字目以筆劃為順序排列，附引用參考書目和檢字表；《先秦貨幣文編》（商承祚、王貴忱、譚棣華編，書目文獻出版社 1983 年）；《古匋文舂錄》（顧廷龍編，北平研究院史學研究會文

字史料叢編本，1936 年），本書收集古陶器上的文字，以戰國時期陶器居多，依《說文解字》排序，並在各部之後附《說文》未收之字；《古陶文匯編》（高明編，中華書局 1990 年）及其姊妹篇《古陶文字徵》（高明、葛英會編著，中華書局 1991 年），後書將前書中收錄的陶文字依筆劃排列，成為一部檢索陶文單字的工具書；《古陶字彙》（徐谷甫、王延林合著，上海書店 1994 年）；《中國磚銘文字徵》（殷蓀編著，上海書畫出版社 1996 年），收錄先秦至晉時期磚文文字，是第一部匯總古代磚文的文字字彙。

查考篆書、隸書、行書、草書、楷書等字體字形的工具書主要有：《四體大字典》（陳和祥編，北京市中國書店 1980 年）；《篆隸楷行草五體字典》（黃山書社 1985 年）；《篆字匯》（［清］閔齊伋輯、［清］畢宏述篆訂，中州古籍出版社 1997 年）；《增訂篆字匯》（李鐵良編，寧夏人民出版社 1996 年）；《中國篆書大字典》（李志賢等編，上海書畫出版社 1994 年）；《篆字編》（洪鈞陶、劉呈瑜主編，文物出版社 1998 年）；《隸書字典》（［清］顧南原撰集，中國書店 1982 年）；《隸書大字典》（［清］翟雲升輯，北京出版社 1997 年）；《隸字編》（范韌庵等編著，洪鈞陶編，文物出版社 1991 年）；《隸書大字典》（江蘇廣陵古籍刻印社 1998 年）；《中國隸書大字典》（上海書畫出版社 1991 年）；《中國行書大字典》（范韌庵、李志賢編，上海書畫出版社 1990 年）；《行書編》（劉建編，文物出版社 1995 年）；《草書大字典》（中國書店 1983 年）；《草字編》（洪鈞陶編，文物出版社 1983～1984 年出版）；《中國草書大字典》（上海書畫出版社 1994 年）；《楷書大字典》（［清］潘存輯、［清］楊守敬編，北京出版社 1996 年）；《中國楷書大字典》（嚴慶祥、范韌庵編，江蘇古籍出版社 1985 年）；《楷字編》（劉建編，文物出版社 1998 年）。

查考異體字、別字、俗字利用的工具書主要有：《增訂碑別字》（羅振鋆、羅振玉編，文字改革出版社 1957 年），收錄漢代以來碑版所見而字書未收之各種異體字，按平水韻韻目排列，每字後注該字楷書；《碑別字新編》（秦公輯，文物出版社 1985 年），該書兼採前人所成，是收碑別字較多、較全的一本工具書，後附筆畫索引檢字表；《廣碑別字》（秦公、劉大新編，國際文化出版公司 1995 年），收錄上起秦漢、下至民國的碑、碣、磚、石所見別字；《六朝別字記新編》（馬向欣編，書目文獻出版社 1995 年）；《宋元以來俗字譜》（劉復、李家瑞編，文字改革出版社 1957 年重印）；《敦煌俗字譜》（潘重規主編，臺北石門圖書公司 1978 年）。

4. 特殊字詞檢索

閱讀學習過程中時常還會遇到一些較為特殊的專門字詞需要檢索查考，諸如通假字、避諱字、虛詞、成語、俗語、方言等，這些特殊的專類字詞除了在普通的綜合類辭書中檢索外，還可以通過一些專類辭典檢索，下面分別簡單介紹這些字詞的專門檢索途徑。

（1）通假字

檢索通假字的專門辭書主要有：《古字通假會典》（高亨纂著、董治安整理，齊魯書社 1989 年），該書使用價值較高；《通借字萃編》（鄭權中著、涂宗濤等整理修訂，天津古籍出版社 1990 年），所收通假字亦極齊備；《上古漢語通假字字典》（許偉建編，海天出版社 1989 年），本書收錄甲骨文、金文、帛書等先秦兩漢文獻中的通假字，兩漢以後的通假字一概未收入；《簡明通假字字典》（高啟沃編，安徽教育出版社 1993 年）；《通假大字典》（張桁、許夢麟主編，黑龍江人民出版社 1993 年）。

（2）避諱字

查考歷代避諱字一般使用：《歷代避諱字彙典》（王彥坤編，中州古籍出版社 1997 年），該書收錄歷朝歷代避諱字上起先秦、下至民國，資料較為豐富，公諱、私諱、正諱、偏諱、嫌名等兼收並錄，條目按漢語拼音編排順序，並注明避諱史實，卷末附有書中所涉全部避諱字、避諱代用字、因避諱而產生或竄改的人名、地名、書名、職官名等專有名詞的四角號碼綜合索引；《史諱辭典》（王建著，上海古籍出版社），全書所收避諱用例，取自古今學者的著述，包括原著及對原著的注解，以諱字為字頭，諱詞為詞條，所列條目清晰、材料豐富、論證嚴謹，有部首索引、部首筆劃索引和四角號碼索引。

（3）虛詞

虛詞是相對於實詞而言的概念，是指沒有完整的詞彙意義，卻有語法意義或是功能意義的字詞。在古文中，虛詞是比較難於理解、容易出現錯誤的部分。古今編纂的專門解釋虛詞的工具書為數頗多，古人編撰的虛詞工具書主要有：《語助》（〔元〕盧以緯撰，黃山書社 1985 年點校本）；《助字辨略》（〔清〕劉淇撰、章錫琛校注本，中華書局 1954 年），該書取材自先秦至元代，廣收除元曲外的經、史、子、集、小說等各種書籍中出現的虛詞，詞條依照韻部編排，附筆畫索引；《經傳釋詞》（〔清〕王引之撰，中華書局 1956 年），該書以收經傳中虛字為主、其他材料為輔，出處皆為九經三傳及周秦西漢之書，注明每個

虛字的釋義、用法，並引書證明、加例句以詳述，該書釋義虛詞尤為著名；《虛字說》（〔清〕袁仁林撰，《叢書集成初編》本）；《經詞衍釋》（〔清〕吳昌瑩撰，中華書局 1956 年）。

相比之下，今人編纂的虛詞工具書操作更簡單、閱讀更明白易懂，主要有：《詞詮》（楊樹達編，商務印書館 1928 年初版，中華書局 1954 年重印、1979 年再版），該書體例仿照《經傳釋詞》而成，取古書中虛詞先辨詞類、次述釋義用法、再舉例，詞條按注音字母排序，附部首目錄及拼音索引；《古書虛字集釋》（裴學海編，商務印書館 1934 年初版，中華書局 1954 年重印），本書體例亦仿《經傳釋詞》，著者僅從周秦兩漢古書中搜集前人與時人未談及的虛詞，故收詞較少，可與《詞詮》等其他工具書參照使用；《助語詞集注》（王克仲集注，中華書局 1988 年）；《古代漢語虛詞通釋》（何樂士等編，北京出版社 1985 年）；《常用文言虛詞詞典》（陝西師範大學《古漢語虛詞用法詞典》編寫組編，陝西人民出版社 1983 年）；《文言複式虛詞》（楚永安編，中國人民大學出版社 1986 年）；《古漢語虛詞詞典》（王政白編，黃山書社 1986 年初版、2002 年增訂本）；《文言文虛詞大詞典》（高樹藩編、高蕙珍助編、梁昌騰校正，湖北教育出版社 1991 年）；《虛詞詁林》（謝紀鋒編、俞敏監修，黑龍江人民出版社 1992 年），該書附筆畫拼音索引；《古漢語虛詞詞典》（王海棻編，北京大學出版社 1996 年）；《古代漢語虛詞詞典》（中國社會科學院語言研究所古代漢語研究室編，商務印書館 1999 年）；《甲骨文虛詞詞典》（張玉金編，中華書局 1994 年）；《近代漢語虛詞詞典》（雷文治主編，河北教育出版社 2002 年）；《現代漢語虛詞例釋》（北京大學中文系 1955、1957 級語言班編，湘潭地區教師輔導站 1976 年內部出版，商務印書館 1982 年出版），該書詞條依現代漢語拼音排序，前有條目筆劃索引、條目詞類索引及辨異索引；《現代漢語虛詞》（景士俊編，內蒙古人民出版社 1980 年）；《現代漢語八百詞》（呂叔湘主編，商務印書館 1980 年初版、1999 年出增訂本）；《漢語虛詞辭典》（李科第主編，雲南人民出版社 2001 年）；《現代漢語虛詞詞典》（張斌主編，商務印書館 2001 年）。

（4）成語

「成語」是我國語言文化中的一大特色，它一般代表一個典故或故事、含有一定意義、且是一種固定用法的習慣用語，通常由四個字組成。專門檢索成語的途徑主要有：《中國成語大辭典》（王濤、阮智富、常曉帆、鮑克恰等編，上海辭書出版社 1987 年），該書是一部大型成語詞典，收詞全面，詞條按漢語

拼音順序排列，書後附筆畫索引；《漢語成語大全》（梅萌編，商務印書館國際有限公司 2007 年），該書特別提供了所收成語在現代漢語中的使用範例；《中華成語熟語辭海》（唐樞主編，學苑出版社 1995 年）；《漢語成語詞典（修訂本）》（宋永培、端木黎明主編，四川辭書出版社 1998 年）；《漢語成語大詞典》（湖北大學古籍研究所編、朱祖延主編，中華書局 2002 年）；《中華成語辭海》（劉萬國、侯文富主編，吉林大學出版社 2002 年修訂版）；《漢語成語辭海》（朱祖延主編，武漢出版社 1999 年）；《漢語成語小詞典》（北京大學中文系1955 級語言班編，1958 年商務書館初版、1981 年第四次修訂本，最新為 2003年修訂本）；《現代漢語成語詞典》（范方蓮等編，商務印書館 1959 年）。

　　以上成語詞典用來通查成語釋義、出處、用法等，還有成語詞典偏重考探成語語源，諸如《漢語成語考釋詞典》（劉潔修編，商務印書館 1989 年）與《成語探源辭典》（朱瑞玟編，首都師範大學出版社 1996 年）即是此類，成語的語源是頗為複雜的問題，有些成語詞典會收更早的語源，以瞭解語源為目的檢索需十分注意。

　　此外在檢索成語時還常常遇到成語記不全、僅記得一兩字的情況，這時可以使用《中國成語通檢》（劉占峰編，河南大學出版社 2002 年），該書採用「任意字檢索」，即只要知道成語中任意一個字就可以檢索出該成語。不過該詞典不注成語出處、不作釋義，故常需配合其他成語詞典使用。

　　（5）俗語

　　「茅坑裏的石頭又臭又硬」「皇帝女兒不愁嫁」等一類被稱作「俗語」，凝聚了普通民眾的智慧，常常可以俏皮生動地呈現描述場景，查考此類詞語通常使用的工具書有：《通俗編》（附《直語補證》）（〔清〕翟灝編，《直語補證》梁同書編，商務印書館 1958 年），該書取材廣泛，每條詞語後並附語源，《直語補證》是對《通俗編》的補充，商務印書館 1958 年版附兩書條目的四角號碼索引；《恒言錄‧恒言廣證》（《恒言錄》著者為清錢大昕，《恒言廣證》著者為陳鱣，商務印書館 1958 年合印），《恒言錄》詞條按內容分類編排，書中引證材料豐富但所收詞條不多，後書為前書的補充，書後附兩書條目的四角號碼索引；《邇言等五種》（〔清〕錢大昭等編，商務印書館 1959 年），該書含清錢大昭《邇言》、平步青《釋諺》、胡式鈺《語竇》、鄭志鴻《常語尋源》、羅振玉《俗說》五種書，書後附五書的綜合詞條索引；《通俗常言疏證》（孫錦標編，1924年石印本，中華書局 2000 年出版鄧宗禹標點本），後附索引；《俗語典》（胡樸

安、胡懷琛編，上海廣益書局 1922 年，上海書店 1983 年），該書收詞豐富，僅注明詞條出處、不作解釋，詞條按《康熙字典》部首排序；《中國俗語大辭典》（溫端政主編，上海辭書出版社 1989 年），書中詞條依漢字筆劃順序排列，前有詞目首字拼音索引、後附詞目筆劃索引；《俗語詞典》（徐宗才、應俊玲編，商務印書館 1994 年）；《漢語俗語詞典》（孫洪德主編，商務印書館 2005 年）；《簡明漢語俗語詞典（修訂本）》（許少峰編，中華書局 2007 年），書中詞目按音序排列，附筆畫索引及漢語拼音索引。

（6）方言

我國疆域廣闊、地域間差異明顯，有俗語言「十里不同村、百里不同俗」，其中方言繁多是一大特色。而查考方言的辭典早在西漢時就已出現，檢索方言常用的工具書有：《方言》（［西漢］楊雄編），《方言》原名《輶軒使者絕代語釋別國方言》，仿《爾雅》體例按類編排收錄的詞條，大部分注明語言通行地區，《方言》注本有《方言注》（［晉］郭璞）、《方言疏證》（［清］戴震）、《方言箋疏》（［清］錢繹）、《方言疏證補》（［清］王念孫）、《方言校箋》（周祖謨編）等；《方言詞例釋》（傅朝陽編，通俗讀物出版社 1957 年），該書所收方言詞除部分摘自《水滸傳》與《紅樓夢》外，都是從現代作家的作品中摘錄出來的，條目按音序排列；《漢語方言字彙》（北京大學中國語言文學系語言學研究室編，文字改革出版社 1962 年），該書用表格形式編錄漢字方言讀音對照，可用來查考方言讀音及與普通話的對應規律；《漢語方言詞彙》（北京大學中國語言文學系語言學研究室編，文字改革出版社 1964 年），附漢語拼音順序的條目索引；《現代漢語方言大詞典》（李榮主編，江蘇教育出版社 1993～1998 年出版），每分卷前有漢語拼音順序檢字表、後附分類索引和詞條首字筆劃索引；《漢語方言大詞典》（復旦大學、日本京都外國語大學合作編纂，許寶華、宮田一郎主編，中華書局 1999 年），共五卷，收錄方言較全面，涵蓋古今、兼通南北，書中詞條按首字筆劃排序，後附漢語拼音（附注音字母）索引、四角號碼索引；《方言小詞典》（傅朝陽編，山東教育出版社 1987 年）；《漢語方言常用詞典》（閔家驥、晁繼周、劉介明編，浙江教育出版社 1991 年）；《實用方言詞典》（韓品夫主編，天津人民出版社 1996 年）；《北京方言詞典》（陳剛編，商務印書館 1985 年）；《簡明吳方言詞》（閔家驥等編，上海辭書出版社 1986 年）。

（7）外來語

查考外來用語可使用的工具書主要有：《漢語外來詞詞典》（劉正埮、高名

凱、麥永乾、史有為編，上海辭書出版社 1984 年）；《漢語外來語詞典》（岑麒祥編，商務印書館 1990 年）；《外來語詞典》（胡行之編，上海天馬書店 1936 年）；《現代漢語外來詞研究》（高名凱、劉正埮編，文字改革出版社 1958 年）。

（8）行話、隱語

古代社會各行各業有一些專門用語稱為「行話」，「隱語」則是舊時幫會、盜匪等使用的黑話，專門查考行話和隱語的辭典主要有：《中國秘語行語詞典》（曲彥斌主編，書目文獻出版社 1994 年）；《中國秘密語大辭典》（陳崎主編，漢語大詞典出版社 2002 年）；《俚語隱語行話詞典》（曲彥斌主編，上海辭書出版社 1996 年）；《中國民間秘密用語大全》（少光等編，廣東人民出版社 1998 年）。

（9）其他

此外還有一些其他專類詞彙的專項辭典，如查古代漢語詞可以使用《故訓彙纂》（宗福邦、陳世鐃、蕭海波主編，商務印書館 2003 年），該書是對清阮元編纂的《經籍籑詁》的繼承與拓展，收錄自先秦至晚晴經史子集中二百餘部重要典籍的訓詁資料；檢索雙音節的聯綿詞的專門辭書有《新編聯綿詞典》（高文達主編，河南人民出版社 2001 年）；查考同源詞的工具書有《同源字典》（王力編，商務印書館 1982 年）、《同源字典補》（劉鈞傑編，商務印書館 1999 年）、《同源字典再補》（劉鈞傑編，語文出版社 1999 年）；檢索同義詞、反義詞的有《漢語同義詞反義詞對照詞典》（鮑克怡編，漢語大詞典出版社 1996 年）、《現代漢語同義反義詞典》（吳海、齊棟主編，學苑出版社 1996 年）、《同義詞林（第 2 版）》（梅家駒等編，上海辭書出版社 1996 年）。

（二）典故、文句檢索

典故是指詩文中引用的古代故事和來歷出處的詞語，詩詞文句是歷代流傳下來的詩詞、戲曲中的麗詞駢語、名言佳句，掌握科學的檢索方法，利用辭典、索引、類書等工具書查檢典故、文句，不僅可以開拓知識視野，更可以增強獨立研究和自學能力。

1. 利用辭典檢索

當遇到用典引文的情況時，我們首先考慮使用辭書來進行檢索，因為辭書易得檢索方便，且簡單瞭解典故引文出處及釋義的需求可從辭書中得到滿足，需進一步深入瞭解研究時才有必要使用索引或類書查考原文出處。

　　檢索典故引文可使用一些專門辭書，典故檢索主要利用：《常用典故詞典》（于石、王光漢、徐成志編，上海辭書出版社 1985 年），該書條目依典故名稱的筆劃數排序，每條典故下載「名稱」「典源」「釋義」「詞目」五部分，其中「名稱」取典故常用形式，而「詞目」則收取該典故的不同用詞，書後附詞目音序索引；《漢語典故辭典》（王慰庭等編，江蘇古籍出版社 1985 年），這是一部通俗的小詞典，所收典故出處不注原文，也注意收錄同一典故的不同表達方式，條目按漢語拼音順序排列，書前有條目音序索引；《文學典故詞典》（山東大學古籍整理研究所編寫組編、董治安主編，齊魯書社 1987 年），詞典條目按音序排列、下注典源、釋義與用例，其中來源力求指出最早出處與書證，條目名字取最常用形式為主條、後注明「亦作某某」或「又作某某」等，後附詞頭筆劃索引；《常用典故選釋》《常用典故選釋·續集》《常用典故選釋·三集》《常用典故選釋·四集》（張寶榮編，四本書分別是內蒙古人民出版社 1980 年、1983年、1984 年、1984 年出版）；《古書典故辭典》（杭州大學中文系《古書典故辭典》編寫組編，江西人民出版社 1984 年）；《典故辭典》（湯高才編，甘肅人民出版社 1986 年）；《歷代典故辭典》（陸尊梧、李志江編，作家出版社 1990 年）；《中國典故辭典》（楊任之編，北京出版社 1993 年）；《全唐詩典故辭典》（范之麟、吳庚舜主編，湖北辭書出版社 1989 年）。

　　引文檢索的專門辭書主要有：《古格言》（〔清〕梁章鉅輯，臺灣商務印書館 1976 年），該書選先秦至唐代的子、史、集三部書籍中的古代格言，每條格言後注明出處；《增廣詩句題解彙編》（上海大同書局光緒十三年編印），該書匯錄古時士子作試帖詩時所用試題彙編《詩句題解》初編至五編而成，書中收錄詩句尤以唐宋居多，句子按平水韻韻目排列；《中國古代名句辭典》（陳光磊等編，上海辭書出版社 1986 年出版、2002 年出修訂本），書中選句自先秦至清末，以名句為條目、按類編排，後附句子首字排列的筆劃索引；《中國古代名言雋語大辭典》（劉蘭英等主編，商務印書館 1997 年）；《中國名言大辭典》（王延梯主編，山東大學出版社 2002 年）；《名句用法辭典》（周宏溟編，上海古籍出版社 1989 年）。

2. 利用專書索引檢索

　　如果已知需要檢索的文句出處，或是根據文句特點可大致推斷出自何書的情況下，可以利用相關書籍的索引來避免逐頁翻閱。

（1）利用專書逐字檢索

　　逐字索引是將某種書中的每一個字都列成條目，再按一定次序編排，列出原書中包含該單字的句子並標明該句子在原書中所屬的篇章、頁碼等。美國哈佛大學和中國燕京大學合作建立的哈佛燕京學社引得編纂處從 1931 年開始編纂專書的單字索引，這套引得使用哈佛燕京引得編纂處自創的「中國字庋擷法」編排單字條目，至 1950 年間共出版引得 64 種，其中的單字引得有：《毛詩引得》（引得特刊第 9 號，燕京大學 1934 年）、《周易引得》（引得特刊第 10 號，燕京大學 1935 年）、《尚書引得》（顧頡剛主編，燕京大學 1936 年出版、書目文獻出版社 1982 年重印）。

　　由香港中文大學中國文化研究所主持的《先秦兩漢古籍逐字索引叢刊》（劉殿爵、陳方正主編，商務印書館（香港）有限公司出版）自 1992 年起陸續出版，該書將先秦兩漢八百萬字傳世古籍逐一編為「逐字索引」，單字條目按照漢語拼音排序，這套書包括：《周易逐字索引》《尚書逐字索引》《尚書大傳逐字索引》《逸周書逐字索引》《毛詩逐字索引》《韓詩外傳逐字索引》《周禮逐字索引》《儀禮逐字索引》《禮記逐字索引》《大戴禮記逐字索引》《春秋左傳逐字索引（上下冊）》《公羊傳逐字索引》《穀梁傳逐字索引》《論語逐字索引》《孟子逐字索引》《爾雅逐字索引・孝經逐字索引》《釋名急就篇逐字索引》《竹書紀年逐字索引》《山海經逐字索引・穆天子傳逐字索引・燕丹子逐字索引》《國語逐字索引》《戰國策逐字索引》《越絕書逐字索引》《吳越春秋逐字索引》《漢官六種逐字索引》《觀漢記逐字索引》《孔子家語逐字索引》《管子逐字索引》《晏子春秋逐字索引》《老子逐字索引》（《道藏》王弼《注》本・河上公《注》本・河上公《注》）《文子逐字索引》《六韜逐字索引・鬻子逐字索引》《兵書四種（孫子、尉繚子、吳子、司馬法）逐字索引》《列子逐字索引》《荀子逐字索引》《墨子逐字索引》《申子逐字索引・尸子逐字索引・慎子逐字索引》《莊子逐字索引》《呂氏春秋逐字索引》《商君書逐字索引》《韓非子逐字索引》《孔叢子逐字索引・鄧析子逐字索引・尹文子逐字索引・公孫龍子逐字索引》《鶡冠子逐字索引・鬼谷子逐字索引・文始真經逐字索引》《淮南子逐字索引》《賈誼新書逐字索引》《春秋繁露逐字索引》《新語逐字索引・申鑒逐字索引・中論逐字索引》《鹽鐵論逐字索引》《焦氏易林逐字索引・京氏易傳逐字索引》《申培詩說逐字索引・世本四種逐字索引・古三墳逐字索引》《法言逐字索引・太玄經逐字索引》《說苑逐字索引》《新序逐字索引》《古列女傳逐字索引》《白虎通逐字索引》

《論衡逐字索引（上下冊）》《風俗通義逐字索引》《潛夫論逐字索引》《太平經逐字索引（上下冊）》《周髀算經逐字索引·九章算術逐字索引》《難經傷寒論金匱要略逐字索引》《楚辭逐字索引》《蔡中郎集逐字索引·忠經逐字索引》。

劉殿爵等人另編過《魏晉南北朝古籍逐字索引叢刊》（劉殿爵、陳方正、何志華主編，香港中文大學出版社 1999 年起陸續出版）亦是按音序排列單字，主要專書為子部及別集類文獻，包括：《人物志逐字索引·博物志逐字索引》《抱朴子逐字索引》《華陽國志逐字索引》《洛陽伽藍記逐字索引》《齊民要術逐字索引》《顏氏家訓逐字索引》《謝靈運集逐字索引》《謝朓集逐字索引》《齊竟陵王蕭子良集逐字索引》《沈約集逐字索引》《徐陵集逐字索引》《庾信集逐字索引》《建安七子逐字索引》《曹操集逐字索引》《曹丕集逐字索引》《曹植集逐字索引》《昭明太子蕭統集逐字索引》《江淹集逐字索引》《張華集逐字索引·張載集逐字索引·張協集逐字索引》《潘岳集逐字索引·潘尼集逐字索引》《梁武帝蕭衍集逐字索引》《梁簡文帝蕭綱集逐字索引》《文心雕龍逐字索引》《詩品逐字索引》。

由錢鍾書任顧問、汝信等任主任，《全唐詩索引》編委會編輯的「全唐詩索引」系列，從 1991 年起由中華書局、現代出版社、天津古籍出版社分別陸續出版，這一系列索引正文由索引字、引文和出處標碼構成，書中單字依照四角號碼排序，這套作品以人為卷，第一批書目凡三十種：《王勃、楊炯、盧照鄰、駱賓王卷》（欒貴明等編，中華書局 1992 年）、《張九齡卷》（欒貴明等編，現代出版社 1995 年）、《陳子昂、張說卷》（欒貴明等編，現代出版社 1994 年）、《沈佺期、宋之問卷》（欒貴明等編，現代出版社 1995 年）、《王維卷》（陳抗等編，中華書局 1992 年）、《王昌齡卷》（欒貴明等編，天津古籍出版社 1997 年）、《劉長卿卷》（欒貴明等編，現代出版社 1995 年）、《孟浩然卷》（陳抗等編，中華書局 1992 年）、《李白卷》（欒貴明等編，現代出版社 1995 年）、《韋應物卷》（欒貴明等編，天津古籍出版社 1997 年）、《岑參卷》（陳抗等編，中華書局 1992 年）、《高適卷》（陳抗等編，中華書局 1994 年）、《杜甫卷》（欒貴明等編，天津古籍出版社 1997 年）、《錢起卷》（欒貴明等編，天津古籍出版社 1997 年）、《李益、盧綸卷》（欒貴明等編，天津古籍出版社 1997 年）、《王建卷》（欒貴明等編，現代出版社 1995 年）、《韓愈卷》（陳抗等編，中華書局 1992 年）、《柳宗元卷》（欒貴明等編，現代出版社 1995 年）、《劉禹錫卷》（欒貴明等編，中華書局 1992 年）、《孟郊卷》（欒貴明等編，現代出版社 1995 年）、《張

籍卷》（欒貴明等編，現代出版社 1994 年）、《李賀卷》（欒貴明等編，中華書局 1992 年）、《元積卷》（欒貴明等編，天津古籍出版社 1997 年）、《自居易卷（上、下）》（欒貴明等編，現代出版社 1994 年）、《杜牧卷》（欒貴明等編，中華書局 1992 年）、《李商隱卷》（欒貴明等編，中華書局 1991 年）、《賈島卷》（欒貴明等編，現代出版社 1994 年）、《溫庭筠卷》（欒貴明等編，現代出版社 1994 年）、《韓偓卷》（欒貴明等編，現代出版社 1995 年）、《韋莊卷》（欒貴明等編，天津古籍出版社 1997 年）。

　　此外逐字索引工具書還有：《詩經索引》（陳宏天、呂嵐合編，書目文獻出版社 1984 年）；《十三經新索引》（李波等主編，中國廣播電視出版社 1997 年），該書以中華書局 1979 年影印的十三經為底本，書後附拼音檢字表、人名檢索表、地名檢索表、職官檢索表、引書索表和其他專名檢索表等；《花間集索引》（〔日本〕青山宏編，東京大學東洋文化研究所 1974 年），本書前半部分是經校勘的《花間集》原文、後半部分是逐字索引，字目按照漢語拼音排序。

　　（2）利用專書字詞索引

　　一些工具書將某一專書中的字或詞列為條目，按一定次序編排以供檢索。前文提到的哈佛燕京引得編纂處編輯出版的一系列引得中有不少是屬於利用書中字詞檢索，如《杜詩引得》《春秋經傳引得》《論語引得》《孟子引得》《爾雅引得》《莊子引得》《墨子引得》《荀子引得》《孝經引得》。

　　《文心雕龍新書通檢》（巴黎大學北京漢學研究所 1951 年），條目按漢字筆劃編排，筆數相同者依《康熙字典》部首排列；《韓非子索引》（周鍾靈、施孝適、許惟賢主編，中華書局 1982 年）依漢語拼音音序排列，書前有漢語拼音檢字、筆劃檢字和四角號碼檢字，後附人名、地名、官名、先秦諸子名詞術語四種索引；《論衡索引》（程湘清等編，中華書局 1994 年）；《東坡詞索引》（仇永明等編，華東師範大學出版社 1993 年）。

　　另還有一些以重要詞語或人名、地名、書名等專用名詞為條目來進行檢索的工具書，諸如：哈佛燕京引得編纂處編的《說苑引得》《周禮引得》《儀禮引得》《禮記引得》《史記及注釋綜合引得》《漢書及補注綜合引得》《後漢書及注釋綜合引得》《三國志及裴注綜合引得》《水經注引得》《白虎通引得》《世說新語引得》等；中法漢學研究所編印的一些通檢《論衡通檢》《呂氏春秋通檢》《風俗通義通檢》《春秋繁露通檢》《淮南子通檢》《潛夫論通檢》《新序通檢》《申鑒通檢》等。

（3）利用專書句子檢索

利用句子進行索引即以句子為單位，依每句首字或末字編排順序查考知識。這一類主要工具書有：《十三經索引》（葉紹鈞編，開明書店 1934 年初版，中華書局 1957、1959 年兩次重印、1983 年重訂），該書將十三種儒家經典中的句子編成索引，這裡「句子」是指讀完一句話表示停頓處而最後點句號處，例如《論語》中「子曰：『學而時習之，不亦悅乎？有朋自遠方來，不亦樂乎？』」即分作「子曰」「學而時習之」「不亦說乎」「有朋自遠方來」「不亦樂乎」五句，該書依句子首字筆劃排序，首字相同者再按第二字，以此類推，條目下注明經典名、篇名的簡稱與在正文中段數；《萬首唐人絕句索引》（武秀珍等編，書目文獻出版社 1984 年），該書以《萬首唐人絕句》（［南宋］洪邁撰、［明］趙宧光等整理，書目文獻出版社 1983 年）為底本，按詩句首字筆劃排序，書後還附有漢語拼音索引，條目下標明句子所在頁碼、卷數及詩號；《杜詩五種索引》（鍾夫、陶鈞編，上海古籍出版社 1992 年），「五種」是指上海古籍出版社與中華書局出版的《錢注杜詩》《杜詩鏡銓》《杜詩詳注》《讀杜心解》以及《全唐詩》中的杜詩，書末附杜詩五種人名索引；《唐五代詞索引》（胡昭著、羅淑珍主編，當代中國出版社 1996 年），該書以張璋、黃畬的《全唐五代詞》為底本，詞句按首字筆劃排列，分別注明了該句所屬的詞牌在原書中的頁碼、作者、詞牌名；《漢詩大觀索引》（［日］佐久節編，井田書店 1943 年出版，嶽麓書社 1991 年影印），該索引可用來檢索先秦至宋代的詩句出處，書中詞句依首字筆劃排序、首字相同者按第二字筆劃、前兩字相同者則據第三字五十音排序，每句末標注其《漢詩大觀》中的頁碼與行數，如查「山雨欲來風滿樓」，即在索引三畫中查得「山」字，再按第二字的筆劃數查到「雨」字，順次見到「山雨欲來風滿樓」的句子，該句下的數字是「770，10」，表示這句詩見《漢詩大觀》的正文 770 頁第 10 行，再查正文就知這句是唐人許渾《咸陽城東樓》中的句子；《二十五史謠諺通檢》（尚恒元、彭善俊編，山西人民出版社 1986 年），該書以中華書局點校本二十四史及清史稿為底本，按謠諺首字拼音排序，除出處外詞條後還附簡單解釋。

3. 利用類書檢索

檢索典故文句等可以使用以下幾種類書：《藝文類聚》（［唐］歐陽詢等奉敕編纂，中華書局上海編輯所 1959 年影印宋紹興本、1965 年出版排印點校本，上海古籍出版社 1982 年重印），上海古籍版後附李劍雄等編《藝文類聚索

引》，含人名索引和書名篇名索引兩部分；《北堂書鈔》（〔唐〕虞世南編，中國書店 1989 年據光緒十四年南海孔氏刊本影印）；《初學記》（〔唐〕徐堅等編，中華書局 1962 年出版點校本、1980 年重印），附逸民編《初學記索引》一冊，包括事對索引和引書索引；《太平御覽》（〔宋〕李昉等奉敕編，商務印書館 1935 年影印宋刊本，中華書局 1960 年據此本縮印、1985 年重印），檢索該書有哈佛燕京引得編纂處所編《太平御覽引得》；《冊府元龜》（〔宋〕王欽若、楊億等奉敕編，中華書局 1960 年影印明黃國琦刊本、1984 年重印）；《山堂考索》（〔宋〕章如愚編，中國書店 1989 年，中華書局 1992 年）；《玉海》（〔宋〕王應麟編，江蘇古籍出版社、上海書店 1987 年影印光緒九年〈1883〉浙江書局重刊本）；《永樂大典》（〔明〕解縉、姚廣孝等編，中華書局 1960 年影印本、1984 年縮印），該書附「永樂大典目錄」六十卷，作家出版社 1977 年出版欒貴明的《永樂大典索引》即以該書為底本，另有上海辭書出版社 2003 年出版《海外新發現永樂大典十七卷》；《淵鑒類函》（〔清〕張英等奉敕編，上海點石齋 1883 年石印本，中國書店 1985 年影印）；《古今圖書集成》（〔清〕陳夢雷原輯、蔣廷錫等奉敕重輯，中華書局、巴蜀書社 1986 年聯合影印中華本），附新編索引，另有復旦大學圖書館 1982 年出版的《古今圖書集成類目索引》；《子史精華》（〔清〕張廷玉等奉敕編，北京古籍出版社 1991 年據光緒十年同文書局石印本影印）。

　　使用類書時需注意幾個方面：要注意熟悉常用類書的編纂年代及其收錄文獻資料的時限，這樣才能依據典故或文句基本時代來選擇要檢索的類書；要注意類書在收錄文章時時常會刪改原文，當遇到需要精確檢索的情況時再對原書進行查考；要注意熟悉類書的類目劃分與排列，例如醫學方面書籍在《古今圖書集成》中歸入「藝術典」，不熟悉這些很難順利檢索到知識內容；要注意充分利用今人所編的一些類書索引。

（三）篇名檢索

　　有些目錄工具書用來檢索古籍的篇目，對篇目進行查考時可以利用：《全上古三代秦漢三國六朝文篇名目錄及作者索引》（中華書局 1965 年），該書第一部分是「篇名目錄」按時間排列、以作者為綱，第二部分是「作者索引」，以姓氏四角號碼為序；《先秦漢魏晉南北朝詩作者篇目索引》（常振國、絳雲編，中華書局 1988 年），該書據中華書局 1984 年版《先秦漢魏晉南北朝詩》編纂，有按四角號碼順序編排的作者索引及篇目索引，書後附筆畫與四角號碼對照

表；《全唐詩索引》（史成編，上海古籍出版社 1990 年），含作者索引與篇名索引，按四角號碼編排，另附筆畫檢字；《全唐文篇名目錄及作者索引》（馬緒傳編，中華書局 1985 年）；《全唐文篇目分類索引》（馮秉文主編，中華書局 2001 年）；《元人文集篇目分類索引》（陸峻嶺編，中華書局 1979 年）；《清代文集篇目分類索引》（王重民、楊殿殉編，北平圖書館 1935 年初版，中華書局 1965 年新一版）。

五、歷史年代與歷史事件檢索

確定史料及其所記錄的歷史年代與歷史事件是學習、研究的首要任務，沒有準確的年代、事件判斷就不會有科學、合理的歷史敘述與闡釋，我們一般可以利用表譜、史書、詞典、事典等進行查考。

（一）歷史年代檢索

在我們閱讀書籍、學習研究的過程中，時間背景是一個經常會碰到且無法繞開的問題，先人記載時間的方法完全不同於今日我們熟悉的公曆紀年法，這就要求熟悉一些基本的紀年、紀月、紀日的方法及它們之間的互相換算，還要會使用年表和曆表等工具書對年月日進行對照檢索。

古代社會最常用的是年號紀年及干支紀年：「年號」為帝王在位期間所定，如「貞觀」「天寶」等，一般以朝代名稱、年號配以年次或干支來記載時間稱作年號紀年，為了避免混淆、使時間概念更加清楚常常還會加上帝王的名號，例如「唐高宗永徽元年」中，「永徽」即唐高宗李治的第一個年號，檢索可知是公元 650 年到公元 655 年，故而永徽元年為公元 650 年；干支紀年是將「甲乙丙丁戊巳庚辛任癸」十個天干與「子丑寅卯辰巳午未申酉戌亥」十二地支搭配紀年，依照順序每個天干與每個地支搭配一次，從「甲子」「乙丑」「丙寅」開始，至「壬戌」「癸亥」結束，輪迴一周為六十年，如「辛亥革命」即是干支紀年法。另外古時還有用生肖、歲星等紀年的方法。

對照不同紀年方法之年代可使用年表，一般年表會將歷史紀年與公元紀年相對應，並記明朝代、帝王姓名廟號及年號、干支紀年等信息。作為常用工具，年表的數量很多，此處僅介紹幾種重要常見的年表：《中國歷史紀年表》（詩銘編，上海書店出版社 2013 年），該年表原是《辭海》的附錄，含春秋起至民國十五個朝代紀年表（公元前 841 年至公元 1949 年），書後附有年號索引，依年號首字筆劃排序，可以迅速查找出年號所屬的帝王；《中國歷史紀年

表》（萬國鼎編，中華書局 2007 年），該年表分上下編，上編為「歷史年代總表」與「公元甲子紀年表」，下編是十幾個不同年代、不同紀年法的年表與對照表，上編的「公元甲子紀年表」是主要部分，即用來換算公元紀年、干支紀年及年號紀年的主要部分；《公元干支推算表》（湯有恩編，文物出版社 1961 年），用來互相推算公元紀年與干支紀年，該表由「公元推算干支表」及「干支推算公元表」兩部分組成，書後附歷代年號通檢；《中國歷史紀年》（孟榮源編，三聯書店 1956 年）。

利用上述年表可以檢索不同紀年，但若要精確至月日則需利用曆表，常用的較為完備的有：《新編中國三千年曆日檢索表》（徐錫祺編，人民教育出版社 1992 年）；《兩千年中西曆對照表》（薛仲三、歐陽頤合編，生活·讀書·新知三聯書店 1956 年）；《中國歷史日和中西曆日對照表》（方詩銘、方小芬編，上海辭書出版社 1987 年）；《二十史朔閏表》（陳垣編，中華書局 1962 年）；《中西回史日曆》（陳垣編，中華書局 1962 年），將中曆、西曆、回曆三種曆法的年、月、日逐一對照編排；《近世中西史日對照表》（鄭鶴聲編，商務印書館 1936 年初版，中華書局 1981 年影印）；《中國近代史曆表》（孟榮源編，生活·讀書·新知三聯書店 1953 年初版，中華書局 1977 年重印）；《中西回俄曆表》（紀大椿編，新疆人民出版社 1978 年）。

（二）歷史事件檢索

我們讀書學習的過程中時常會涉及到一些歷史事件，而對事件本身的發生、過程等信息的瞭解往往是必要的，這時候就需要對歷史事件進行檢索，進而進一步瞭解與學習。

檢索歷史事件可以使用年表，很早開始我們的先人就開始按照時間順序對歷史事件進行編排，以方便翻閱與檢索，最主要的是年表，亦稱大事記。司馬遷《史記》中的「十二諸侯年表」與「六國年表」即是現存最早的年表，後世對年表多有傳承，現在用於檢索的主要年表有：《中外歷史年表》（公元前 4500 年～公元 1918 年）（翦伯贊主編，中華書局 2008 年）及其續編《中外歷史年表》（公元 1919 年～1957 年）（齊思和、劉啟戈、聶崇岐、翦伯贊編著，三聯書店 1959 年初版，中華書局 1963 年再版），兩本書體例完全相同，以時間為序，先後列出中國、外國兩部分歷史大事，該書涵蓋內容廣泛、便於檢索查詢、亦便於將中外事件進行對比，但使用時必須注意這兩本書是以公元紀年為主，而由於中外紀年的不同，中曆和公曆就產生了月差現象，尤其是中國紀

年陰曆的十一月、十二月，通常為公元紀年第二年的一月或二月，雖為一、二月之差，紀年卻跨兩個年度，因此，檢索陰曆年年終的事件之時，切不可輕以篇首公元紀年相代換，而要進一步的查核；《中國歷史大事年表（古代史卷）》（沈起煒編，上海辭書出版社 1983 年）；《中國歷史大事年表（上、下冊）》（華世出版社 1986 年）；《中國歷史大事年表》（馮君實主編，遼寧人民出版社 1984年）；《中國歷史大事編年》（張習禮、田珏主編，北京出版社 1997 年第 2 版）；《近代中國史事日誌：1829～1911》（郭廷以編，中華書局 1987 年）；《清末大事編年（1894～1911）》（吳鐵峰著，湖南大學出版社 1996 年）；《民國大事日誌》（劉紹唐主編，臺北傳記文學出版社 1978～1979 年出版）。

可以利用古代史書進行檢索，通常使用的有編年體史書及紀事本末體史書。和年表一樣，編年體史書是按照時間順序來記載史事的，不過內容更加詳細、前後事件之間的聯繫更加緊密，常用的編年體史書有：《春秋左傳集解》（1977 年上海人民出版社據《四部叢刊》影印該書宋刻本點校出版），附春秋左傳人名索引；《資治通鑒》（［北宋］司馬光撰，中華書局 1976 年）；《續資治通鑒長編》（［宋］李燾編，中華書局 1979 年點校本，上海古籍出版社 1986 年影印本）；《續資治通鑒》（［清］畢沅編，中華書局 1986 年）；《明通鑒》（［清］夏燮編，王日根等點校，嶽麓書社 1999 年）；《清通鑒》（戴逸、李文海編，陝西人民出版社 2000 年）；《清東華錄全編》（學苑出版社 2000 年）；《清史編年》（林鐵均、史松等編，中國人民大學出版社 2000 年）。

紀事本末體史書以歷史事件的記載為中心編撰，主要有：《中華五千年紀事本末》（寧可主編，人民出版社 1996 年）；《新編中國歷朝紀事本末》（王連升主編，山西教育出版社 1996 年）；《三代紀事本末：夏・商・西周》（黃中業編著，遼寧人民出版 1999 年）；《歷代紀事本末》（中華書局編輯部編，中華書局 1997 年影印出版）；《左傳紀事本末》（［清］高士奇編，中華書局 1979 年）；《通鑒紀事本末》（［南宋］袁樞編，中華書局 1964 年）；《皇宋通鑒長編紀事本末》（［南宋］楊仲良編，上海古籍出版社 1995 年）；《宋史紀事本末》（［明］陳邦瞻編，中華書局 1977 年）；《遼史紀事本末》（［清］李有棠編，中華書局1983 年版）；《西夏紀事本末》（［清］張鑒編，龔世俊等點校，甘肅文化出版社1998 年）；《金史紀事本末》（［清］李有棠編，崔文印整理，中華書局 1980 年）；《元史紀事本末》（［清］陳邦瞻編，中華書局 1979 年）；《明史紀事本末》（附補遺、補編）（［清］谷應泰編，中華書局 1977 年）；《清史紀事本末》（南炳文

等主編，遼寧人民出版社 2001 年）；《三藩紀事本末》（〔清〕楊陸榮編，吳翊
如點校，中華書局 1985 年）；《民國史紀事本末》（魏宏運主編，遼寧人民出版
社 1999 年）。

　　還可使用專門的歷史詞典、事典，這類工具書一般附有索引，查找方便，
詞條簡單扼要，主要有：《中外歷史事典》（買群主編，海燕出版社 1992 年）；
《中國歷史大事典》（張海鵬主編，山東大學出版社 2000 年）；《中國歷史大事
典》（苑書義主編，河北教育出版社 1988 年）；《中國歷朝事典》（曹余章主編，
浙江教育出版社 1997 年），書前有筆劃索引；《中國事典》（中外名人研究中心
編，瀋陽出版社 1993 年）；《中國大事典》（何茲全主編，中華工商聯合出版社
1994 年）；《中國古代文學事典》（朱碧蓮主編，中州古籍出版社 1992 年）。

六、典章制度及法規檢索

　　典章制度是歷代的章程、制度及規範的總稱，它們與法律法規共同維持著
國家機制的正常運行，典章制度與法規體系的形成與流變受到各方面複雜因
素的影響，通常會隨著朝代的更替及社會的發展而變化，同時又異中有同，掌
握典章制度法規的檢索會更加有利於文史哲類的閱讀與學習。檢索典章制度
及法規一般從四個方面著手。

（一）利用職官表及專科辭典檢索

　　這方面工具書主要有：《中國古代典章制度大辭典》（唐嘉弘主編，中州古
籍出版社 1998 年），該書按漢語拼音字母順序排列，前有辭目分類索引，書後
附辭目筆劃索引；《中國官制大辭典》（俞鹿年編，黑龍江人民出版社 1992 年）；
《中國歷代官制大辭典》（呂宗力主編，北京出版社 1994 年）；《中國歷代官制
詞典》（徐連達主編，安徽教育出版社 1991 年），篇首有筆劃查字總目錄；《中
國歷代職官辭典》（邱樹森主編，江西教育出版社 1997 年第 2 版），書中條目
排列以筆劃、筆形為順序，書後附中國歷史年代簡表、中國歷代官制或政府機
構簡表、中國歷代勳、爵、散官簡表；《中國歷代職官辭典》（賀旭志編，吉林
文史出版社 1991 年）；《中國歷代職官辭典》（日中民族科學研究所編，向以
鮮、鄭天剛譯，中州古籍出版社 1987 年），附筆畫、筆形索引及漢語拼音索
引；《宋代官制辭典》（龔延明編，中華書局 1997 年）；《民國職官辭典》（倪正
太、陳曉明編，黃山書社 1998 年），條目按筆劃筆順編排，卷末附分類索引；
《歷代職官表》（紀昀等編，有《四部備要》本、《國學基本叢書》本、《叢書

集成》本、上海古籍出版社 1989 年影印武英殿本），影印本編有索引；《歷代職官表》（清黃本驥編，中華書局上海編譯所 1965 年整理出版，上海古籍出版社 1980 年）；《先秦職官表》（左言東編，商務印書館 1994 年）；《三國職官表》（洪飴孫編，收入《二十五史補編》和上海古籍出版社 1993 年出版的《四部精要》兩叢書中）；《清代職官年表》（錢實甫編，中華書局 1980 年）；《中國歷史大辭典》（鄭天挺等主編，上海辭書出版社 2000 年）。

（二）利用正史史書中的志及地方志檢索

司馬遷撰寫《史記》之時即開創了記載典制法規的體例，《史記》中列有八書載明武帝前各時期的典制法規，《漢書》擴「八書」為「十志」，後世修史亦延續了這一體例，雖稱呼與數量或有出入，但所記內容基本一致。正史中涉及典制法規的內容多集中在「食貨志」與「刑法志」之中。要檢索「食貨志」的內容則可以使用《食貨志十五種綜合引得》（引得編纂處編，哈佛燕京學社 1938 年印行，中華書局 1960 年重印，上海古籍出版社 1986 年重印），該書可用於檢索《漢書》《晉書》《魏書》《隋書》《舊唐書》《新唐書》《舊五代史》《宋史》《遼史》《金史》《元史》《新元史》《明史》《清史稿》中的「食貨志」以及《史記》的平準書，書中以人名、官稱、地名、物品及事件、制度等為標目，依中國字庋擷法排列，書前亦附有筆劃檢字表及拼音檢字法，該索引根據五州同文本二十四史編制，另外附有各版食貨頁數互推法簡表。

各地所編纂的地方志中也有大量典制法規的相關資料，地方志的檢索，首選檢索工具書為《中國地方志綜錄（增訂本）》（朱士嘉編，1935 年），其後編者又繼續收集，輯成「補編」，並對各館的收藏情況重新進行調查，增訂出版《中國地方志綜錄（增訂本）》。該書以表格形式詳列每種方志的書名、卷數、纂修者姓名、纂修年代及版本和收藏單位等，書名按《清一統志》的順序排列，行省的次序根據中央人民政府內務部印的《中華人民共和國行政區劃簡冊》排列，書後附有書名索引和人名索引，並有兩個附錄，臺灣稀見方志目錄和美國國會圖書館所藏我國方志目錄。

（三）利用「十通」、歷代會典會要等專門記載典制法規之書檢索

「十通」是指《通典》《通志》《文獻通考》《續通典》《續通志》《續文獻通考》《清朝通典》《清朝通志》《清朝文獻通考》《清朝續文獻通考》十本書，它們是反映歷朝歷代典章制度的專史。不過檢索某一典章制度時逐一翻閱浩

博的「十通」非常耗時耗力，這時可以利用《十通索引》（上海商務印書館 1937年版，上海古籍出版社 1988 年重印）來進行檢索，該書第一部分是四角號碼檢字索引，將「十通」中的制度、名物、篇章等關鍵詞語依首字四角號碼排序，每個條目下注明書名、頁碼及欄次，該書第二部分是分類詳細目錄，此部分又分為三編，分別混合三通典、三通志及四通考的詳細目錄，書後附有筆劃檢字表。

　　「十通」所記載的為歷代典章制度，而歷代會要、會典則為專記一代之史書，其中相關信息亦十分豐富，主要有：《春秋會要》（［清］姚彥渠編，中華書局 1955 年）；《七國考》（［明］董說編，中華書局 1956 年）；《七國考訂補》（［明］董說原著，繆文遠訂補，上海古籍出版社 1987 年）；《秦會要訂補》（［清］孫楷撰，徐復訂補，中華書局 1959 年出版重訂）；《西漢會要》（［宋］徐天麟編，中華書局 1955 年）；《東漢會要》（［宋］徐天麟編，中華書局 1991年）；《三國會要》（［清］楊晨編，中華書局 1956 年）；《三國會要》（［清］錢儀吉編，上海古籍出版社 1991 年）；《稿本晉會要》（汪兆鏞撰，書目文獻出版社 1989 年）；《南朝宋會要》《南朝齊會要》《南朝梁會要》《南朝陳會要》（［清］朱銘盤編，上海古籍出版社 1984～1986 年）；《唐會要》（［宋］王溥編，上海古籍出版社 1991 年）；《五代會要》（［宋］王溥撰，中華書局 1998 年）；《宋會要輯稿》（［清］徐松輯，中華書局 1957 年）；《宋會要輯稿補編》（徐松輯，陳智超整理，全國圖書館文獻縮微複製中心 1988 年影印出版）；《明會要》（［清］龍文彬編，中華書局 1956 年）；《北周六典》（王仲犖著，中華書局 1979 年）；《唐六典》（李林甫等撰，中華書局 1992 年）；《元典章》（中國書店 1990 年）；《明會典（萬曆朝重修本）》（申時行等修，中華書局 1989 年）；《清會典》（中華書局 1991 年）；《清會典事例》（中華書局 1991 年）；《清會典圖》（中華書局 1991 年）。

（四）利用類書檢索

　　綜合性類書涵蓋各個門類的資料，類書檢索前面介紹典故文句檢索時已有說明，這裡不再贅述。

七、其他

　　除了上述知識內容外還經常需要檢索一些諸如石器、陶器、銅器、甲骨、石刻、建築、壁畫、帛畫、文書等各種歷史文物及實物資料。這些實物資料與

流傳下來的書籍文字知識相互應和，是文史哲學科學習無法繞開的部分。我國先人很早就意識到它們的重要性，像《史記·秦始皇本紀》中即錄存了「泰山刻石」「琅邪臺刻石」等秦代刻石；南北朝酈道元著《水經》時除引用舊籍之外還親自跋涉郊野、尋訪古蹟，記錄了很多漢碑、魏碑；宋代甚至形成了以古銅器和石刻為主要研究對象的「金石學」；清代更是擴大了金石資料的收集範疇，並對其進行精詳的考訂以補古籍文字之不足。

（一）金石等實物資料

金石等文物檢索方面的書籍多為考古學相關的範疇，有些書籍是以概述金石器具等情況為主要內容，書中附有大量金石等對象的圖片並附收藏單位，可供讀者對金石等情況作簡單瞭解，有些書則是以收錄、整理金石實物為主要目的，方便讀者檢索。

這方面書籍主要有：《石刻題跋索引》（楊殿珣編，商務印書館 1941 年初版、1957 年增訂重印），該書收錄有關石刻的書籍 130 餘種（包括各省通志金石志和重要的府縣志金石志），書末有筆劃檢字表和四角號碼檢字索引；《中國古代青銅器》（馬承源編，上海人民出版社 1982 年），該書第一部分說商周時期的青銅器，第二部分介紹生產工具、武器、禮器等各種青銅器，書中附有百餘幅圖，絕大部分青銅器注明收藏單位，可以看到商周秦漢時期的一些青銅器的圖片及收藏單位；《語石》（葉昌熾撰，上海書店 1986 年影印本），該書是我國第一部通論石刻之著述，收錄石刻八千餘刻，分十卷，分別闡述各個朝代的碑刻、按地域講述各省以及五嶽四瀆和外國碑刻、碑刻的種類形制並分述其著名的實物、碑刻文字的體例和有關刻石等事項、按時代編寫碑刻的書寫者、各類書寫者以及書寫的各種字體、碑刻文字的各種情況和格式、拓本及裝潢與收藏；《金石索》（［清］馮雲鵬等撰，書目文獻出版社 1996 年），該書著錄商周至宋元歷代金石器物，分金索和石索兩大部分，金索分為鍾鼎、戈戟、量度、雜器、泉刀、璽印、鏡鑒等類，石索分為碑碣、瓦磚等類，書中輯錄各器物都繪錄其圖像、文字並附考證；《金石萃編》（［清］王昶撰，中國書店 1985 年影印本），該書書名雖以「金石」並稱，實際著錄銅器只有數件，其功用主要在於檢索歷代石刻，共著錄周秦至宋金石刻等約計 1500 餘種，其體例先是摹錄原文，然後附以各家的考證，最後間附王昶本人的按語，可以說是歷代石刻資料的彙編，王昶又有《金石萃編未刻稿》三卷；《寰宇訪碑錄》（［清］孫星衍等撰，商務印書館 1935 年），該書是一部檢索歷代碑刻的工具書，共收錄周秦

至元代碑目約八千種，注明撰碑人、書體、年月和所在地，有原碑已佚而拓本存者則注明拓本的收藏者，趙之謙、羅振玉對該書有輯補刊誤之作收於《行素草堂金石叢書》。

（二）圖像資料

相對於我國豐富的文化典籍而言，圖譜受到的重視要小很多，很多古代書目也不設圖譜類，儘管如此，幾千年的歷史還是為我們留下了頗多的圖像資料，在學習研究過程中亦是會遇到需要檢索利用圖像的情況。檢索圖像除可以利用綜合性的大辭典及百科全書在介紹詞條時所附圖像外，還有很多專門用來查考圖像的檢索途徑。一般而言，常用的圖像資料有古畫、人物象、服飾等用品上的裝飾圖紋及古代建築圖等。

可以利用專門的辭典專書，主要有：《中國工藝美術大辭典》（吳山主編，鳳凰出版傳媒集團·江蘇美術出版社 2011 年），該辭典收錄內容相當廣泛，包括各個時代的壁畫、服飾、木板年畫、國畫等 31 個部分與工藝美術相關內容，前有分類目錄、附筆畫索引；《中國書畫鑑賞辭典》（郎紹君等編，中國青年出版社 1988 年），該書收歷代繪畫、書法作品共 1200 餘條，以作品與作者生卒年順序排列，若有作品及作者無法確定年代即考慮作品分類或作家關係等，書後附畫家及書法家的人名索引；《中國書畫家印鑒款識》（上海博物館編，文物出版社 1978 年），該書收錄上起唐代、下至現代已故著名畫家、收藏家千餘人的印鑒；《古建築遊覽指南（第二版）》（楊永生主編，中國建築工業出版社 1986 年），書中按行政區劃分編排各古建築；《中國美術全集》（中國美術全集編輯委員會編、王靖憲主編，人民美術出版社 1989 年），該書分繪畫編、雕塑編、工藝美術編、建築藝術編、書法篆刻編五大編共六十卷，涵蓋內容十分廣泛。

可以使用各式歷史圖錄與圖譜，其中質量較高、較常用的有：《清代學者像傳》（〔清〕葉蘭臺、葉恭綽編，上海商務館印書館 1930 年影印本，上海古籍出版社 1989 年），該書收清代學者遺像，從顧炎武至魏源共 117 人，像後附小傳，繪製人物較為傳神；《歷代古人像贊》（明弘治年間刊本，古典文學出版社 1958 年），書中收自伏羲氏至黃庭堅 88 幅人物象，並附圖贊及人物小傳；《明清人物肖像畫選》（南京博物院供稿，上海美術出版社 1982 年編輯出版），書中有精美的彩色人物象，下附落款，其中有許多是名畫家的作品；《中國歷史參考圖譜》（鄭振鐸編，上海出版公司 1947～1951 年），該書共二十四輯，

搜集了歷代的文化遺址、人物圖像、墨蹟、雕刻、壁畫、工藝品等的圖像三千餘幅，每輯都附有目錄及說明；《中國近代史參考圖錄（1840～1919）》（中國歷史博物館編，上海教育出版社 1986 年），書中收入一些人物畫像與照片。

可以使用繪圖類書，這類書數量並不多且相對不易得，較常用的有：《三才圖會》（〔明〕王圻撰，廣陵古籍出版社 1987 年據明萬曆年間刻本縮印出版），該書匯輯各書的圖像和文字說明，分為天文、地理、人物、時令、宮室、器用、身體、衣服、人事、儀制、珍寶、文史、鳥獸、草木十四門，圖文並茂、相互佐證，可供查我國古代圖像資料，但書中圖譜多取自它書，多有雜冗、虛構之嫌；《圖書編》（〔明〕章潢撰，廣陵書社 2011 年據明萬曆四十一年刊本印刷出版），本書收錄各書中的圖像資料彙編而成，共 127 卷，分為經義、象緯曆算、地理、人道等類編，考證較詳、收材謹嚴。

（三）文書契約

近代發現敦煌藏經洞後，隨著經卷文書等不斷出土及學者整理研究，敦煌學已成為一門顯學。

檢索敦煌文書契約等文獻亦出現了為數不少的專書，主要有：《敦煌遺書總目索引》（商務印書館編，商務印書館 1962 年出版，中華書局 1983 年新 1 版），該書收錄國內外以漢文經卷為主的敦煌遺書兩萬餘卷，全書分總目與索引兩部分，總目部分由北京圖書館藏敦煌遺書簡目、斯坦因劫經錄、伯希和劫經錄、敦煌遺書散錄四種目錄組成；《敦煌契約文書輯校》（沙知錄校，江蘇古籍出版社 1998 年），該書所錄每篇文獻都儘量進行定性定名定年、錄原件、題解說明及校勘記四項工作；《敦煌古籍敘錄》（王重民編，中華書局 1979 年），該書彙集編者及其他學者為敦煌古籍所寫的題記和論文，先著錄書名（或兼著篇名）、著者及原藏號碼，再著錄古籍之各種影印或排印本（無印本則記載北京圖書館和中國科學院圖書館所藏顯微膠片），然後是題記、論文資料。

第三節　紙質文獻檢索的注意事項

傳統紙質工具書是千百年來歷代學者在不斷探討、研究、修訂中逐步發展起來的，歷史悠久，權威可信、科學實用、學科覆蓋面廣，積累紙質文獻檢索知識和掌握使用方法，不斷提高檢索的全面性、準確性，是培養讀書治學能力的必備技能。

一、瞭解熟悉各種檢索途徑

檢索前熟悉各類檢索途徑和工具書是檢索的必要前提。

（一）瞭解工具書類型用途

紙質工具書有近兩千年的歷史，其數量龐大，種類繁多，職能各有側重。在學習、研究中要對工具書有所瞭解和掌握。工具書按照其性質和功能，一般分檢索性工具書和參考性工具書。〔註1〕檢索性工具書是獲得文獻出處和內容線索的重要手段，主要包括目錄、索引和文摘；參考性工具書是為解決文獻中出現的文字障礙、不懂的專業術語和查找專門知識而用，按照內容可以分為語言性工具書和資料性工具書兩大類，語言性工具書主要包括字典、詞典，資料性工具書可以分為專科辭典、百科全書、類書、政書、年鑑、手冊、表譜、圖錄等。

（二）選擇合適的檢索途徑

檢索某一知識點要瞭解足夠的信息。要對知識點進行分析判斷，明確檢索範圍、角度、深度和廣度；根據問題內容選擇適宜的工具書，當對工具書不是很熟悉時，我們可用使用工具書教材、工具書指南、工具書辭典等來查找，弄清楚知識點在哪一類工具書中檢索，這些工具書主要有哪些，所有這些工具書中最專業的是那幾部、最權威的是那幾部、與要檢索範圍最貼合的是哪一些，可能用到的工具書大概都用哪種檢索方法來進行檢索；大致瞭解以上信息後就可根據需要與擅長使用的檢索方法有針對性開展檢索。

例如清人王念孫在校《戰國策》中「秦攻趙，則韓軍宜陽，楚軍武關，魏軍河外，齊涉渤海，燕出銳師以佐之」一句時有言「齊之救趙，無煩涉渤海」「清河在齊、趙之間。齊、趙相救，必涉清河；齊、趙相攻，亦必涉清河」（王念孫《讀書雜志》），這樣文字敘述的地理位置可能毫無概念，這時即需要檢索齊國、趙國、渤海及清河的位置，有針對性的弄清楚四個地名之間的位置關係，如前文所述檢索地名可以使用的工具書有綜合詞典、地名詞典、地名錄、地理志、地圖及地理沿革表等，如果分別在辭典類工具書中檢索四個地名得到的結果無法令人滿意，就要利用歷史地圖集，選取精準權威的地圖集按照其方法檢索春秋戰國部分即可得到四者的直觀位置，繼而可以理解《讀書雜志》中的這段話。

〔註1〕陳維璋：《工具書的特點、作用及其類型》，《山東師大學報》，1995年第4期。

二、選擇與甄別工具書

通常我們需要檢索的是不確定或不清楚的知識點，檢索結果是否精準正確，需要依靠工具書的編纂水平，一本好的工具書會起到事半功倍的效果，極大提高閱讀、學習和研究效率，反之則會帶來錯誤的認知，檢索時應慎重選擇與甄別。

（一）考查工具書的編著者與出版者

編著者與出版者的資歷和聲譽是鑒別和選擇工具書的重要依據，因為編輯者、撰稿人和出版者對工具書的質量關係甚大。工具書專家一般都把權威性作為判別工具書優劣的首要標準，而權威性的標誌就是編輯部、編委會、編輯顧問、撰稿人、審稿人、出版者的學術聲望與資格。在深入鑒別和選擇工具書之前，這種權威性的標誌最容易受到人們的注意。

（二）考查工具書編纂和出版的年代

工具書的編纂和出版年代與工具書的內容息息相關。從大範圍來說，透過編纂和出版年代，判別工具書的取材範圍，內容特色及編排方法，即時代性問題。從小範圍來說，查看編纂與出版的年代，便可瞭解工具書取材是否新穎、及時，即時效性問題。由於工具書出版週期較長，在查看其編纂和出版年代時，不僅要看出版年代，更重要的要看編纂年代，看收錄資料的截止日期，看所列參考資料的最新時間。

（三）查考工具書的序跋、凡例和目次

工具書的序跋，即前言和後記，一般說明了該書的編纂目的、使用對象、收錄內容、取材範圍及編纂過程等，對瞭解該書的宗旨和內容很有幫助。凡例具體介紹了該書的內容材料，編排體例及使用方法等，對掌握和使用該書大有裨益。目次則進一步反映了該書的內容構成或詳細揭示其框架結構、編排體例、相關附錄等，為瞭解和使用該書提供直接幫助。通過序跋、凡例和目次，大體上能把握住一本工具書在內容及編排上的一些特點，為鑒別和選擇提供幫助。但閱讀他人所作的序時，要注意擯除誇飾、溢美之辭，找到合理的評價。

（四）翻閱工具書的正文

工具書的正文，即工具書的主體部分，是其內容及價值的真正所在。查閱工具書的正文，對鑒別和選擇工具書至為關鍵。但一般工具書卷帙浩繁，難以通覽，可以通過選條試查和定條比較，作出比較可靠的鑒別和選擇。

（五）參閱工具書的書評資料

工具書的書評資料，是人們研究和使用工具書的經驗總結。通過工具書書評可瞭解到該書的社會反響，以供鑒別和選擇工具書參考。工具書書評文章散見於各種報刊和論文集上，可借助有關的索引和文摘查考。諸多的工具書「指南」「舉要」「解題」「簡介」「手冊」「使用法」，是工具書的工具書，也是簡明的工具書書評資料，可供鑒別和選擇工具書時參考。

三、注意查對原書或核對最新資料

一般而言，從工具書中檢索到的內容都是經過選擇、摘抄、翻譯、整理的二手資料，無法避免一些轉手造成的各式錯誤。如此，當我們需要檢索精準資料時即需要從工具返回原書進行檢索，以免由於檢索結果的失誤而給我們的工作帶來不必要的謬誤。還有工具書內容頗為老舊而其後又有相關新資料出現的情況，這時也需注意核對新資料來訂正檢索結果。

四、注意綜合利用工具書

很多時候我們遇到的問題無法通過單一的工具書來解決，而是需要查閱兩部甚至以上的書籍。例如查考某歷史人物的詳細資料，首先可直接利用年譜、族譜目錄，因其對人物生平編年記載，十分詳細，不過並非所有歷史人物都有年譜。之後，想要迅速而全面地查找傳記資料，最好因時利用傳記資料綜合索引。同時也要利用「正史」人名索引及政書的索引，因人查考「正史」和政書中的傳記資料。條件允許還應利用地方志人名索引和目錄，因地查考地方志中的傳記資料，地方志的傳記資料，有的取材於「正史」，有的取材於碑傳文、家譜、族譜，文書檔案等文獻，可補「國史」之不足，對查考地方性人物傳記資料很有裨益。再者還可利用有關的索引和目錄，普遍查考文集、筆記、野史及書目提要中的傳記資料，這類傳記資料分布比較廣泛，查找比較困難，但可補其他途徑之不足。

第七章　電子文獻檢索

第一節　中國知網

　　中國國家知識基礎設施（China National Knowledge Infrastructure，CNKI）的概念，由世界銀行於 1998 年提出。CNKI 工程是以實現全社會知識資源傳播共享與增值利用為目標的信息化建設項目，由清華大學、清華同方發起，始建於 1999 年 6 月。CNKI 工程集團經過多年努力，採用自主開發並具有國際領先水平的數字圖書館技術，建成了世界上全文信息量規模最大的「CNKI 數字圖書館」，並正式啟動建設《中國知識資源總庫》及 CNKI 網格資源共享平臺。

一、文獻檢索

　　中國知網的文獻檢索目前有 7 種檢索方式，即首頁檢索、高級檢索、專業檢索、作者發文檢索、科研基金檢索、句子檢索、來源期刊檢索。

（一）首頁檢索

進入首頁 www.cnki.net，直接進行檢索。

根據檢索需求，進行下拉列框選擇，如下圖。

（二）高級檢索

進入首頁 www.cnki.net，點擊「高級檢索」。

進入如下界面。

首先輸入「內容檢索條件」。有關內容的檢索入口，中國知網都列入內容檢索條件。如下圖。

默認狀態時，只有一行檢索框條。點擊「＋」可以最多同時並列七行。其中，「詞頻」指其前面的檢索詞出現的頻率。詞頻為灰色，表示不可選，如若按照「中圖分類號」來檢索的話，則無詞語出現頻率可言。詞頻為黑色的，則可以選擇 2～9 之間的任意數字，如按「全文」檢索，詞頻若選擇 4，則表示限定檢索詞至少要在全文中出現 4 次。「精確／模糊」是指檢索結果與檢索詞的匹配度。精確，即檢索結果完全等同或包含檢索詞；模糊，即只要包含檢索詞中的詞素者均會成為檢索結果。

其次輸入「檢索控制條件」。有關發表時間、文獻來源、支持基金、作者（包括第一作者），被列為檢索控制條件，「作者」檢索框左側有「＋」「一」。點擊「＋」會增加「第一作者」欄，最多可增加四行，如下圖。

（三）專業檢索

檢索界面中給出了可檢索字段並舉了三個示例。

SU＝主題、I＝題名、KY＝關鍵詞、AB＝摘要、FT＝全文、AU＝作者、FI＝第一責任人、AF＝機構、JN＝文獻來源、RF＝參考文獻、YE＝年、FU＝

基金、CLC＝中圖分類號、SN＝ISSN、CN＝統一刊號、IB＝ISBN、CF＝被引頻次。

示例：

1. TI＝「生態」and KY＝「生態文明」and（AU％「陳」＋「王」）可以檢索到篇名包括「生態」並且關鍵詞包括「生態文明」並且作者為「陳」姓和「王」姓的所有文章；

2. SU＝「北京」*「奧運」and FT＝「環境保護」可以檢索到主題包括「北京」及「奧運」並且全文中包括「環境保護」的信息；

3. SU＝（「經濟發展」＋「可持續發展」）*「轉變」—「泡沫」可檢索「經濟發展」或「可持續發展」有關「轉變」的信息，並且可以去除與「泡沫」有關的部分內容。

（四）作者發文檢索

檢索界面如下，這種檢索方式方便我們搜查某一位確定作者的全部發文，以便我們瞭解該位作者歷年來的研究狀況。為防止同名同姓情況的出現，可以在作者單位一欄輸入需檢索作者的工作單位來進行限定。

（五）科研基金檢索

檢索界面如下，輸入相關的科研基金名稱，就能進行檢索。

（六）句子檢索

句子檢索是中國知網的特色，檢索界面如下。

　　默認的是只有第一組，點擊頁面左邊的「＋」可以增加至如圖兩組文字的檢索。句子檢索，只能在全文範圍內進行，可以檢索一組檢索詞在同一句或同一段內的情況。比如，檢索「四庫全書總目」和「紀昀」在同一句，獲得以下相關文獻。

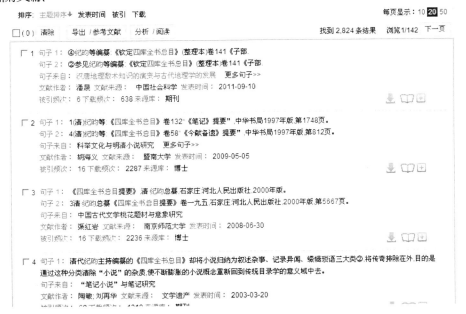

　　需要注意的是，這樣檢索出的結果，包含文章的注釋，容易使檢索範圍無限增大，給鎖定有用信息帶來困難。

（七）文獻來源檢索

　　檢索界面如下。

二、出版物檢索

　　點擊首頁檢索框右側的「出版物檢索」，切換至中國知網的出版物檢索頁面。

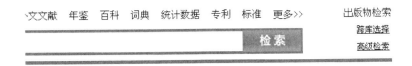

中國知網的出版物檢索是非常實用且方便的，我們可以根據「來源名稱」「主辦單位」「出版者」「ISSN」「CN」「ISBN」直接搜索某一特定出版物。我們也可以在「全部來源分類」裡搜索某一類出版物。

點擊所需的出版物，不僅能獲得出版物的信息，還能看到各年的所有期刊。如點擊「魏晉南北朝隋唐史資料」，進入如下界面。

這些導航非常有用，比如我們想投 CSSCI 類期刊，就可以通過查閱這些期刊來熟悉所投刊物的發文規則。

第二節 中國基本古籍庫

中國基本古籍庫是綜合性的大型古籍數據庫，先後列為全國高校古委會重點項目和國家重點電子出版物。北京大學教授劉俊文總纂，北京愛如生數字化技術研究中心研製。中國基本古籍庫可從多條路徑和可用多種方法進行海量檢索，檢索速率快至毫秒，同時擁有10項基本功能和2個輔助工具，可輕鬆實現從研讀、批註到下載、打印的一站式作業。

一、啟用

在相關網站下載客戶端，按照提示進行安裝。安裝成功後，打開開始菜單，在「程序」中找到「中國基本古籍庫」，點擊「客戶端應用程序」。

進入首頁，在「服務器」「用戶」「密碼」框內分別輸入本機名和用戶名及密碼，點擊「進入」，即可使用。

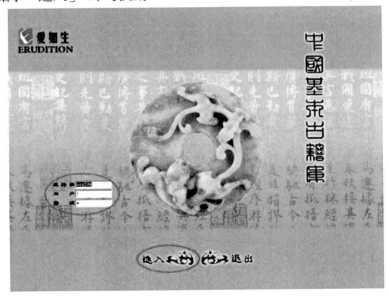

二、檢索

中國基本古籍庫有4條檢索路徑，為分類檢索、條目檢索、全文檢索、二次檢索。

（一）分類檢索

即按中國基本古籍庫的庫、類、目樹形結構進行定向檢索。

1. 在左欄雙擊「中國基本古籍庫」，可見 4 個子庫；雙擊 4 個子庫，可見 20 個大類；雙擊 20 個大類，可見 100 個細目；單擊某個細目，此時中間欄顯示該細目所收典籍，包括書名、卷數、時代、作者。

2. 單擊所選定的書目，此時在右欄可見該書的版本、作者生平、內容提要。

3. 雙擊此書目，即可打開書名頁。

4. 單擊書名頁，即可進入正文。

（二）條目檢索

即限定書名、時代、作者、版本、篇目等條件進行目標檢索。

1. 要查找某一種書，可在左欄書名框中輸入書名，然後點擊「開始檢索」，此時中間欄顯示所查詢的書名、卷數、時代、作者；單擊書名，右欄可見該書的版本、作者生平、內容提要；雙擊書名即可進入該書書名頁，單擊書名頁即可進入該書正文。

2. 要查找某一位作者的全部著作，可在左欄作者框中輸入作者名，然後點擊「開始檢索」，此時中間欄顯示所查詢的書名、卷數、時代、作者；單擊書名，右欄可見該書的版本、作者生平、內容提要；雙擊書名即可進入該書書名頁，單擊書名頁即可進入該書正文。

3. 要查找某一時代的書，在左欄時代下拉列表中選擇時代，然後點擊「開始檢索」，此時中間欄顯示所查詢的書名、卷數、時代、作者；單擊書名，右欄可見該書的版本、作者生平、內容提要；雙擊書名即可進入該書書名頁，單擊書名頁即可進入該書正文。

4. 要查找某一個版本的書，在左欄版本框中輸入版本名，然後點擊「開始檢索」，此時中間欄顯示所查詢的書名、卷數、時代、作者；單擊書名，右欄可見該書的版本、作者生平、內容提要；雙擊書名即可進入該書書名頁，單擊書名頁即可進入該書正文。

5. 要查找某一篇章或標題，在左欄篇目框中輸入篇章或標題名，然後點擊「開始檢索」，此時中間欄顯示含有該篇章或標題的書名、卷數、時代、作者；單擊書名，右欄可見該書的版本、作者生平、內容提要；雙擊書名即可直接進入該篇章或標題的正文。

提示：除時代需從下拉列表選定外，其它如書名、作者、版本均支持模糊

查詢，只要輸入其中一個字即可。如要查詢《紅樓夢》，可只輸入一個紅字或樓字或夢字；要查詢曹雪芹，可只輸入一個曹字或雪字或芹字。

（三）全文檢索

即輸入任意字、詞或字符串進行檢索。全文檢索支持模糊查詢功能，對於不確定的字詞可用「？」號代替進行檢索。

1. 在左欄搜索字詞框中輸入任一字、詞或字符串，點擊「開始檢索」，此時在中間欄出現該字、詞或字符串所在的書名和頁碼以及出現的次數。

2. 單擊書名及頁碼，右欄可見在該書該頁含有該字、詞或字符串的例句，例句包括該字、詞或字符串及其前 10 個字和其後 10 個字。

3. 雙擊所選中的書名及頁碼，即可進入正文，看到標有色塊的該字、詞或字符串。

4. 如要提高檢準率，可在左欄關聯選項的「類目」下拉列表中選擇庫、類，也可在「時代」下拉列表中選擇具體時代，還可在「書名」框中輸入書名，在「作者」框中輸入作者，限制範圍進行檢索。

（四）二次檢索

全文檢索設置了二次檢索功能，即在第一次檢索結果範圍內，通過追加一定的字、詞或字符串再次進行更加精確的檢索。

例如：要檢索有關隋代尚書省的信息，可先在「檢索字詞」框內輸入「尚書省」，檢索結果為 197 條記錄；然後在「二次檢索」框內輸入「隋」，檢索結果為 19 記錄。這樣就檢索到有關隋代尚書省的信息，而剔除了第一次檢索到的其它無關記錄。

提示：如本機帶有中文輸入法，可使用任務鍵調出，然後選擇輸入法輸入；如本機未帶中文輸入法，需手動添加後，再行輸入。另外，輸入簡體中文或繁體中文均可，但輸入繁體中文檢索到的字更多，也更準確。

三、功能

中國基本古籍庫提供 10 種基本功能，版式設定、字體轉換、背景音色、版本對照、放縮控制、標點批註、閱讀記憶、分類書簽、編輯下載、原文打印。

（一）版式設定

運用此功能可隨意調整版面，或設定豎排，或設定橫排；或設定有列線，

或設定無列線。

1. 打開「版式設定」，在下拉列表內選擇「橫排」，全文將按橫向排列；選擇「豎排」，全文將返回縱向排列。

2. 在下拉列表內選擇「無列線」全文內列線會全部消失；選擇「有列線」全文內列線會全部恢復。

（二）字體轉換

運用此功能可實現文字的繁簡、大小、粗細及色彩的自由轉換。

1. 打開「字體轉換」，在下拉列表中選擇「繁簡轉換」下的「簡體」，全文將以簡體字顯示；選擇「繁體」，全文將恢復繁體字顯示。

2. 還可利用此功能中的「字體設置」，改變「書名」「作者」「標題」「正文」「注文」的字體大小和顏色。例如要改變「注文」字體的大小和顏色，可點擊「字體設置」，在下拉列表中選擇「注文」，然後在彈出框內設置字體、字形、大小和顏色，點擊「確定」即可。

（三）背景音色

運用此功能可選擇不同的樂曲和底色，營造愉悅的操作環境。

1. 打開「背景音色」，在下拉列表中選擇「背景顏色」，在彈出框內設置喜好的顏色，然後點擊「確定」，即可完成設置。

2. 打開「背景音色」，在下拉列表中選擇「背景圖片」，在圖片列表中選擇喜好的圖片，即可完成設置。

3. 打開「背景音色」，在下拉列表中選擇「背景音樂」，在音樂列表中選擇喜好的音樂，即可完成設置。

（四）閱讀記憶

運用此功能可以幫助查找先前看過的書名及頁碼，以省重複翻檢之勞。

1. 打開「閱讀記憶」，在下拉列表中可見以前瀏覽過的書名及頁碼，書名及頁碼按閱讀時間先後從上到下排列，最多記錄20條。

2. 點擊要重新查看的書名及頁碼，即可進入該書該頁。

（五）版本對照

運用此功能可根據需要調閱版本圖像，實現全文與版本圖像，以及第一個版本圖像與第二個版本圖像的同屏對照，為校勘提供便利。

1. 打開「版本對照」，在下拉列表內選擇「全文對照版本一」或「全文對

照版本二」，可實現全文與第一個版本圖像或第二個版本圖像的同屏對照。

2. 打開「版本對照」，在下拉列表內選擇「版本一對照版本二」，可實現兩個版本圖像的同屏對照。

3. 打開「版本對照」，在下拉列表內選擇「全部版本對照」，可實現兩個版本圖像與全文的同屏對照。

4. 單擊版本圖像頁，該頁四周顯示藍色框，此時在版本圖像的下方選擇「上一頁」「下一頁」，即可翻頁瀏覽；選擇「到首頁」「到末頁」或在「轉到」框中輸入頁碼，即可跳轉瀏覽。

（六）放縮控制

運用此功能可隨意調節圖像的大小，辨讀模糊不清的文字。

1. 在版本圖像的上方選擇「放大」，圖像將根據需要放大（最大為 5 倍）。

2. 在版本圖像的上方選擇「縮小」，圖像將根據需要縮小（最小為 1 / 10）。

3. 點擊「最佳尺寸」，圖像將復原。

（七）標點批註

運用此功能可在瀏覽原文時添加標點及批註，以記錄心得。

1. 打開「標點批註」，在下拉列表內選擇「加。」或「加，」或「加、」或「加：」或「加；」，然後點擊原文應加此標點處，即可將此標點添加在文字的右下側。

2. 選擇「刪除單個標點」，然後點擊所要刪除之標點，即可刪除該標點。如選擇「刪除全部標點」，則當前頁所有已加標點將全部消失。

3. 選擇「添加批註」，然後單擊全文需添加批註處，此時會彈出批註對話框，在對話框中「批註號碼」處輸入批註序號，在「批註內容」處輸入注文或批語，然後點擊「確認」按鈕即可。

4. 選擇「查看批註」，然後點擊文中的批註序號，此時會彈出批註對話框，框中顯示所加批註內容。

5. 選擇「刪除批註」，然後點擊所要刪除的批註序號，該批註將自動刪除。

（八）分類書籤

運用此功能可自動收藏並分類管理以前查閱的信息，以便歸納研究。

1. 添加書籤，打開「分類書籤」，右鍵單擊「書籤」，在彈出框中選擇「添加書籤」，即可將當前頁加入書籤。

2. 查看所加書籤，打開「分類書籤」，左鍵雙擊「書籤」即可。再次雙擊「書籤」，即可隱藏所添加的書籤。

3. 書籤分類，打開「分類書籤」，右鍵單擊「書籤」，在彈出框中選擇「創建類目」，此時出現「新建類別」框，用左鍵單擊兩次即可在框內輸入自定新類目名。在自定新類目下按照 1 的步驟添加書籤，即可實現對所搜集信息的分類管理。每次雙擊類目名即可看到所添加的書籤，再次雙擊類目名即可隱藏此類目下所包含的書籤。

4. 分類細化，右鍵單擊上一級類目名，然後選擇「創建類目」，即可在該類目下創建子類目。

5. 查看書籤對應的全文，左鍵雙擊此書籤，即可進入該書該頁。

6. 刪除某個書籤，右鍵單擊此書籤，然後選擇「刪除書籤」，即可刪除此書籤。

7. 刪除某個類目及其所包含的所有書籤，右鍵單擊此類目名，選擇「刪除書籤」即可將此類目及其所包含的所有書籤全部刪除。

（九）編輯下載

運用此功能可拷貝全文或節選條節導出到其它文檔，重新編輯。

1. 編輯，打開「編輯下載」，彈出對話方框，方框內顯示當前頁原文，可在此方框內對原文進行添加、刪削、修改及排版等編輯工作。

2. 導出，打開「編輯下載」，在彈出的對話方框中拖動鼠標覆蓋要拷貝的原文，然後從「編輯」下拉菜單中選擇「複製」；再打開 Word 文檔或寫字板、記事本，用鼠標點擊要拷貝的位置，然後從「編輯」下拉菜單選擇「黏貼」，此時選中的原文被拷貝到 Word 文件或寫字板、記事本中。

3. 導出的第二種方法，打開「編輯下載」，在彈出的對話方框中拖動鼠標覆蓋要拷貝的原文，然後同時按住「Ctrl」和「C」鍵進行複製；再打開 Word 文檔或寫字板、記事本，用鼠標點擊要拷貝的位置，然後同時按住「Ctrl」和「V」鍵，此時選中的原文被拷貝到 Word 文件或寫字板、記事本中。

提示：拷貝原文，每次最多 200 個字。

（十）原文打印

運用此功能可全部或部分打印所需書的原文。

1. 首先需要安裝打印機及驅動程序。

2. 選定打印頁後，打開「原文打印」，在彈出框內點擊「打印」按鈕即可。

四、工具

中國基本古籍庫提供 2 種輔助工具，版本速查、常用字典。

（一）版本速查

運用此工具可快速查明各書的版本和藏所。

1. 打開「版本速查」，在彈出界面的書名框中輸入要查版本的書名，然後點擊「查詢」，此時查詢結果欄將列出查到的該書的主要版本及其藏所。

2. 選中並點擊某一版本的某一藏所，可見該藏所該版本的更多信息，如殘缺、題跋等。

（二）常用字典

運用此工具可快速查明常用字的發音和含義。

1. 打開「常用字典」，在彈出界面的「輸入漢字」處輸入要查之字，點擊「確定」或按回車鍵即可看到該字的發音和釋義。

2. 打開「常用字典」，在彈出界面的「輸入筆劃數」處輸入要查字的筆劃數，點擊「確定」或按回車鍵，即可在彈出的字表中找到符合條件之字，點擊該字即可看到該字的發音和釋義。

3. 打開「常用字典」，在彈出界面的「輸入拼音」處輸入要查字的拼音，點擊「確定」或按回車鍵，即可在彈出的字表中找到符合條件之字，點擊該字即可看到該字的發音和釋義。

4. 打開「常用字典」，在彈出界面的「輸入部首」處點擊「選擇部首」按鈕，在彈出的部首表中選定要查字的部首，此時部首將自動輸入，點擊「確定」或按回車鍵，即可在彈出的字表中找到符合條件之字，點擊該字即可看到該字的發音和釋義。

5. 計算器有聲卡的用戶，點擊字音前的小喇叭圖標，即可聽到該字的讀音。

附錄一　常見數據庫檢索資源[註1]

附表一　古籍全文數據庫一覽表

名　稱	開發製作單位	備註與說明
清代史料筆記叢刊	日本凱希媒體公司	雕龍古籍全文檢索叢書
全上古三代秦漢三國六朝文	日本凱希媒體公司	雕龍古籍全文檢索叢書
《全宋詞》《全元曲》	日本凱希媒體公司	雕龍古籍全文檢索叢書
《全唐詩》	日本凱希媒體公司	雕龍古籍全文檢索叢書
郭璞注《山海經》電子檔	富山大學人文學部大野圭介「樸齋」網	底本為阮氏嘉慶十四年（1809）刊本郝懿行《山海經箋疏》
《十三經》（白文）、《十三經注疏》	日本凱希媒體公司	雕龍古籍全文檢索叢書
《宋代三大類書》	日本凱希媒體公司	雕龍古籍全文檢索叢書
《宋會要輯稿》	日本凱希媒體公司	雕龍古籍全文檢索叢書
《唐代四大類書》	日本凱希媒體公司	雕龍古籍全文檢索叢書
《唐詩三百首》全文檢索	弗吉尼亞大學圖書館電子圖書中心	英文：300 Tang Poems
《西域行記》電子檔	京都大學人文科學研究所附屬漢字情報研究中心	另附調查團所拍攝的大佛與石窟照片

〔註1〕毛建軍：《古籍數字化理論與實踐》，航空工業出版社2009年版，第100～148頁。

《先秦漢魏晉南北朝詩》《文選》	日本凱希媒體公司	雕龍古籍全文檢索叢書
《永樂大典》	日本凱希媒體公司	雕龍古籍全文檢索叢書;圖文版
《元明史料筆記叢刊》	日本凱希媒體公司	雕龍古籍全文檢索叢書;CD-ROM 1 張
楚簡	早稻田大學文學部工藤元男研究室	包括楚帛書、天星觀楚簡、信陽楚簡、郭店楚簡、望山楚簡等
大正新修大藏經	東京大學大學院人文社會系	底本為《大正新修大藏經》
《道藏》電子檔	早稻田大學道教研究所	計有 109 種
電子版漢籍文庫	日本道教學會道氣社	以道教文獻為主
東洋文化研究所所藏古籍線裝書	東京大學東洋文化研究所	橋本秀美個人製作,現有 6 種
東洋文化研究所所藏漢籍善本全文影像資料庫	東京大學東洋文化研究所	截至 2005 年 3 月止,數據庫共有 537 種
東洋學古典電子文獻檢索	日本漢字文獻情報處理研究會	提供經、史、子、集、釋分類檢索
古典籍電子檢索	龍谷大學數字典藏中心	提供日語、英文檢索
古藤堡計劃	美國伊林諾斯大學文理學院米歇爾·哈特	英文全稱:Project Gutenberg,簡稱 PG
國際敦煌學項目（簡稱 IDP）	中、英、法、俄合作	目前可線上查看英國圖書館收藏的 3 萬餘件中亞寫本和印本文件,以及 15000 餘件殘片的高質量彩色圖片
美國記憶導航	美國國會圖書館	包含部分中文古籍
全梁詩檢索	廣島大學中國語學中國文學研究室	底本為《先秦漢魏晉南北朝詩》
蘇洵、蘇軾詩檢索	廣島大學中國語學中國文學研究室	底本為孔凡禮點校《蘇軾詩集》(中華書局)、《全宋詩》(北京大學出版)
珍貴漢籍數據庫	東京大學圖書館	已有富士川文庫、綜合圖書館所藏古典籍、霞亭文庫
珍罕古籍圖像數據庫	日本國立國會圖書館	截至 2005 年,已有 3000 餘件中文古籍圖像數據庫

中國經典電子文庫	新語絲	包括諸子百家、古典詩歌、古典小說
中國清代民國公私文書	京都大學圖書館	由法學部寺田浩明教授協助完成，共計有 295 件
中美百萬冊書數字圖書館計劃	中美合作	中國方面有浙江大學等 14 家單位參加
「寒泉」古典文獻全文檢索	臺灣師大陳郁夫	臺灣故宮博物院網頁有鏈接
「漢達文庫」——甲骨文全文計算機化數據庫	香港中文大學中國文化研究所中國古籍研究中心	收錄當今海內外七種主要大型甲骨書籍；共計卜辭 53834 片；可以通過甲骨單字、關聯字符串以及句式進行檢索；提供甲骨文字出現字數頻率數據
「漢達文庫」——金文全文計算機化數據庫	香港中文大學中國文化研究所中國古籍研究中心	依據版本為中國社會科學院考古所編《殷周金文集成釋文》（2001），總計收錄約 1.8 萬張拓本（包括摹本），約近 100 萬字器物數據說明，另有 14 萬字隸定釋文；具有金文銘文和釋文對照檢索，以及詞串統計等功能；有漢字部首和原形部首檢索兩種檢索方法
「漢達文庫」——魏晉南北朝一切傳世文獻計算機化數據庫	香港中文大學中國文化研究所中國古籍研究中心	1992 年至今共輸入文獻近 1 千種，共計超過 2500 萬字；數據庫輸入文獻所據版本多為《四部叢刊》或《玉函山房輯佚書》本，並經重新標點、校勘
「漢達文庫」——先秦兩漢一切傳世文獻計算機化數據庫	香港中文大學中國文化研究所中國古籍研究中心	收錄兩漢及以前全部傳世文獻共計超過 900 萬字；可以單字、詞句檢索；數據庫輸入文獻所據版本多為《四部叢刊》本，並經重新標點、校勘
「漢達文庫」——中國傳統類書數據庫	香港中文大學中國文化研究所中國古籍研究中心	收錄自魏晉六朝起、下迄明清的所有主要類書文獻 6000 萬字；可以單字、詞句以及分類索引檢索

「漢達文庫」——竹簡帛書出土文獻計算機化數據庫	香港中文大學中國文化研究所中國古籍研究中心	包括古代典籍、公文、律令、書信等出土簡帛文獻，約 140 萬字；可以單字、字符串及句式檢索；採用北京文物出版社提供的釋文；經重新標點校勘；提供簡帛圖片和對照釋文
《岸裡大社文書》	臺北故宮博物院	全文影像；全文檢索
《本草綱目》電子版	漢珍數位圖書公司；漢珍信息系統公司	可以藥名、症狀、部別、卷期及全文等五個字段進行關鍵詞檢索；藥名或症狀依水部、火、土部、草部、菜部、果部及木部等分列表；點選檢索結果可進入詳目閱覽全文內容；可下載閱讀
《詞林廣粹》電子資料庫	漢珍數位圖書公司；漢珍信息系統公司	收錄詞 3 萬首；全文閱讀；全文檢索
《國粹學報》全文資料庫（1905～1911）	漢珍數位圖書公司；漢珍信息系統公司	《國粹學報》自 1905 年 2 月 23 日創刊至 1911 年 3 月停刊，發行 82 期；全部數據庫檢索條目超過 3 千條；原文影像採用廣陵書社 2006 年 3 月出版的復刻版；提供全文檢索及瀏覽
《紅樓夢》研究資料庫——文本篇	漢珍數位圖書公司；漢珍信息系統公司	搜集重要版本，包括開印本先河的《程甲本紅樓夢》及各種評點本，利用最先進的電子書製作技術，將原版圖文完整重現
《詩心瀚選》電子資料庫	漢珍數位圖書公司；漢珍信息系統公司	收錄詩 7 萬首；全文閱讀；全文檢索
《詩心賞析》電子資料庫	漢珍數位圖書公司；漢珍信息系統公司	收錄詩 1500 首；全文閱讀；數據庫由熊道麟教授統籌規劃
《臺灣人物志》資料庫	漢珍數位圖書公司；漢珍信息系統公司	搜羅範圍以日治時代的人物為主，清代及戰後的人物數據也一併納入
《臺灣日誌》資料庫	漢珍數位圖書公司；漢珍信息系統公司	以日本統治臺灣時期（1895～1945）為斷限，搜羅範圍包含當時各種官方及民間發行的報紙、

		期刊、書籍，總條目數高達 38000 筆
《臺灣文獻叢刊》資料庫	漢珍數位圖書公司；漢珍信息系統公司	版本為大通書局《臺灣文獻叢刊》
《廈門領事檔案》資料庫	漢珍數位圖書公司；漢珍信息系統公司	收錄 1844～1906 年美國駐廈門領事館政府公文；來源是美國國家檔案局所收藏珍貴微縮資料
《永樂北藏》電子版	漢珍數位圖書公司；漢珍信息系統公司	以中國北京故宮博物院的清宮舊藏原刻為底本；可輸入部別、朝代、作者、譯者等多種索引字段查詢；提供原文閱讀
兵書瀏覽	中國兵法	包括素書、司馬法、三十六計、六韜、尉繚子、鬼古子兵法、陰符經、棋經、三略、孫子兵法、兵制、孫臏兵法、吳子兵法
道教書籍	道教學術信息網	全文閱讀
電子書——古籍	國立羅東高工圖書館	包括諸子百家經典、紅樓夢、三國演義等小說
電子中醫藥古籍文（TCMET）	中國臺灣中醫藥委員會研製	全文檢索
東坡數據庫	中央大學數學系	單維彰教授開發；包括中國歷代詩文及佛教經典；純文本文件
佛光山電子大藏經	佛光山電子大藏經	下載閱讀
佛教經典系列	佛學數位圖書館暨博物館	佛教經典
佛教經典系列	中央大學數學系	包括數種佛教經典、論典全文
佛學原典	臺灣大學文學院佛學研究中心	全文閱讀
傅斯年圖書館善本古籍檢索系統	臺灣「中央研究院」歷史語言研究所傅斯年圖書館	收錄數據 23717 筆；全文閱讀；限館內使用
故宮期刊圖文資料庫	漢珍數位圖書公司；漢珍信息系統公司	擺脫舊有數據庫純文字的形態，兼備精緻典雅、豐富多姿的文物圖片及專文介紹

漢代簡牘數位典藏	臺灣「中央研究院」歷史語言研究所	提供簡號、品名、釋文、遺址檢索
漢籍全文電子文獻	臺灣「中央研究院」歷史語言研究所	全文閱讀；全文檢索
漢文佛典全文	臺灣大學佛研究中心	包括梵文佛典、藏文佛典、巴利佛典全文或影像
甲骨文全文檢索及全文影像系統	成功大學圖書館	收錄41950筆甲骨文書目及影像數據，包括《甲骨文合集》《殷墟甲骨刻辭摹釋總集》《殷墟甲骨刻辭類纂》；提供全文檢索與全文影像處理；可利用分類、關鍵詞及拓片影像等進行檢索
甲骨文全文影像資料庫	漢珍數位圖書公司；漢珍信息系統公司	字詞檢索
甲骨文數位典藏	臺灣「中央研究院」歷史語言研究所	包括《甲骨文合集釋文》及《英國所藏甲骨集》等7種海外所藏甲骨卜辭資料
簡帛金石資料庫——全文	臺灣「中央研究院」歷史語言研究	全文閱讀；多項目查詢、詞組查詢
經書電子檔	佛陀教育基金會	下載閱讀
內閣大庫檔案資料庫	臺灣「中央研究院」歷史語言研究所明清檔案工作	收錄數據182026筆；全文影像；授權使用
清代檔案檢索	臺灣「中央研究院」近代史研究所	包括經濟檔案函目彙編、外交檔案函目彙編、內閣漢文黃冊、內務府奏銷檔四個子錄
清代宮中檔奏摺及軍機處文件摺件網絡版影像資料庫	威華文化國際事業公司；漢珍數位圖書公司	收錄資料34萬餘件；包括《宮中檔奏摺》與《軍機處摺件》；全文閱讀
全唐詩全宋詞檢索	稻香居	包括全唐詩、宋名家詩
善本古籍資料庫	臺北故宮博物院	數據庫包含影像和後設數據
詩文古籍	謝仔SUNYU網	包括老子、道德經、唐詩三百首、大學、中庸、論語、孫子兵法及其他精選典籍
史籍全文資料庫	「國史館」	包括新清史、傳記、史料叢書、口述歷史、專著、志書、建國文獻、書評等

臺灣古拓碑	臺灣大學圖書館	全文影像;「國科會」「數位典藏國家型科技計劃」——臺灣大學典藏數位化計劃
臺灣史知識庫	漢珍數位圖書公司;漢珍信息系統公司	收錄自臺灣遠古時代、原住民、荷西、明鄭、清朝、日治、戰後等時期的歷史;內容兼顧政治、經濟、社會、教育、文化等多方面,包含八大主題,約25萬字,1800張圖片
東北地方文獻索引全文數據庫及東北地方文獻索引（續）數據庫	長春圖書館	在著錄格式上,每一款目按順序號、篇名、出處、出版時間、頁碼順序著錄
小方壺齋輿地叢鈔三補編	大連圖書館	《小方壺齋輿地叢鈔》為清末王錫祺編輯的清代中外地理著作匯鈔
明清小說全文庫	大連圖書館	大連圖書館是國內外收藏明清小說最豐富的圖書館之一,共收藏明清小說150種
碑帖菁華——《中文拓片資源庫》	國家圖書館	2006年數據庫更新元數據3091條,影像4142幅
敦煌遺珍——「國際敦煌項目（IDP）」	國家圖書館	目前參與該項目的國家有法國、德國、日本和俄羅斯等
西夏碎金——「西夏文獻數字資源庫」	國家圖書館	數據庫分為文獻檢索、論著檢索、西夏百科
數字方志	國家圖書館	下載NLC-reader閱讀器全文閱讀
天津地方志（古籍）	天津圖書館	僅限天津圖書館內網閱覽
館藏天津地方民俗志（《館藏地方民俗》全文庫）	天津圖書館	包括寶坻縣志（民俗部分）、天津志略（民俗部分）、薊縣志（民俗部分）等
古籍善本全文光盤	上海數字圖書館	目前上網的善本共20種19794頁
山東地方文獻全文數據庫	山東省圖書館	包括地方志、年鑒、地方人物傳記等
東北地方志全文庫	吉林大學圖書館	主要為地方舊志;全文圖像PDF閱讀
漢文史資料庫	中國社會科學院文化傳信集團	共計1.1億字,包括6698卷古典文獻和68429幅圖片

北京大學古文獻資源庫	北京大學圖書館	已完成善本古籍和普通古籍、地方志、家譜圖像庫
金石拓片特藏	北京大學圖書館	北京大學圖書館收藏有歷代金石拓片 2 萬餘種，本數據庫選擇其中 100 種拓片作為樣本目錄提供檢索；可根據全文、名稱、原提名、年代、出土地點、版本、藏拓和拔印、文獻記載等分類檢索
敦煌學數據庫	蘭州大學圖書館	數據庫還包括敦煌繪畫和彩塑數據庫
古籍特藏	中國科學院圖書館	圖像閱覽
農業古籍	中國農業科學院農業信息研究所	全文閱讀
科技典籍全文庫	清華大學科技史暨古文獻研究所	全文閱讀
中醫古籍文獻主體數據庫	中國醫史文獻研究所	全文閱讀
《全唐詩》分析系統	北京大學中文系	系統分為《公共瀏覽版》與《專業檢索版》；可以按原書順序、作者、體裁等方式瀏覽
《全宋詩》分析系統	北京大學中文系李鐸博士	依據版本為傅璇琮、孫欽善等主編的《全宋詩》；可進行重出詩提取、格律詩標注、字和字組的頻率分布統計
全唐詩庫	鄭州大學	收錄 2529 名唐代詩人的詩作 42863 首 900 卷；提供卷號、詩人、題目、內容四種檢索
儒藏經典	四川大學古籍所	全文閱讀
《二十五史》全文閱讀檢索系統	南開大學組合數學研究中心	全文檢索
古籍民國全文電子書	高等學校中英文圖書數字化國際合作計劃（CADAL 項目）	閱讀該電子圖書需下載並安裝 Djvu 插件
學苑汲古：高校古文獻資源庫	中國高等教育文獻保障系統（CALIS 項目）	可通過中文繁體字或漢語拼音行檢索，漢語拼音檢索僅限於題名、責任者、主題詞三種檢索途徑

中國古代文學史電子史料庫	首都師範大學、南京師範大學、四川師範大學、鞍山師範學院與國學公司合作	上傳到國學網，目前僅見「中國古代文學史電子史料庫書目」；全文檢索功能並附加連線字典
漢文化數據庫	中國中醫研究院醫史文獻研究所承擔，南京中醫藥大學等 14 單位協作	國家科技部基礎工作項目；全文檢索
中美百萬冊書數字圖書館	中美合作	中國方面有浙江大學等 14 所大學和中科院研究生院參加，美國方面由卡內基—梅隆大學、西蒙學院等參加
金文字庫及金文數據全文檢索系統	陝西省考古研究所；西安大東國際資料有限公司	收入全國自宋代以來傳世和出土的商周時期青銅器上的金文資料約 12000 件、共 180 萬字

附表二　古籍光盤數字資源簡表

名　　稱	開發製作單位	備註與說明
《本草綱目》電子版	漢珍數位圖書公司；漢珍信息系統公司	關鍵詞檢索、藥名瀏覽、內容閱讀、PDF 閱讀
《二十五史》多媒體全文檢索閱讀系統	人民郵電出版社，2000 年	收錄百衲本二十四史和關外二次本《清史稿》；全文檢索
《古今圖書集成》	超星圖書館	全文閱讀
《古今圖書集成》光碟	鼎文書局；得泓信息有限公司，2004 年	全文影像；全文檢索
《古今圖書集成索引》光盤	廣西大學；廣西金海灣電子音像出版社	共 1.44 億字；古今地名對照、特殊字及考證數據查詢等功能；分類檢索、標題檢索、布爾檢索、圖譜檢索
《國粹學報》全文數據（1905～1911）	漢珍數位圖書公司；漢珍信息系統公司	全文檢索及瀏覽；全文檢索、分類瀏覽及全書（十六冊）架上閱讀
《九部經解》	日本凱希媒體公司	雕龍古籍全文檢索叢書；DVD-ROM 1 張；繁體圖文版
《康熙字典》電子版	書同文數字化技術有限公司	所用底本為同文書局石印本，並附王引之的字典考證於後；提供中、日、簡、繁、異等漢字關聯技術

《歷代賦彙》	日本凱希媒體公司	雕龍古籍全文檢索叢書；CD-ROM 1 張；繁體圖文版
《歷代會要》	日本凱希媒體公司	雕龍古籍全文檢索叢書；CD-ROM 1 張；繁體圖文版
《六十種曲》（附《盛明雜劇》）	北京國學時代文化傳播有限公司	明代毛晉輯本；數據為標準網頁格式，並配有圖片資料；全文檢索，複製、打印
《佩文韻府·韻府拾遺》（繁體）	日本凱希媒體公司	雕龍古籍全文檢索叢書；CD-ROM 1 張
《清稗類鈔》（附：清史稿）	北京國學時代文化傳播有限公司	編於民國初年，民國六年（1917）由商務印書館初版，分成 48 冊
《清代史料筆記叢刊》（繁體）	日本凱希媒體公司	雕龍古籍全文檢索叢書；CD-ROM 1 張
《全上古三代秦漢三國六朝文》	北京國學時代文化傳播有限公司	取材明代梅鼎祚的《文紀》和張溥的《漢魏六朝百三家集》；全文檢索
《全上古三代秦漢三國六朝文》（繁體）	日本凱希媒體公司	雕龍古籍全文檢索叢書；CD-ROM 1 張
《全宋詞》《全元曲》（繁體）	日本凱希媒體公司	雕龍古籍全文檢索叢書；CD-ROM 1 張
《全唐詩》（繁體字）	日本凱希媒體公司	雕龍古籍全文檢索叢書；CD-ROM 1 張
《全唐詩》《全宋詞》《全元曲》	青蘋果電子圖書公司	PDF 格式；全文閱讀；全文檢索
《全唐文》（附《唐文拾遺》《唐文續拾》）	北京國學時代文化傳播有限公司	全書計 1 千卷，共收唐五代作者 3 千餘人，文 2 萬篇
《三國演義》電子史料庫	北京國學時代文化傳播有限公司	與中國《三國演義》學會、首都師範大學文學院聯合開發
《十三經》（白文）、《十三經注疏》	日本凱希媒體公司	雕龍古籍全文檢索叢書；CD-ROM 1 張
《十三經注疏》	北京國學時代文化傳播有限公司	底本為清代阮元校刻《十三經注疏》；數據為標準網頁格式，並配有圖片資料
《十通》全文檢索版	書同文數字化技術有限公司	全文檢索；圖文對照

《說文解字》全文檢索	華東師範大學中國文字研究與應用中心；上海教育出版社 2004 年	包括《說文解字》部首檢索、《說文解字》拼音檢索、《說文解字》楷書字頭檢索、《說文解字》全文檢索四部分
《四部叢刊》電子版	書同文數字化技術有限公司	收書 504 種、3134 冊、232478 頁；全文閱讀；書名檢索；著者檢索；全文檢索；分類檢索
《宋詞三百首》	北京大學出版社；加利華公司，1998 年	PDF 數字格式，32 開簡（繁）體書版版式
《宋會要輯稿》（附贈唐會要）（繁體）	日本凱希媒體公司	雕龍古籍全文檢索叢書；CD-ROM 1 張
《唐詩三百首》	加利華公司；人民文學出版社製作出版，2000 年	版本為清代孫洙編《唐詩三百首》全文，附錄注釋和作者簡介；全文閱讀
《唐宋史料筆記叢刊》（繁體）	日本凱希媒體公司	雕龍古籍全文檢索叢書；CD-ROM 1 張
《宛委別藏》光盤	北京愛如生數字化技術研究中心	除收錄臺灣商務影印所收 161 種書外，更增收臺灣商務影印缺佚的 8 種書，總數達到 169 種；全文檢索以及校勘、標點、批註、編輯、打印
《先秦漢魏晉南北朝詩》《文選》	日本凱希媒體公司	雕龍古籍全文檢索叢書；CD-ROM 1 張
《永樂北藏》電子版	漢珍數位圖書公司；漢珍信息系統公司	以中國北京故宮博物院的清宮舊藏原刻為底本；可按部別、朝代、作者、譯者等多種索引字段查詢
《永樂大典》（繁體圖文版）	日本凱希媒體公司	雕龍古籍全文檢索叢書；DVD-ROM 2 張（單機版）
《永樂大典》電子版	書同文數字化技術有限公司；黃山書社，2003 年	全文閱讀
《元明史料筆記叢刊》（繁體）	日本凱希媒體公司	雕龍古籍全文檢索叢書；CD-ROM 1 張

《鎮江方志》光盤	鎮江市地方志辦公室；上海瑞雨編譯諮詢有限公司	內容包括宋、元、清、民國版《鎮江府志》及續志 5 種，下盤包括 20 世紀 90 年代以來修纂出版的市志及縣、區志，全盤跨度上千年，共計文字資料 1000 多萬字
《中國古代文學史》資料庫	北京國學時代文化傳播有限公司；首都師範大學、鞍山師範學院、南京師範大學、四川師範大學聯合研製	收錄先秦至晚清 2 千多年 600 多部文學名著和文學理論著作；逐字索引、組合檢索，複製、打印等功能
《中國歷代石刻史料彙編》全文檢索版	書同文數字化技術有限公司	輯錄 15000 餘篇石刻文獻，並附有歷代金石學家撰寫的考釋文字，總計 1150 萬字；邏輯檢索及字、詞間距檢索
兵書集成	北京愛如生數字化技術研究中心	收錄兵法、兵制、兵器之書共計 100 種；另有官箴書集成、法律書集成、典制書集成、邦計書集成、禪宗書集成、醫書集成、農書集成、天算書集成、水利書集成、日用書集成、術數書集成、賞鑒書集成、博物書集成、目錄書集成、清真書集成、藝術書集成等 16 個庫
傳世字書語料庫	華東師範大學中國文字研究與應用中心；廣西金海灣電子音像出版社；廣西教育出版社，2005 年	單字檢索、查詢、篩選、統計
春秋學要籍	北京愛如生數字化技術研究中心	精選春秋學核心典籍，包括春秋經及左氏、穀梁、公羊三傳和歷代傳疏，諸家春秋說等，共計 100 種；每種皆依據善本製作成數字全文；分類檢索、條目檢索、全文檢索、高級檢索
大清歷朝實錄電子版	書同文數字化技術限公司	保持原文本版面和繁體字原形的基礎上，字字可查、句句可檢

地理文獻典	北京國學時代文化傳播有限公司	數據為標準網頁格式，並配有圖片資料，特別為《讀史方輿紀要》繪製了數百幅州府地域地圖
敦煌遺珍	北京愛如生數字化技術研究中心	精選最具研究價值的 3000 件，分為佛書編、遺書編和文書編 3 編；分類檢索、條目檢索、全文檢索、高級檢索
佛光山電子《大藏經·禪藏》	佛光山電子大藏經；佛光文化事業公司	包括阿含藏、禪藏、般若藏、淨土藏等
古版畫	北京愛如生數字技術研究中心	共收錄唐末五代至清末民初版畫 3 萬幅
古典詞曲大觀	北京愛如生數字化技術研究中心	採錄唐末五代至民國初年詞曲總集及名家詞曲集，去重選優，共計詞、曲 1 萬首；分類檢索、條目檢索、全文檢索、高級檢索
古典駢賦大觀	北京愛如生數字化技術研究中心	採錄先秦至民國初年駢賦總集以及名家駢賦集，去重選優，共計賦頌、駢文等 1 千篇；分類檢索、條目檢索、全文檢索、高級檢索
古典評論大觀	北京愛如生數字化技術研究中心	匯輯魏晉以來至民國初年文學批評類作品，包括文論、詩話、詞話、曲話、劇話等，共計 200 種；分類檢索、條目檢索、全文檢索、高級檢索
古典散文大觀	北京愛如生數字化技術研究中心	採錄先秦至民國初年散文總集及名家文集，去重選優，共計文 1 萬篇；分類檢索、條目檢索、全文檢索、高級檢索
古典詩歌大觀	北京愛如生數字化技術研究中心	採錄先秦至民國初年詩歌總集及名家詩集，去重選優，共計樂府、歌謠及古今體詩 3 萬首；分類檢索、條目檢索、全文檢索、高級檢索

古典戲劇大觀	北京愛如生數字化技術研究中心	採錄元明清三代戲劇總集及名家戲劇集，去重選優，共計雜劇、南曲、傳奇等 1 千出；分類檢索、條目檢索、全文檢索、高級檢索
古典小說大觀	北京愛如生數字化技術研究中心	匯輯漢魏以來至民國初年小說類作品，包括文言小說、話本小說、通俗小說等，共計 300 種；分類檢索、條目檢索、全文檢索、高級檢索
國學寶典	北京國學時代文化傳播有限公司，1999 年	古籍文獻 3800 多部，總字數逾 8 億字；全文閱讀；全文檢索
國學備覽	北京國學時代文化傳播有限公司，2004 年	81 部古代經典，1000 萬字；含歷史備覽、地理備覽、唐詩備覽、宋詞備覽、元曲備覽、小說備覽、中醫備覽、科技備覽、佛教備覽、道教備覽、書法備覽、繪畫備覽、兵學備覽、易學備覽、蒙學各覽、諸子備覽
國學備要	北京國學時代文化傳播有限公司	收錄 280 部古代基本國學典籍，總計約 1.5 億字
漢達古籍資料庫	香港中文大學	包含先秦兩漢一切傳世文獻數據庫、魏晉南北朝一切傳世文獻計算機化數據庫、竹簡帛書出土文獻計算機化數據庫、甲骨文全文計算機化數據庫、金文全文計算機化數據庫、中國傳統類書數據庫、華夏文庫
漢魏六朝人別集叢編	北京愛如生數字化技術研究中心	收錄兩漢、魏、晉、南北朝人詩集、文集、詩文合集等，共計 100 種
甲骨文資料庫	華東師範大學中國文字研究與應用中心；廣西金海灣電子音像出版社；廣西教育出版社，2005 年	單字檢索、查詢、篩選、統計
金文引得	華東師範大學中國文字研究與應用中心；北京出版社，1999 年	單字檢索、查詢、篩選、統計

金元人別集叢編	北京愛如生數字化技術研究中心	收錄金代和元代人詩（詞、曲）集、文集、詩（詞、曲）文合集等，共計 200 種
歷代筆記彙纂	北京愛如生數字化技術研究中心	輯錄漢魏直至民國初年各類筆記 1 千種；分類檢索、條目檢索、全文檢索、高級檢索
歷代漢方醫書大成電子版	書同文數字化技術有限公司；日本西岡漢字情報工學研究所，2004 年	收錄日本明治前後至昭和期間、日本現存的歷代漢方醫書，包括《近世漢方醫學書集成》中的 160 餘種書和另外追加的 30 餘種書，共 200 種書
六朝史料庫	北京愛如生數字化技術研究中心	匯輯三國、魏、晉、南朝（宋、齊、梁、陳）、北朝（後魏、北齊、北周）、隋的基本史料，包括正史、載記、典要、文集、筆記、類書等，共計 50 種；分類檢索、條目檢索、全文檢索、高級檢索
龍語瀚堂典籍數據庫	北京時代瀚堂科技有限公司；北京龍戴特信息技術有限公司	數據庫共分為四個子庫：小學工具類數據庫、出土文獻數據庫、傳世文獻數據庫、專題文獻數據庫
蒙元史料庫	北京愛如生數字化技術研究中心	匯輯蒙古和元的基本史料，包括正史、載記、典要、文集、筆記、類書等，共計 50 種；分類檢索、條目檢索、全文檢索、高級檢索
明代史料庫	北京愛如生數字化技術研究中心	匯輯明代的基本史料，包括正史、實錄、典要、文集、筆記、類書等，共計 200 種；分類檢索、條目檢索、全文檢索、高級檢索
明清實錄	北京愛如生數字化術研究中心	匯輯《明實錄》和《清實錄》兩部巨著共計 27 種書、7356 卷；分類檢索、條目檢索、全文檢索、高級檢索

明清史檔案文獻光盤庫	電子工業出版社，1998 年	清代檔案史料叢編；全文閱讀
明人別集叢編	北京愛如生數字化技術研究中心	收錄明代人詩（詞、曲）集、文集、詩（詞、曲）文合集等，共計 3000 種
秦漢史料庫	北京愛如生數字化技術研究中心	匯輯春秋戰國、秦、西漢、東漢、三國的基本史料，包括正史、載記、典要、經籍、子書、文集等，共計 50 種
清代史料庫	北京愛如生數字化技術研究中心	匯輯滿州和清代的基本史料，包括正史、實錄、典要、文集、筆記、類書等，共計 300 種；分類檢索、條目檢索、全文檢索、高級檢索
清帝朱批奏摺	北京愛如生數字化技術研究中心	共選錄大陸和臺灣兩地檔案機構歷年來影印公布的清代朱批奏摺 10 萬件；分類檢索、條目檢索、全文檢索、高級檢索
清人別集叢編	北京愛如生數字化技術研究中心	收錄清代人詩（詞、曲）集、文集、詩（詞、曲）文合集等，共計 5000 種
全四庫系列光盤	北京愛如生數字化技術研究中心	包括四庫著錄書、四庫存目書、四庫奏毀書、四庫未收書 4 部分，收錄自先秦至乾隆歷代典籍 8900 種，173000 卷，全部採用現存善本制作；分類查詢、條目查詢
三禮學要籍	北京愛如生數字化技術研究中心	精選禮學核心典籍，包括儀禮、禮記和周禮三經及歷代經解、諸家禮說等，共計 100 種；分類檢索、條目檢索、全文檢索、高級檢索
山東文獻庫	北京愛如生數字化技術研究中心	收錄山東歷史地理史籍志書共計 800 種；另有山西文獻、河北文獻、河南文獻、湖北文獻、湖南文獻、安徽文獻、江西文獻、江蘇文獻、

		浙江文獻、福建文獻、廣東文獻、四川文獻、雲南文獻、陝西文獻、臺灣文獻、廣西文獻、貴州文獻、甘肅文獻、遼寧文獻、上海文獻、北京文獻等 21 個庫
商周金文數字化處理系統	華東師範大學中國文字研究與應用中心；廣西金海灣電子音像出版社；廣西教育出版社，2003 年	包含金文字庫、金文輸入法、金楷對應轉換程式、金文資料庫四部分
尚書學要籍	北京愛如生數字化技術研究中心	精選尚書學核心典籍，包括書經及歷代、諸家書說等，共計 100 種；分類檢索、條目檢索、全文檢索、高級檢索
詩經學要籍	北京愛如生數字化技術研究中心	包括詩經及歷代經解、諸家詩說等，共計 100 種；分類檢索、條目檢索、全文檢索、高級檢索
石刻古文字資料庫	華東師範大學中國文字研究與應用中心；北京出版社，1999 年	單字檢索、查詢、篩選、統計
四書學要籍	北京愛如生數字化技術研究中心	精選四書學核心典籍，包括論語、孟子、大學、中庸四書及歷代注疏、諸家四書說等，共計 100 種；分類檢索、條目檢索、高級檢索
宋代三大類書	日本凱希媒體公司	雕龍古籍全文檢索叢書；CD-ROM 1 張
宋會要輯稿	北京愛如生數字化技術研究中心	以宋會要輯稿影印本為底本；分類檢索、條目檢索、全文檢索、高級檢索
宋遼金史料庫	北京愛如生數字化技術研究中心	匯輯宋、遼、金的基本史料，包括正史、載記、典要、文集、筆記、類書等，共計 200 種；分類檢索、條目檢索、全文檢索、高級檢索
宋人別集叢編	北京愛如生數字化技術研究中心	收錄北宋和南宋人詩（詞）集、文集、詩（詞）文合集等，共計 600 種

唐代四大類書（繁體）	日本凱希媒體公司	雕龍古籍全文檢索叢書；CD-ROM 1 張；包括《藝文類聚》《初學記》《北堂書鈔》《白孔六帖》《六帖補》
唐詩宋詞元曲	北京出版社，1998 年	全文閱讀
唐五代人別集叢編	北京愛如生數字化技術研究中心	收錄唐代及五代人詩集、文集、詩文合等，共計 300 種
唐五代史料庫	北京愛如生數字化技術研究中心	匯輯隋、唐、五代十國的基本史料，包括正史、載記、典要、文集、筆記、類書等，共計 100 種；分類檢索、條目檢索、高級檢索
文獻目錄典	北京國學時代文化傳播有限公司	收入史志目錄、官藏目錄、私藏目錄等有關文獻目錄方面古籍 40 多種，2000 多萬漢字；附錄收錄歷代叢書子目、《國家圖書館善本書目》以及五種詩文總集的篇、作者索引，輔以檢索功能
文淵閣《四庫全書》電子版	香港迪志公司；北京書同文數字化技術有限公司；上海人民出版社，1999 年	包括 163 張原文圖像數據盤、1 張目錄盤、16 張全文盤、1 張程式盤；全文檢索
文淵閣《四庫全書》電子版	湖南電子音像出版嶽麓書社；湖南華天集團，1998 年	關鍵詞、模糊檢索；全文統計
文淵閣《四庫全書》電子版	武漢大學出版社；濟南匯文科技開發中心，1998 年	全文閱讀；原書目錄檢索；書名、作者、作者朝代、盤號、檢索；標記注釋功能；縮放顯示、裁剪、打印等功能
小學要籍	北京愛如生數字化技術研究中心	精選小學核心典籍，包括爾雅經及歷代經解和音韻、文字、訓詁等書，共計 300 種；分類檢索、條目檢索、全文檢索、高級檢索
易學要籍	北京愛如生數字化技術研究中心	精選易學核心典籍，包括易經及歷代經解、諸家易說等，共計 200 種；分類檢索、條目檢索、全文檢索、高級檢索

永樂大典	北京愛如生數字化技術研究中心	收錄目前已發現的永樂大典 813 卷；分類檢索、條目檢索、全文檢索、高級檢索
有聲唐宋八大家文學典藏	金報電子出版中心，2004 年	收錄韓愈、柳宗元、歐陽修、蘇洵、蘇轍、蘇軾、曾鞏、王安石詩文；全文閱讀
有聲數字圖書館	金報電子出版中心，2004 年	收錄《二十五史》、《資治通鑒》、中國古典名篇、名著古典詩詞曲賦；全文閱讀
有聲中外藏書館	金報電子出版中心，2004 年	收錄 570 部古代名家名篇、8000 首古典詩詞；全文閱讀
增訂四部備要	北京愛如生數字化技術研究中心	分類檢索、條目檢索、全文檢索、高級檢索
戰國楚文字數字化處理系統	華東師範大學中國文字研究與應用中心；上海教育出版社，2003 年	包括戰國楚文獻多路徑全文檢索系統、戰國楚文字字庫楚文字輸入法、楚文字原形輸入法、楚楷對應轉換程式
正統道藏	日本凱希媒體公司	雕龍古籍全文檢索叢書；DVD-ROM（全 3 張）；繁體圖文版
中國叢書庫	北京愛如生數字化技術研究中心	精選 300 部最具文獻價值和版本價值的綜合類、專門類、地域類叢書 1 萬種；分類檢索、條目檢索、全文檢索、高級檢索
中國方志庫	北京愛如生數字化技術研究中心	收錄地方志類著作，共計 1 萬種；分類檢索、條目檢索、全文檢索、高級檢索
中國古典名著（上、下）	北大青鳥電子出版社；青蘋果數據中心，2004 年	共選收圖書 12000 餘冊（卷）；PDF 格式；全文檢索；具有圖書瀏覽、縮放、導、打印功能
中國古典詩詞光盤	北京銀冠電子出版社，2005 年	收錄唐代詩歌精選、宋代及其他朝代詩詞精選；全文閱讀
中國基本古籍庫	北京愛如生數字化技術研究中心	數據庫分為哲學、史地、藝文、綜合 4 個子庫，20 個大類，涉及先秦至民國的重要典籍 1 萬餘種；條目檢索、全文檢索、二次檢索

中國金石庫	北京愛如生數字化技術研究中心	收錄上古至民國初年歷代金石文獻，其中金石拓片 10 萬件、金石志書 1 千種；分類檢索、條目檢索、全文檢索、高級檢索
中國經典庫	北京愛如生數字化技術研究中心	匯輯儒、釋、道、子之書，分為儒經編、佛典編、道藏編、子書編，共 1 萬種；分類檢索、條目檢索、全文檢索、高級檢索
中國經典名著	學苑音像出版社，2004 年	收錄 2000 餘部巨著，共計 2 億餘字；全文閱讀
中國歷代基本典籍庫	北京國學時代文化傳播有限公司	光盤分為「先秦兩漢魏晉南北朝卷」「隋唐五代卷」「宋元遼金卷」「明清卷」四種，共收入 3 千多部古代典籍
中國名著 1200 部	北京大學出版社；時代光華數字公司，2004 年	包括 100 部古典文學名著
中國名著 3300	萬方數據電子出版社，2003 年	包括古典文學名著 1000 部；全文閱讀
中國譜牒庫	北京愛如生數字化技術研究中心，2006 年	收錄歷代族譜 1 千種、家譜 6 千種、年譜 1 千種，合計 8 千種，每種均提供全文數據和原版圖像，並配備專用檢索系統和功能軟件
中國譜牒庫	北京愛如生數字化技術研究中心	精選宋、元、明、清歷代家譜類著作 8 千餘種，收錄年譜類著作 1 千餘種，日譜類著作 600 餘種，合計 1 萬種；分類檢索、譜主檢索、譜目檢索、全文檢索
中國四大古典文學名著	西安交大出版社；西安東森科技公司，1999 年	包括《紅樓夢》《水滸傳》《三國演義》《西遊記》；全文閱讀
中國俗文庫	北京愛如生數字化技術研究中心	分為初集、二集、三集、四集，初集收錄小說和話本，二集收錄戲文和鼓詞，三集收錄俗講和寶卷，四集收錄善書和約，共計 1 萬種；分類檢索、條目檢索、全文檢索、高級檢索

中華百科藏書	青蘋果數據中心	共選收圖書 12168 餘冊（卷），含中國古典詩詞大全、古典名著、二十六史
中華傳世藏書	北京卓群數碼科技；中國標準出版社，2000 年	收錄古典文學歷史名著 2000 餘部；簡、繁體通用功能；全文朗讀；PDF 格式；具有書簽、打印、複製、黏貼、檢索等功能
中華古典精華寶庫	北京卓群數碼科技；中國標準出版社，2000 年	包含《中華歷史全集》《中華經典文庫》《中華珍稀小說文庫》；PDF 數字格式；全文閱讀並具有朗讀功能
中華經典文庫	北京卓群數碼科技；中國標準出版社，2000 年	收錄全唐詩、全宋詞、全元曲、四大名著及其續書、古典小說、歷代筆記以及諸子、佛教、道教、雜家、醫家等文獻諮料；PDF 數字格式
中華歷史文庫	北京卓群數碼科技；中戶國標準出版社，2000 年	含《二十六史》《資治通鑒》《續資治通鑒》《諸子百家》；PDF 數字格式；32 開簡（繁）體書版版式；具有書簽、打印複製、黏貼、檢索等功能
中華詩詞系列——詞林廣粹	漢珍數位圖書公司；漢珍信息系統公司	收錄自唐、五代、宋、金、元、明、清的詞作，目前共計收錄逾 34000 首，除詩詞全文外另附有作者小傳
中華詩詞系列——詩心瀚選	漢珍數位圖書公司；漢珍信息系統公司	收錄先秦、唐、宋、元、明至清各代古詩、絕句、律詩及樂府詩等，目前共 85000 餘首，除全文外閱讀外另附作者小傳
中華詩詞系列——詩心賞析	漢珍數位圖書公司；漢珍信息系統公司	收錄先秦、兩漢、魏晉南北朝、隋唐以至明、清各代的樂府、古詩、絕句及律詩等
中華文典（珍藏版）	北京卓群數碼科技；中國標準出版社，2000 年	PDF 數字格式；全文閱讀；具有朗讀功能
中華醫典	湖南電子音像出版社；長沙宏宇科技公司，2000 年	收錄中國歷代醫學古籍 804 部，卷帙近萬，共計 2.8 億字；全文閱讀；關鍵字、詞、句檢索

中華珍稀小說文庫	北京卓群數碼科技；中國標準出版社，2000 年	共收集歷代禁燬文學名著 230 餘部 PDF 數字格式；具有打印、複製、黏貼、檢索等功能

附表三　愛如生數字化技術研究中心古籍數字精品列表

名　稱	產品簡介
中國基本古籍庫	《中國基本古籍庫》共收錄自先秦至民國歷代典籍 1 萬種，選用版本 12800 個；每種典籍均製成數字全文，並附所據版本及其他重要版本的原版影像；提供分類檢索、條目檢索、全文檢索、高級檢索 4 條檢索路徑，可進行全方位的快速海量檢索，並可實現模糊匹配。
中國方志庫	中國方志庫所收地方志類著作，上起漢魏，下迄民國，共計 1 萬種。每種皆據善本製成保留原書所有信息的數字全文，逐頁對照原版影像，總計全文超過 20 億字，影像超過 1 千萬頁，數據總量約 350G。同時配備特色的檢索系統和功能平臺，可從分類檢索、區域檢索、條目檢索、全文檢索 4 條路徑進行檢索，具有設置、標點、記憶、拷貝、打印等輔助功能。中國方志庫有分省和分集 2 種出版形式：分省即按現行行政區劃的 32 個省市自治區分為 32 編，某些編並分為初二三輯；分集即按所收方志內容分為 5 集，其中 4 集為省府州縣志，1 集為全國總志和各類專志、雜誌、外志。
中國譜牒庫	中國譜牒庫分為家譜編、年譜編和日譜編，共精選宋元明清歷代家譜類著作 8 千餘種、收錄年譜類著作 1 千餘種、日譜類著作 600 餘種，合計 1 萬種。每種皆據善本製成數字全文，附以原版影像，總計全文超過 20 億字，影像超過 1000 萬頁，數據總量約 350G。同時配備特色的檢索系統和完備的功能平臺，可從分類檢索、譜主檢索、譜目檢索、全文檢索 4 條路徑進行檢索，具有版本對照、圈點眉批、分類收集、下載保存、原文打印等 10 個輔助功能。
中國金石庫	中國金石庫收錄上古至民國初年歷代金石文獻，其中金石拓片 10 萬件、金石志書 1 千種。每種（件）各據善本（原件），詳加訂釋，製成數字全文，附以高度清晰的原版影像和可以 360 度旋轉觀察的原件影像，總計全文超過 3 億字，影像超過 100 萬頁，數據總量約 100G。同時配備強大的檢索系統和完備的功能平臺，可從分類檢索、條目檢索、全文檢索、高級檢索 4 條路徑進行檢索，具有圖文對照、標點批註、分類收集、下載保存、原文打印等 10 個輔助功能。

中國叢書庫	中國叢書庫分為初集、二集、三集，共精選 300 部最具文獻價值和版本價值的綜合類、專門類及地域類叢書 1 萬種。每種皆據善本製成數字化全文，附以原版影像，總計全文 15 億字，影像 800 萬頁，數據總量約 200G。中國叢書庫配有特色的檢索系統和完備的功能平臺，可從分類檢索、條目檢索、全文檢索、高級檢索 4 條路徑進行檢索，具有版本對照、圈點眉批、分類收集、下載保存、原文打印等 10 個輔助功能。
中國經典庫	中國經典庫匯輯儒、釋、道、子之書。分為 4 編：儒經編收錄儒家經典 3 千種；佛典編收錄佛教經典 4 千種；道藏編收錄道教經典 2 千種；子書編收錄子百家之書 1 千種，共計 1 萬種。每種皆據善本製成數字全文，附以原版影像，總計全文超過 10 億字，影像超過 500 萬頁，數據總量約 200G。同時配備強的檢索系統和完備的功能平臺，可從分類檢索、條目檢索、全文檢索、高級檢索 4 條路徑進行檢索，具有版本對照、圈點眉批、分類收集、下載保存、原文打印等 10 個輔助功能。
中國俗文庫	中國俗文庫分為初集、二集、三集、四集。初集收錄小說和話本，二集收錄戲文和鼓詞，三集收錄俗講和寶卷，四集收錄善書和規約，共計 1 萬種。每種皆據善本製成數字化全文，附以原版影像，總計全文 8 億字，影像 500 萬頁，數據總量約 200G。同時配備強大的檢索系統和完備的功能平臺，可從分類檢索、條目檢索、全文檢索、高級檢索 4 條路徑進行檢索，具有版本對照、圈點眉批、分類收集、下載保存、原文打印等 10 個輔助功能。
敦煌遺珍	敦煌遺珍從現藏於大陸和英、法、俄等國的 3 萬餘件敦煌漢文文獻中精選最具研究價值的 3000 件，分為佛書編、遺書編和文書編 3 編。佛書編收錄佛教經卷 1 千件，遺書編收錄四部經籍寫本 500 件，文書編收錄官私文書 1500 件。各據原件微卷製成掃描影像，另經專家訂釋文字，製成數字化的全文數據，同時配備檢索功能、圖文對照、編輯下載。
明清實錄	明清實錄匯輯明實錄和清實錄兩部巨著共計 27 種書、7356 卷，各據其通行鈔本製成全文數據，另附原版影像。總計全文 5 千萬字，影像 30 萬頁，數據總量約 10G，同時配備全文檢索系統。
永樂大典	數字永樂大典共收錄目前已發現的永樂大典 813 卷，比已經出版的各類永樂大典輯印品都更多更全。同時，每卷皆製成全文數據，保留原有斷句，便於閱讀。所附彩色影像朱墨粲然、如見原書。配備全文檢索系統和學者工作平臺。
道教全書	道教全書分為三輯，收錄正統道藏、萬曆續道藏所收典籍及道藏未收書共計 2000 種，涉及道經、儀範、科律、符籙、雜著等各個方面。同時，各據善本製成數字化全文，附以原版影像，並配備強大的檢索系統。

宋會要輯稿	數字宋會要輯稿以《宋會要輯稿》影印本為工作底本製成全文數據，經整理排版，並附原書影像以資對照。總計全文 780 萬字，影像 3.2 萬頁，數據總量 1.2G。同時配備全文檢索系統和學者工作平臺，以便用戶查找數據和研讀原文。
輯佚書合編	輯佚書合編採錄清代及民國初年輯佚之名著，如黃奭《黃氏逸書考》、馬國翰《玉函山房輯逸書》、嚴可均《全上古秦漢三國六朝文》、羅振玉《鳴沙石室佚書》等，從中汰重去非，得古佚書 1 千餘種。每種書皆據善本製成數字全文，附以原版影像。同時配備檢索系統和功能平臺，具有分類檢索、條目檢索、全文檢索、高級檢索以及版本對照、圈點眉批、分類收集、下載打印等功能。
清帝朱批奏摺	清帝朱批奏摺共選錄大陸和臺灣兩地檔案機構歷年來影印公布的清代朱批奏摺 10 萬件，時間跨越康熙、雍正、乾隆、嘉慶、道光、咸豐、同治、光緒八朝 200 餘年，內容涉及政治、經濟、軍事、外交、社會、文化各個方面，其以實在性和權威性而獲得極高的史料價值。開發者朱批奏摺數字化方面做了三項工作：其一，將 10 萬件朱批奏摺全部掃描並精工製成彩色圖檔，墨折朱批、惟妙惟肖；其二，依據掃描圖檔，採用當代最先進的中文數字化技術，將奏文及批文全部數字化，製成可讀可查的全文數據；其三，配備檢索系統和功能平臺，提供分類檢索、條目檢索、全文檢索、高級檢索及原折對照、圈點眉批、分類收集、下載打印等功能，使 10 萬件朱批奏摺可查可讀可用。
歷代筆記彙纂	歷代筆記彙纂廣搜博採，輯錄漢魏至民國初年各類筆記 1 千種，網羅現存所有筆記類著作。所收書均取母本或晚出精刻精鈔本，珍本薈萃，秘籍如林。各書皆製成數字全文，附以原版影像，並配備全文檢索系統和研讀功能平臺，實現從查閱到下載的全電子化作業。
增訂四部備要	增訂四部備要以《四部備要》選目為基礎，存長棄短、重加編輯，以數字形式出版。其特點有三：第一，精華薈萃，不但對《四部備要》原選目有所甄別，淘汰若干非必備之書，而且擴大收書範圍，使收書總數增至 400 種，大批國學核心典籍得以補入；第二，善本雲集，在保留《四部備要》原據若干名家注本的同時，大幅改進並更換不良版本，替以宋元明清各級善本，使版本之勝不讓《四部叢刊》；第三，使用便捷，充分發揮數字化的優勢，製成全文數據，另附以 1～2 個版本的原版影像，同時配備檢索系統和功能平臺，具有分類檢索、條目檢索、全文檢索、高級檢索以及版式設定、字體轉換、版本對照、圈點眉批、編輯打印等功能。

古版畫	古版畫共收錄唐末五代至清末民初版畫 3 萬幅,皆採自歷代版刻圖冊及歷代版刻典籍(包括佛典、道藏、方志、金石、小說、戲曲、方伎、譜錄等)所載附圖和插圖,內容涉及山川城池、 花草樹木、蟲魚鳥獸、人物肖像、朝政國典、宗教神話、戲文故事、百工技藝、器具服飾、遊樂燕饗等。各據善本掃描加工製成原畫圖檔,配以分類和條目查詢系統以及能夠放縮瀏覽、添加標記和打印保存的功能平臺。
漢魏六朝人別集叢編	漢魏六朝人別集叢編收錄兩漢、魏、晉、南北朝人詩集、文集、詩文合集等,共計 100 種。同時,每種皆據善本製成數字全文,附以原版影像,配備可以進行條目檢索、全文檢索、高級檢索的快速檢索系統和可以進行版本對照、圈點眉批、分類收集、編輯下載、原文打印等作業的功能平臺。
唐五代人別集叢編	唐五代人別集叢編收錄唐代及五代人詩集、文集、詩文合集等,共計 300 種。同時,每種皆據善本製成數字全文,附以原版影像,配備可以進行條目檢索、全文檢索、高級檢索的快速檢索系統和可以進行版本對照、圈點眉批、分類收集、編輯下載、原文打印等作業的功能平臺。
宋人別集叢編	宋人別集叢編收錄北宋和南宋人詩(詞)集、文集、詩(詞)文合集等,共計 600 種。同時,每種皆據善本製成數字全文,附以原版影像,配備可以進行條目檢索、全文檢索、高級檢索的快速檢索系統及可以進行版本對照、圈點眉批、分類收集、編輯下載、原文打印等作業的功能平臺。
金元人別集叢編	金元人別集叢編收錄金代和元代人詩(詞、曲)集、文集、詩(詞、曲)文合集等,共計 200 種。同時,每種皆據善本製成數字全文,附以原版影像,配備可以進行條目檢索、全文檢索、高級檢索的快速檢索系統及可以進行版本對照、圈點眉批、分類收集、編輯下載、原文打印等作業的功能平臺。
明人別集叢編	明人別集叢編收錄明代人詩(詞、曲)集、文集、詩(詞、曲)文合集等,共計 3000 種。同時,每種皆據善本製成數字全文,附以原版影像,配備可以進行條目檢索、全文檢索、高級檢索的快速檢索系統及可以進行版本對照、圈點眉批、分類收集、編輯下載、原文打印等作業的功能平臺。
清人別集叢編	清人別集叢編收錄清代人詩(詞、曲)集、文集、詩(詞、曲)、文合集等,共計 5000 種。同時,每種皆據善本製成數字全文,附以原版影像,配備可以進行條目檢索、全文檢索、高級檢索的快速檢索系統及可以進行版本對照、圈點眉批、分類收集、編輯下載、原文打印等作業的功能平臺。

易學要籍	易學要籍以易學為中心，精選易學核心典籍，包括易經及歷代經解、諸家易說等，共計 200 種。同時，每種皆據善本製成數字全文，附以原版影像，配備可以進行條目檢索、全文檢索、高級檢索的快速檢索系統及可以進行版本對照、圈點眉批、分類收集、編輯下載、原文打印等作業的功能平臺。
詩經學要籍	詩經學要籍以詩經學為中心，精選詩經學核心典籍，包括詩經及歷代經解、諸家詩說等，共計 100 種。同時，每種皆據善本製成數字全文，附以原版影像，配備可以進行條目檢索、全文檢索、高級檢索的快速檢索系統及可以進行版本對照、圈點眉批、分類收集、編輯下載、原文打印等作業的功能平臺。
尚書學要籍	尚書學要籍以尚書學為中心，精選尚書學核心典籍，包括書經及歷代經解、諸家書說等，共計 100 種，同時，每種皆據善本製成數字全文，附以原版影像，配備可以進行條目檢索、全文檢索、高級檢索的快速檢索系統及可以進行版本對照、圈點眉批、分類收集、編輯下載、原文打印等作業的功能平臺。
三禮學要籍	三禮學要籍以禮學為中心，精選禮學核心典籍，包括儀禮、禮記、周禮三經及歷代經解、諸家禮說等，共計 100 種。同時，每種皆據善本製成數字全文，附以原版影像，配備可以進行條目檢索、全文檢索、高級檢索的快速檢索系統及可以進行版本對照、圈點眉批、分類收集、編輯下載、原文打印等作業的功能平臺。
春秋學要籍	春秋學要籍以春秋學為中心，精選春秋學核心典籍，包括春秋經、春秋三傳（左氏、穀梁、公羊）及歷代傳疏、諸家春秋說等，共計 100 種。同時，每種皆據善本製成數字全文，附以原版影像，配備可以進行條目檢索、全文檢索、高級檢索的快速檢索系統及可以進行版本對照、圈點眉批、分類收集、編輯下載、原文打印等作業的功能平臺。
四書學要籍	四書學要籍以四書學為中心，精選四書學核心典籍，包括論語、孟子、大學、中庸四書及歷代注疏、諸家四書說等，共計 100 種。同時，每種皆據善本製成數字全文，附以原版影像，配備可以進行條目檢索、全文檢索、高級檢索的快速檢索系統及可以進行版本對照、圈點眉批、分類收集、編輯下載、原文打印等作業的功能平臺。
小學要籍	小學要籍以小學為中心，精選小學核心典籍，包括爾雅經及歷代經解和音韻、文字、訓詁等書，共計 300 種。同時，每種皆據善本製成數字全文，附以原版影像，配備可以進行條目檢索、全文檢索、高級檢索的快速檢索系統及可以進行版本對照、圈點眉批、分類收集、編輯下載、原文打印等作業的功能平臺。

秦漢史料庫	秦漢史料庫以秦漢史為中心，匯輯春秋戰國、秦、西漢、東漢、三國的基本史料，包括正史、載記、典要、經籍、子書、文集等，共計 50 種。同時，每種皆據善本製成數字全文，附以原版影像，配備可以進行條目檢索、全文檢索、高級檢索的快速檢索系統及可以進行版本對照、圈點眉批、分類收集、編輯下載、原文打印等作業的功能平臺。
六朝史料庫	六朝史料庫以六朝史為中心，匯輯三國、魏、晉、南朝（宋、齊、梁、陳）、北朝（後魏、北齊、北周）、隋的基本史料。包括正史、載記、典要、文集、筆記、類書等，共計 50 種。同時，每種皆據善本製成數字全文，附以原版影像，配備可以進行條目檢索、全文檢索、高級檢索的快速檢索系統及可以進行版本對照、圈點眉批、分類收集、編輯下載、原文打印等作業的功能平臺。
唐五代史料庫	唐五代史料庫以唐史和五代史為中心，匯輯隋、唐、五代十國的基本史料，包括正史、載記、典要、文集、筆記、類書等，共計 100 種。同時，每種皆據善本製成數字全文，附以原版影像，配備可以進行條目檢索、全文檢索、高級檢索的快速檢索系統及可以進行版本對照、圈點眉批、分類收集、編輯下載、原文打印等作業的功能平臺。
宋遼金史料庫	宋遼金史料庫以宋史、遼史和金史為中心，匯輯宋、遼、金的基本史料，包括正史、載記、典要、文集、筆記、類書等，共計 200 種。同時，每種皆據善本製成數字全文，附以原版影像，配備可以進行條目檢索、全文檢索、高級檢索的快速檢索系統及可以進行版本對照、圈點眉批、分類收集、編輯下載、原文打印等作業的功能平臺。
蒙元史料庫	蒙元史料庫以元史為中心，匯輯蒙古和元的基本史料，包括正史、載記、典要、文集、筆記、類書等，共計 50 種。同時，每種皆據善本製成數字全文，附以原版影像，配備可以進行條目檢索、全文檢索、高級檢索的快速檢索系統及可以進行版本對照、圈點眉批、分類收集、編輯下載、原文打印等作業的功能平臺。
明代史料庫	明代史料庫以明史為中心，匯輯明代的基本史料，包括正史、實錄、典要、文集、筆記、類書等，共計 200 種。同時，每種皆據善本製成數字全文，附以原版影像，配備可以進行條目檢索、全文檢索、高級檢索的快速檢索系統及可以進行版本對照、圈點眉批、分類收集、編輯下載、原文打印等作業的功能平臺。
清代史料庫	清代史料庫以清史為中心，匯輯滿州和清代的基本史料，包括正史、實錄、典要、文集、筆記、類書等，共計 300 種。同時，每種皆據善本製成數字全文，附以原版影像，配備可以進行條目檢索、全文檢索、高級檢索的快速檢索系統及可以進行版本對照、圈點眉批、分類收集、編輯下載、原文打印等作業的功能平臺。

古典散文大觀	古典散文大觀以古典散文為中心，採錄先秦至民國初年散文總集及名家文集，去重選優，收錄散文共計1萬篇。同時，每種皆據善本製成數字全文，附以原版影像，配備可以進行條目檢索、全文檢索、高級檢索的快速檢索系統及可以進行版本對照、圈點眉批、分類收集、編輯下載、原文打印等作業的功能平臺。
古典駢賦大觀	古典駢賦大觀以古典賦體和駢文為中心，採錄先秦至民國初年駢賦總集及名家駢賦集，去重選優，收錄賦頌、駢文等共計1千篇。同時，每種皆據善本製成數字全文，附以原版影像，配備可以進行條目檢索、全文檢索、高級檢索的快速檢索系統及可以進行版本對照、圈點眉批、分類收集、編輯下載、原文打印等作業的功能平臺。
古典詩歌大觀	古典詩歌大觀以古典詩歌為中心，採錄先秦至民國初年詩歌總集及名家詩集，去重選優，收錄樂府、歌謠及古今體詩共計3萬首。同時，每種皆據善本製成數字全文，附以原版影像，配備可以進行條目檢索、全文檢索、高級檢索的快速檢索系統及可以進行版本對照、圈點眉批、分類收集、編輯下載、原文打印等作業的功能平臺。
古典詞曲大觀	古典詞曲大觀以古典詞曲為中心，採錄唐末五代至民國初年詞曲總集及名詞曲集，去重選優，收錄詞、曲共計1萬首。同時，每種皆據善本製成數字全文，附以原版影像，配備可以進行條目檢索、全文檢索、高級檢索的快速檢索系統及可以進行版本對照、圈點眉批、分類收集、編輯下載、原文打印等作業的功能平臺。
古典戲劇大觀	古典戲劇大觀以古典戲劇為中心，採錄元明清三代戲劇總集及名家戲劇集，去重選優，收錄雜劇、南曲、傳奇等，共計1千齣。同時，每種皆據善本製成數字全文，附以原版影像，配備可以進行條目檢索、全文檢索、高級檢索的快速檢索系統及可以進行版本對照、圈點眉批、分類收集、編輯下載、原文打印等作業的功能平臺。
古典小說大觀	古典小說大觀以古典小說為中心，匯輯漢魏以來至民國初年小說類作品，包括文言小說、話本小說、通俗小說等，共計300種。同時，每種皆據善本製成數字全文，附以原版影像，配備可以進行條目檢索、全文檢索、高級檢索的快速檢索系統及可以進行版本對照、圈點眉批、分類收集、編輯下載、原文打印等作業的功能平臺。
古典評論大觀	古典評論大觀以古典文學批評為中心，匯輯魏晉以來至民國初年文學批評類作品，包括文論、詩話、詞話、曲話、劇話等，共計200種。同時，每種皆據善本製成數字全文，附以原版影像，配備可以進行條目檢索、全文檢索、高級檢索的快速檢索系統及可以進行版本對照、圈點眉批、分類收集、編輯下載、原文打印等作業的功能平臺。

山東文獻庫	山東文獻網羅山東區域相關的歷史文獻，包括記述山東歷史地理的史籍志書，以及歷代山東籍貫人的著述和在山東建功立業之人的著述，共計 800 種。同時，每種皆據善本製成數字全文，附以原版影像，配備可以進行條目檢索、全文檢索、高級檢索的快速檢索系統及可以進行版本對照、圈點眉批、分類收集、編輯下載、原文打印等作業的功能平臺。另有：山西文獻、河北文獻、河南文獻、湖北文獻、湖南文獻、安徽文獻、江西文獻、江蘇文獻、浙江文獻、福建文獻、廣東文獻、四川文獻、雲南文獻、陝西文獻、臺灣文獻、廣西文獻、貴州文獻、甘肅文獻、遼寧文獻、上海文獻、北京文獻等 21 個庫。
兵書集成	兵書集成以中國古代軍事學和軍事史為中心，收錄兵法、兵制、兵器等書共計 100 種，歷代談兵名著略盡於此。同時，每種皆據善本製成數字全文，附以原版影像，配備可以進行條目檢索、全文檢索、高級檢索的快速檢索系統及可以進行版本對照、圈點眉批、分類收集、編輯下載、原文打印等作業的功能平臺。另有：官箴書集成、法律書集成、典制書集成、邦計書集成、禪宗書集成、醫書集成、農書集成、天算書集成、水利書集成、日用書集成、術數書集成、鑒書集成、博物書集成、目錄書集成、清真書集成、藝術書集成等 16 個庫。

附表四　書同文數字化技術有限公司古籍數字精品列表

名　　稱	產品簡介
《歷代漢方醫書大成》電子版	《歷代漢方醫書大成》電子版為 2004 年日本西岡漢字情報工學研究所全權委託開發項目。該書收錄了日本明治前後至昭和期間，日本現存的歷代漢方醫書。包括《近世漢方醫學書集成》中的 160 餘種書和另外追加的 30 餘種書，共 200 種書。並新編了《歷代漢方醫學書集成》編委會專家撰寫的提要和附錄。
《文淵閣四庫全書》電子版	1998 年開發《文淵閣四庫全書》原文及標題全文檢索版，規格涵蓋 CD-ROM 單機版到 Internet 版；榮獲 1999 年電子出版物國家獎和莫比斯光盤大賽國際獎。全文檢索電子版開發項目，歷時 3 年完成，現為國內外著名院校圖書館及研究機構收藏使用。
《四部叢刊》全文檢索版	電子版底本選用北京大學圖書館善本部藏上海涵芬樓影印《四部叢刊》。其中包括《四部叢刊》初編（上海商務印書館再版影印本，1922 年）、《四部叢刊》續編（上海商務印書館再版影印本，1932 年）、《四部叢刊》三編（上海商務印書館初版影印本，1936 年），共計收書 504 種 3134 冊、232478 頁、近 9 千餘萬字。每編內皆分經、史、子、集四部。《四部叢刊》電子版保存紙張版本的全部內容，並使每個漢字數字化，從而實現字字可查、句句可檢的快速全文檢索；提供摘要、筆記、紀元換算以及簡、繁、異體漢字相互關聯查詢的功能；檢索功

	能包括書名檢索、著者（作者）檢索、全文檢索、分類檢索；檢索結果均可以打印、放大、拷貝、書簽、標點、導航等。
《康熙字典》電子版	《康熙字典》電子版所用底本為同文書局石印本，其後附有王引之的《字典考證》。該產品為各類讀者提供了中、日、簡、繁、異等漢字關聯代換檢索技術，用戶輸入自己熟悉的文字形式，即可檢索到字典中的文字條目；可按單字、部首、筆劃、筆順查詢，也可按拼音、注音查詢。電子版除提供原《康熙》中文字條目信息外，還提供漢字的部首、部首外筆劃數、總筆劃數、筆順筆形、拼音、注音、Unicode、GBK、BIG5 編碼等屬性信息，同時還提供文字的標準普通話發音。
《十通》全文檢索版	《十通》是一套考辨中國歷代典章制度、經濟文化、社會生活、軍事圖籍的重要工具書，全書共計 2700 多卷，3 千多萬字，內容廣博、規模宏大，涵蓋歷代政治、經濟、軍事、文化等制度方面的資料，是學術工作者的必備工具。《十通》共分為「三通典」「三通志」「四通考」，合稱「十通」。其中包括（唐）杜佑撰《通典》、（宋）鄭樵撰《通志》、（元）馬端臨撰《文獻通考》以及清高宗敕撰的《續通典》、《續通志》、《續文獻通考》、《清朝通典》、《清朝通志》、《清朝文獻通考》和近代劉錦藻所撰的《清朝續文獻通考》。具有全文檢索、圖文對照功能。
《中國歷代石刻史料彙編》全文檢索版	《歷代石刻史料彙編》輯錄 15000 餘篇石刻文獻，並附有歷代金石學家撰寫的考釋文字，總計 1150 萬字，從秦磚漢瓦到碑文墓誌，上下兩千年，內容涵蓋中國古代政治、經濟、軍事、民族、宗教、文學、科技、民俗、教育、地理等各個方面。該系統文獻內容字字可查、句句可檢，讀者可利用全文檢索工具在最短的時間內獲得最大的信息量。系統提供中、日、簡、繁、異體漢字關聯查詢；提供邏輯檢索及字、詞間距檢索。讀者也可以不輸入任何檢索文字實現按朝代瀏覽碑文。此外系統還提供連線字典、文字代碼頁與原書圖像頁關聯、複製打印、添加注釋、紀年換算、八卦查詢及手寫輸入等功能。
《大清歷朝實錄》電子版	《大清歷朝實錄》電子版共計 4441 卷。其數字化文本和原檔圖像頁並存，二者既可獨立瀏覽，亦可對應切換，以方便讀者核對檢索結果；除按編輯體例編有原文本卷次目錄外，另編有精確到月的時間索引，拓展了讀者瀏覽途徑。系統配置如下功能：保真數字化，檔案內容全部數字化，在保持原文本版面和繁體字原形的基礎上，實現「字字可查、句句可檢」；漢字數字化標準，採用「ISO／IEC～10646：2003」國際標準，使本品可以運行於全球各語言版本的 Windows 系統；漢字關聯檢索，內置漢字關聯，其中包括簡繁、正異、通假、正訛、避諱字、中日等各種漢字之間的關聯；多目錄瀏覽方式，可直接前、後翻頁，翻卷；設有輔助工具，軟件內置連線《康熙字典》《中西曆對照表》，同時還可在閱讀結果的任意處直接加注筆記、標注書簽、標點或勘誤等。

《大清五部會典》電子版	清代共編有五部《會典》，分別修於康熙、雍正、乾隆、嘉慶、光緒朝，俱為清、漢文單行本。全文數字化《大清五部會典》，作為中國第一歷史檔案館《清代檔案文獻數據庫》項目的首批產品，是檔案文獻工作者和中國古籍數字化科技工作者的共創成果。

附表五　國學時代文化傳播公司古籍數字精品列表

名　稱	產品簡介
《國學寶典》	收錄範圍為上起先秦、下至清末兩千多年的所有以漢字作為載體的歷代典籍3800多部，總計8億餘字，目前仍以每年1億字的速度擴充。《國學寶典》以四庫分類法為基礎，建立了一套兼容古籍文獻和電子數據庫特點的分類法，其數據格式主要有TXT（純文本）、DBF（數據庫）、HTM（網頁格式）、Word等。1999年推出Vl.0單機版，2003年推出局域網版，2005年推出互聯網版。其輔助工具有國學字典、人名詞典、書名詞典、國學字籤。
《國學備要》	收入了280部古代基本國學典籍，總計約1.5億字，並配備有強大的搜索和詞典功能，光盤內容方便複製使用。
中國歷代基本典籍庫	「中國歷代基本典籍庫」全套光盤分為「先秦兩漢魏晉南北朝卷」「隋唐五代卷」「宋元遼金卷」「明清卷」四種，共收入3千多部（6億多漢字）古代重要典籍，所有數據均進行數字化處理，精加校對，並輔以先進的檢索引擎。
《全上古三代秦漢三國六朝文》	《全上古三代秦漢三國六朝文》主要取材明代梅鼎柞的《文紀》和張溥的《漢魏六朝百三家集》，共收唐代以前作者3497人，分代編次為十五集。原稿156冊，共741卷。1893年由廣雅書局初刻，1929年丁福保影印出版，今有中華書局斷句影印本。該光盤數據為標準網頁格式，並配有圖片資料；提供全文檢索、複製及打印功能；另外，特別增加了連線字典、歷代帝王紀年表等工具。
《全唐文》（附《唐文拾遺》《唐文續拾》）	全書六易寒暑，計1千卷，共收唐五代作者3千餘人，文2萬篇。《全唐文》成於乾嘉鼎盛時期，在真偽考辨、正文校錄、作者小傳等方面用力頗勤。陸心源《唐文拾遺》《唐文續拾》補輯遺文達3000篇，新增作者近500人。
《文獻目錄典》	《文獻目錄典》收入了史志目錄、官藏目錄、私藏目錄等有關文獻目錄方面的古籍40多種，總計達2千多萬漢字，並配有近千幅古籍善本書影和拓片。光盤中以附錄方式收錄了歷代叢書子目、《國家圖書館善本書目》及五種詩文總集（《全上古三代秦漢三國六朝文》《先秦漢魏晉南北朝詩》《全唐詩》《全唐文》《全宋詩》）的篇目、作者索引，輔以強大的檢索功能。

《地理文獻典》	該光盤數據為標準網頁格式，配有圖片資料，並特別為《讀史方輿紀要》繪製了數百幅州府地域地圖。提供全文檢索、複製及打印功能，特別增加了連線字典、歷代帝王紀年表等多種工具。
《清稗類鈔》（附《清史稿》）	此書編於民國初年，民國六年（1917），由商務印書館初版，分為 148 冊，光盤據此整理。
《國學備覽》	收入 81 部古代經典，達 1000 萬字，內嵌有即時古漢語字典功能，隨文附 2 千餘幅精美插圖，可再現古代風物，幫助閱讀理解。
《書法備覽》	由歐陽中石教授擔任顧問，葉培貴、甘中流任主編，全盤分為書法論著、碑帖釋文、中國書法簡史、書家印款四部分。光盤為標準網頁格式，並配有圖片資料，所有數據可進行全文多條件檢索、複製、打印，還增加了連線古漢語字典、歷代帝王紀年表等多種工具。
《兵學備覽》	光盤為標準網頁格式，並配有大量圖片資料；所有數據可進行全文多條件檢索、複製、打印；特別增加了連線古漢語字典等多種工具，可即查即用，界面美觀，使用簡便。
《繪畫備覽》	光盤為標準網頁格式，配有 300 餘幅圖片，其中有近百幅為大幅面名畫佳作，最大限度地展示了古畫原貌；所有數據可進行全文多條件檢索、複製、打印；特別增加了連線古漢語字典等多種工具，可即查即用。
《宋詞備覽》	《宋詞備覽》光盤為標準網頁格式，其中收錄佳作近萬首、歷代詞論名篇 420 餘篇、宋詞簡史 20 餘萬字，所有數據可進行全文多條件檢索、複製、打印；特別增加了連線古漢語字典等多種工具，可即查即用。
《蒙學備覽》	《蒙學備覽》光盤為標準網頁格式，所有數據可進行全文多條件檢索、複製、打印；特別增加了連線古漢語字典等多種工具，可即查即用。
《唐詩備覽》	《唐詩備覽》光盤為標準網頁格式，共 900 卷，收錄 1966 位唐代詩人全文佳作 5 萬首及歷代詩話論、唐詩簡史、名篇鑒賞等；所有數據可進行全文多條件檢索、複製、打印；特別增加了連線古漢語字典等多種工具，可即查即用。
《元曲備覽》	《元曲備覽》光盤為標準網頁格式，收錄 100 部元代戲曲、全元散曲、全諸宮調等元曲精華，以及數 10 萬字的元曲史、名篇鑒賞；所有數據可進行全文多條件檢索、複製、打印；特別增加了連線古漢語字典等多種工具，可即查即用。
《十三經注疏》	底本為清代阮元校刻的《十三經注疏》；該盤數據為標準網頁格式，並配有圖片資料。

《六十種曲》(附《盛明雜劇》)	底本為明代毛晉輯本；該盤數據為標準網頁格式，並配有圖片資料；可全文檢索、複製、打印。
《香豔叢書》	全書 20 集、80 卷，共收書 335 種，搜集了從隋代至晚清女性作者著作和有關女性的文言小說、詩詞曲賦、野史筆記等；該盤數據為標準網頁格式，並配有圖片資料；可全文檢索、複製、打印；特別增加了連線字典、歷代帝王紀年表等多種工具。
《中國古代文學史》資料庫	與首都師範大學、鞍山師範學院、南京師範大學、四川師範大學聯合研製。收錄先秦至晚清 2 千多年 6 百多部文學名著和文學理論著作，隨文配有數千幅精美圖片。可實現全部數據的逐字索引，具有任意範圍多條件組合檢索、自由複製、打印等多種功能，其獨有的連線字典，可動態顯示兩萬多個漢字的字音和字義解釋。
《三國演義》電子史料庫	與中國《三國演義》學會、首都師範大學文學院聯合開發。

附錄二 《文獻學知識譜系、編纂模式與理論建構》可行性分析

一、選題依據

（一）國內外相關研究的學術史梳理及研究動態

1. 關於文獻學學科體系的建設與重構

文獻學是一門既古老又年輕的學科。說它古老，是因為自劉向、劉歆父子整理群書開始，就正式形成了一門具有中國特色的校讎學（有人追溯到孔子整理六經，可以看做文獻學之濫觴）。兩千年來文獻學就是沿著向、歆父子的路子緩緩推進。直到五四之前，文獻學幾乎就是校讎學，都是以治理圖書為目的。說它年輕，是因為五四以來文獻學一面在校讎學與目錄學的老路上繼續向前發展，同時又被現代圖書館學家改造之後，後來作為二級學科列在「圖書館・情報與文獻學」之下。與此同時，「歷史文獻學」「中國古典文獻學」作為二級學科分別列在「中國歷史」「中國文學」之下。近二十年來，不少有識之士紛紛撰文，就文獻學科的界定問題獻計獻策，呼籲盡快結束文獻學的分裂局面，重新整合，形成一個統一的一級學科。

哲學社會科學發展戰略還不十分明確，學科體系、學術體系、話語體系建設水平總體不高，應該加快構建哲學社會科學的學科體系、學術體系、話語體系。以此對照文獻學學科體系，雖然自五四以來特別是近三十年來取得了舉世矚目的成就，也仍然存在研究對象模糊、研究體系陳舊、研究內容不夠深入、研究目標泛化、缺少基本的理論假設、沒有明確的問題指向與核心議題等諸多

問題，迫切需要更新與重構。因此，本課題以重構文獻學學科體系為旨歸，正是立於時代之潮頭、欲通古今之變化而呼應時代要求的選題。

2. 文獻學的主要觀念

何謂文獻學？近百年來主要有以下五種觀點：

第一，文獻學即廣義的史學。梁啟超認為：「明、清之交各大師，大率都重視史學，或廣義的史學，即文獻學。」將文獻學等同於廣義的史學，將文獻學的領域推至最大，因為廣義的史學範圍至廣，可謂無所不包。顯而易見，梁啟超沒有給文獻學劃定明確的界限。

第二，文獻學即傳統校讎學。王欣夫先生認為廣義的文獻學在課堂上是無法講授的，他堅持狹義的文獻學，他在《文獻學講義》一書中明確了目錄、版本、校讎三大主幹。程千帆先生《校讎廣義敘錄》云：「由版本而校勘，由校勘而目錄，由目錄而典藏，條理終始，囊括珠貫，斯乃向、歆以來治書之通例。」又增加了典藏。自向、歆父子以來，治書之學的範圍不斷擴大，並不限於目錄、版本、校讎與典藏，還涉及多門，如辨偽、輯佚、編纂、考證等。

第三，文獻學即古文獻學。孫欽善先生認為：「古文獻學以研究古代文獻典籍的形式內容和整理它的各個環節為骨架，構築了所需要的古代語言文字、古籍目錄版本、校勘辨偽、輯佚、古代歷史文化等有關知識，以及運用這些知識解決實際問題的方法，形成了一個獨立的學科。」孫先生先後撰寫了《中國古文獻學史》《中國古文獻學史簡編》《中國古文獻學》《文獻學文選》等書，建立了一個系統的古文獻學教學與研究體系。

第四，文獻學即國學。章太炎《國學講演錄》分為小學略說、經學略說、史學略說、諸子略說、文學略說。四部之外，將小學獨立。自今視之，其《國學講演錄》完全可以易名為「文獻學概論」。王易《國學概論》分為經學、小學、哲學、史學四編，也可易名為「文獻學概論」。

第五，文獻學即大文獻學。潘樹廣先生認為，現代文獻學與古典文獻學相異相通，應建立「將古典文獻學與現代文獻學融為一體的廣義的文獻學。它以古今文獻和文獻工作為對象，研究文獻的產生、發展、整理、傳播、利用及其一般規律。它的研究內容，有理論研究、應用研究和歷史研究三個方面」。洪湛侯先生則按照體（文獻形體）、法（文獻整理方法）、史（文獻學歷史）、論（文獻學理論）四大版塊建構其「大文獻學」。在四大版塊之中，體、法、史三塊是長版，而文獻學理論始終是短板！

以上各家各派，理路各異，都從各自的角度促進了文獻學研究的繁榮，推動了文獻學的發展。當然，各家之說也都有其局限，為後來者留下了繼續思考與探索的空間。

3. 文獻學研究的理論困境

構建綜合型的文獻學理論，直到 20 世紀 80 年代才初步成型。張舜徽先生的《中國文獻學》結構宏大，為文獻學的學科建設做出了奠基性貢獻，但對於現代哲學社會科學理論的吸收不夠，他還是比較推崇鄭樵、章學誠的校讎學，幾乎排斥了現代文獻。其《中國文獻學》產生了持續而巨大的影響，後來者群起模仿，竟然把文獻學整成了「什錦拼盤」，文獻學於是成為目錄學、版本學、校勘學、辨偽學、輯佚學、編纂學、文字學、音韻學、訓詁學等學科的簡單疊加。有鑑於此，張大可先生尖銳地指出：「又有了另一個極端，把整理文獻的基礎工作所產生的目錄、版本、校勘等分支學科疊加起來叫做『文獻學』，這也是不科學的。任何一門學科，都有它的研究對象、研究範圍與目的和方法。目錄、版本、校勘，既然是各自獨立的學科，有各自獨立的研究對象、研究範圍與目的和方法，那麼疊加起來的『文獻學』，它的研究對象、研究範圍與目的和方法在哪裏？被疊加的幾大塊與疊加起來的總體，豈不是完全重合嗎？顯然疊加起來的『文獻學』是一個空頭的學科，因此是不能成立的。換句話說，『文獻學』不是目錄、版本、校勘的疊加，而是一門獨立的學科。」真可謂良藥苦口利於病！董恩林教授主編的《中國傳統文獻學概論》也指出，傳統文獻學的研究對象並不是我們通常所說的「文獻」而是「文獻的文本」。文獻學研究者平日所從事的校勘、辨偽、輯佚等工作，所涉及的都只是某種文獻的文本，換言之，其工作平臺只是某種文獻的文本。他的批評也比較中肯，啟人茅塞。

（二）本課題相對於已有研究的獨到學術價值和應用價值

文獻學本身是一門實踐性很強的應用學科，近年來理論上雖然有所探討，但仍然思想貧乏、理論色彩嚴重不足。著名歷史學家白壽彝先生對於如何建構文獻學的學科體系做了長期的探索，認為歷史文獻學可以包含理論部分、歷史的部分、分類學的部分與應用部分。他的理論構想頗具匠心，尤其是將分類學從目錄學中獨立出來，具有極大的啟發意義。可惜他沒有來得及完成文獻學理論構建的歷史任務。我們應當繼續構建文獻學學科體系、學術體系、話語體系。

　　本課題相對於已有研究的獨到學術價值在於，試圖借鑒哲學社會科學的理論建構文獻學的理論架構，使得文獻學擺脫缺乏理論、不夠科學的困境。國家社科基金設立同類項目或從歷時層面研究，如「中國文獻學史」「20世紀中國文獻學研究」「百年中國古籍整理與古文獻學科發展研究」「學術分科視域下民國文獻學科的形成與發展研究」「20世紀中國蒙古文文獻學學術史研究」，或從專科文獻學層面研究，如「敦煌寫本文獻學通論」「小學文獻學研究」「以詮釋學為視域的中國哲學文獻學研究」「清代詞學文獻學研究」「中國現代文學文獻學研究」「中國現代文學文獻學的理論建構與實踐形態研究」，或從專書專題層面研究，此類較多，不一一列舉。迄今為止，還沒有出現從學科體系與學術體系角度研究文獻學的課題。新時代的文獻學應該與時俱進，我們應當盡快完成文獻學的理論整合與重建，努力打造具有中國特色、中國風格、中國氣派的「新文獻學」，更好認識源遠流長、博大精深的中華文明，為弘揚中華優秀傳統文化、增強文化自信提供堅強支撐。

　　應用價值是重寫一部雅俗共賞的文獻學理論著作，使之得到更加廣泛的認可。

二、研究內容

（一）研究對象

　　文獻學的研究對象是文獻。現在學界普遍將文獻學的研究對象預設為「古籍的文本」或「古籍整理的各個環節」，導致文獻學的編纂模式與文獻學的研究對象脫節，文獻學的研究對象確實出現了較大的偏差，形成了一定的思維定勢，影響了文獻學學科體系的構建。我們完全本著推進學術之公心，絕無他念。我們更無意苛責前賢，他們已經完成了歷史交付給他們的使命。我們踏著他們的足跡前行，目的完全是為了突破瓶頸。

（二）框架思路

1. 總體框架

　　近百年以來，文獻學通論的編纂模式大致有四種：一是校讎學模式。代表性的著作如王欣夫的《文獻學講義》、張舜徽的《廣校讎略》、程千帆等人的《校讎廣義》。二是目錄學模式。代表性的著作如劉咸炘的《目錄學》、余嘉錫的《目錄學發微》。三是國學概論模式。代表性的著作如章太炎的《國學概論》、王易的《國學概論》。四是文獻學概論模式。代表性的著作如鄭鶴聲兄弟的《中國

文獻學概要》、張舜徽的《中國文獻學》。鄭著被認為「是學術界在 20 世紀 20 年代末成功地建構文獻學理論的嘗試」,對文獻學理論建構的開倒之功是不容置疑的。張舜徽的《中國文獻學》後來居上,壓倒了同類著作。無論是哪種模式,文獻學迄今為止還沒有完全脫掉「校讎學」的胎記。如《中國文獻學概要》包括了古籍整理與研究中有關目錄學、版本學、編纂學、校勘學以及中國書史等許多方面的內容,近似章學誠、范希曾等人所說的校讎學。張舜徽晚年的《中國文獻學》一書正是從他早年的《廣校讎略》脫胎而來。

　　傳統目錄學即校讎學,是中國文化的「根目錄」。近代西學東漸,「國學」意識凸顯,文化激烈轉型,如何突圍?梁啟超在 1902 年在《新民叢報》發表《論中國學術思想變遷之大勢》,他說:「近頃悲觀者流,見新學小生之吐棄國學,懼國學之從此而消滅。吾不此之懼也。但使外學之輸入者果昌,則其間接之影響,必使吾國學別添活氣,吾敢斷言也。但今日欲使外學之真精神,普及於祖國,則當傳輸之任者,必邃於國學,然後能收其效。」他所說的「外學」主要是指嚴復等人譯介的西學,而「國學」即指中國傳統的學術。由於引進西學創立「新學」體系,「四部之學」作為國家教育的知識體系的大傳統被廢棄了,但「經史子集」轉化為小傳統,先是以「國學」的形態在體制外頑強生存下來,後來又以「文獻學」的形態在體制內得以轉化成活。20 世紀 80 年代文獻學復興,「大文獻學」及各種專科文獻學如同雨後春筍一般冒了出來。90 年代出現「國學熱」,隨之又出現了「新國學」「大國學」。無論名目如何翻新,「目錄學／校讎學」的路徑依賴無法改變,這也是一種基於文化認同的「文化自覺」。總之,上述各種模式都不是嚴格建築在文獻本身之上的,存在大小不一的偏差。有道是,失之毫釐,謬以千里。職是之故,必須打破舊式,重鑄新範。

2. 研究提綱

導論

一、文獻概念辨析

（一）何謂文獻

（二）文獻與圖書

（三）文獻與檔案

（四）文獻與信息

二、文獻學觀念與反思

（一）文獻學等於廣義的史學嗎?

（二）文獻學等於傳統校讎學嗎？

（三）文獻學等於古文獻學嗎？

（四）文獻學等於國學嗎？

（五）文獻學即大文獻學嗎？

三、重寫文獻學

（一）為何重寫文獻學

（二）如何重寫文獻學

上編　文獻學的知識譜系

第一章　經學譜系

第二章　子學譜系

第三章　史學譜系

第四章　文學藝術譜系

第五章　科學技術譜系

第六章　宗教學譜系

第七章　工具書譜系

中編　文獻學的編纂模式

第一章　校讎學模式

第二章　目錄學模式

第三章　國學概論模式

第四章　文獻學概論模式

第五章　文獻學各種編纂模式的成敗得失

下編　文獻學的理論建構

第一章　文獻發生論

第二章　文獻結構論

第三章　文獻發展論

第四章　文獻生產論

第五章　文獻系統論

第六章　文獻分類論

第七章　文獻信息論

3. 具體研究思路

首先，弄清文獻學的研究對象，確定文獻本身而非文獻的整理環節；其次，

梳理百年來文獻學的知識譜系，既要探討各個不同知識譜系之間的相互關聯與分野，也要強調知識系統的體系性，撇開已有分類框架體系，重新建構一個符合中國特色的文獻學知識譜系；復次，總結百年來文獻學通論的編纂模式，剖析其利弊得失，總結歷史的經驗教訓；最後，多角度全方位建構文獻學理論體系，實現文獻學研究的範式轉移。

（三）重點難點

重點有三：一是梳理百年來文獻學的知識譜系，重構文獻學的知識版圖，二是總結百年來文獻學通論的編纂模式，三是建構文獻學的理論體系，重寫文獻學。

難點有二：一是文獻學的理論建構。茲事體大，殊非易事。好在我們已經找到了死穴，選準了突破口，並做了大量前期探索工作。二是基本概念的辨析。如文獻與圖書、檔案、信息之間既存在聯繫也存在區別，且難解難分。在這些基本概念之上可以建構出很多不同的文獻學分支學科：

	目錄學	編纂學	辨偽學	文化史
文　　獻	文獻目錄學	文獻編纂學	文獻辨偽學	文獻文化史
圖　　書	圖書目錄學	圖書編纂學	圖書辨偽學	圖書文化史
檔　　案	檔案目錄學	檔案編纂學	檔案辨偽學	檔案文化史
信　　息	信息目錄學	信息編纂學	信息辨偽學	信息文化史

可見，在文獻與圖書、檔案、信息這些概念群之間可以構造出學科群，既相互聯通，又難以相互取代，可以同時並存，構成文獻學的複雜景觀。

（四）主要目標

一是明確文獻學的研究對象，回到文獻本身，實現撥亂反正。二是通過對文獻學知識譜系的清理，形成「新七略」。三是初步完成文獻學的理論建構。

（五）研究計劃

2021 年 7 月～2022 年 6 月：收集整理相關研究資料，初步篩選提煉相關重要文獻。

2022 年 7 月～2025 年 6 月：研究撰寫著作初稿，發表階段性成果。

2025 年 7 月～2025 年 12 月：修改書稿，最後交課題結項。

（六）可行性分析

（1）課題負責人在文獻學領域積累了三十多年，從本科到博士後一直研

習文獻學，後來又長期從事文獻學的教學與研究，博覽中國古代文獻，同時又廣泛涉獵西方哲學社會科學著作。既有專業基礎積累，同時具備相應的理論素養，完全能夠駕輕就熟，順利攻關。

（2）前期相關研究成果已出版部分將近兩千萬字，發表百餘篇文獻學專業論文，遍及文獻學的各個方面，尤其是在目錄學、分類學、編纂學、辨偽學、考據學等方面處於領先地位，頗得同行好評，且被學界廣泛徵引。此外，尚有大量文獻學論著陸續面世。

（3）具有豐富的科研經驗，已經完成了 10 多項省部級以上研究項目（其中國家級各類項目 5 項）。

三、創新之處

（一）在學術思想方面的創新

一是在梳理文獻學知識譜系的基礎上形成「新七略」分類體系。二是實現文獻學研究的範式轉移，重構文獻學學科體系。

（二）在學術觀點方面的創新

一是文獻學是一門「交叉學科」，在學科戶口簿上應該明確其「交叉學科」的學科定位，從理論上解決長期以來歸屬多個學科的難題。二是文獻學是一門理論與實踐相結合的學科，擁有豐富的理論根基與哲學內涵。三是文獻學的研究對象不是文獻整理的環節，而是文獻本身。四是文獻學研究的終極目的是為復興中華文化這一大目標服務。五是文獻學的最終任務為中國傳統學術的研究提供堅實可靠的平臺。六是文獻學學科體系是一個科學的理論系統，而不能搞簡單的疊加。

（三）在研究方法方面的創新

一是借鑒西方哲學社會科學的研究方法尤其是文化哲學、詮釋學、文化人類學、系統論、信息論的理論與方法，完成文獻學的哲學構建。二是借鑒西方史學的研究方法尤其是年鑒學派的理論與方法，完善文獻學的理論構建。

四、預期成果

（一）成果形式

專著一本：《五四以來文獻學的知識譜系、編纂模式與理論建構》。

（二）使用去向及預期社會效益

在有影響力的出版社出版相關專著 1 本，為中等以上讀者提供文獻學理論讀物。

五、參考文獻

1. 〔德〕馬克思，恩格斯：馬克思恩格斯文集，人民出版社，2009。
2. 〔英〕羅素：人類的知識，商務印書館，1983。
3. 〔德〕漢斯—格奧爾格‧伽達默爾：真理與方法，商務印書館，2020。
4. 〔德〕黑格爾：歷史哲學，北京出版社，2008。
5. 〔法〕福柯：知識考古學，三聯書店，1998。
6. 〔德〕德羅伊森：歷史知識理論，北京大學出版社，2006。
7. 孫德謙：劉向校讎學纂微，元和孫氏四益宧刊本，1923。
8. 劉咸炘：目錄學，四川大學，1928。
9. 余嘉錫：目錄學發微，中華書局，1932。
10. 鄭鶴聲、鄭鶴春：中國文獻學概要，商務印書館，1933。
11. 張舜徽：廣校讎略，中華書局，1963。
12. 張舜徽：中國文獻學，河南人民出版社，1982。
13. 王欣夫：文獻學講義，上海古籍出版社，1986。
14. 洪湛侯：中國文獻學新編，杭州大學出版社，1994。
15. 孫欽善：中國古文獻學，北京大學出版社，2006。
16. 程千帆，徐有富：校讎廣義，中華書局，2020。
17. 許蘇民：文化哲學，上海人民出版行，1990。
18. 李喜先：知識系統論，科學出版社，2011。

附錄三　刀郎歌詞的模擬解讀

擬刀郎《山歌寥哉·序曲》　20230731

九州刀郎壯乎哉！

一呼八方樂復哀。

猶記世人多厄苦，

良辰吉日暮歸來。

擬刀郎《山歌寥哉·花妖》　20230731

我是年輪流浪淚，胭脂風味空中揚。

若將諾言刻江上，一江冷月滿城隍。

菩提樹下等千年，凡塵笑我白頭狂。

紙鳶逐日落天邊，望穿秋水若參商。

我心恰似細流沙，一夜放逐車轍旁。

他日君若能再返，必定顛沛在世上。

倦鳥錯失秋夜雨，彌留花牆葉枯黃。

君住秦朝錢塘東，妾落南宋臨安旁。

郎君被害褐衣紅，花妖殉情腰上黃。

豈料尋差羅盤經，新朝泉亭淚汪汪。

奴家輾轉到杭城（唐朝），郎君卻又生餘杭（周朝）。

鬼使神差成神曲，時空輪迴歌情殤。

擬刀郎《山歌寥哉·顛倒歌》 20230723

刀郎簽名似大刀，刀郎此歌太顛倒。
鶯歌燕舞幾十年，到處和諧多美好。
誰把那鱉扔便盆？那鱉怎會覺高貴？
誰騎那驢參舞會？誰入宮廷比王妃？
陽光也照夜裏鬼，六畜也懂人間味。
世間眾生多繁雜，死狗不如活王八。
話也瞎來心也瞎，路也滑來人也滑。
為了一條狗骨頭，蟻民傾巢皆趴下。
苞圿地裏一棵蔥，裝得怎比棒槌大？
蒼蠅不叮無縫蛋，渣渣專採野菊花。
海市蜃樓君不見，空中花園開奇葩。
羅剎古國君不見，是非顛倒留瞎話。
刀郎誤入羅剎國，閉關苦練大刀法。
來無影兮去無蹤，刀刀過後飛雪花。

擬刀郎《山歌寥哉·畫壁》 20230802

周圍皆畫壁，世界如銅牆。
乾癟枯槁容，複製漂浮樣。
東側天花女，手提鮮花燈。
點燃遊戲燭，誘我入其夢。
穿越水榭廊，擁抱妙女郎。
如你夢所求，如你夢所想。
你在畫上立，竟忘何來往。
我在畫外站，乃君異託邦。
相交成過往，未來成狂想。
交卷知愚蠢，互相訴衷腸。

擬刀郎《山歌寥哉·畫皮》 20230731

轉眼又到一更時，身後傳來敲門聲。
半夜容易失魂魄，出現兩個散亂人。
半是歡心半驚懼，孱弱命中易帶病。

春風吹亂桃花林，錯把痰唾上了身。

臨行之前開盛會，一杯兩杯杯不停。

劉伶醉酒縱情嚎，狐狸轉眼現原形。

一邊回憶邊希冀，剎車失靈不能停。

青冢邂逅公子笑，從此薤露世上珍。

君既不能解我憂，為何問我夜獨行。

窮途豈有星月光，公子為何慕皮囊。

空蕩泉臺寂無聲，執筆採花做凡塵。

畫人畫皮難畫骨，知人知面不知心。

擬刀郎《山歌寥哉·鏡聽》 20230802

因夢未留種，鏡光嘲髮絲。

守候除夕夜，期待渡鴉語。

天青地已黑，萬籟復俱寂。

秘窺了無蹤，早已潛鏡底。

未來難定義，山魈且迴避。

風雪夜歸人，兼程心情急。

喚醒宵禁城，邊鎮破沈寂。

原野起微風，穹隆生層雲。

本是無名體，女蘿依浮萍。

星星火燎野，離離草生春。

自從去金川，轉瞬十八年。

山風從天落，鴻雁飛南天。

擬刀郎《山歌寥哉·路南柯》 20230802

一更紅燭筍滿床，一輪圓月桂枝上。

月上東山淚漣漣，泉臺蒿丘何處藏。

眼前風燭皆故人，重泉相見悔無量。

流光奏章白日夢，青天草頭露珠黃。

可憐輕輕無名輩，簽在量產石碑上。

秋蟲聲聲喚亡靈，一江悲流向東方。

虛構山河土與火，置換陰陽月復陽。

朝日初升復歸去，瀚海沉默起復降。

擬刀郎《山歌寥哉·羅剎海市》　20230724～20230727

羅剎海市在哪裏？向東兩萬六千里。

跨過七沖越焦海，轉眼三寸黃泥地。

面前橫亙一丘河，一丘之貉如勁敵。

桃源曾經三結義，長袖善舞同狼藉。

溝水流過苟苟營，十里洋場負污名。

蠅營狗苟真無恥，海上逐臭善鑽營。

杈杆當家黑店大，欺負善男與信女。

杈杆藝名喚馬戶，慣於呼風又喚雨。

兩耳傍肩三孔鼻，奇形怪狀如醜豬。

未曾開言先轉腚，山外有山局中局。

每日蹲窩把蛋臥，自以為是一隻雞。

馬戶不知牠是驢，又鳥不知牠是雞。

勾欄從來扮高雅，自古公公好戚名。

西方有神稱大佛，金人一夢驚漢帝。

西域小鬈喚馬驥，風流倜儻美豐儀。

人海泛舟搏風浪，龍游險灘落惡地。

自古英雄出少年，華夏復見好子弟。

羅剎國裏常顛倒，馬戶愛聽那又鳥。

三更草雞當司晨，半扇門楣裱真情。

紅描難掩黑畫皮，綠繡雞冠金鑲蹄。

從來煤蛋天生黑，漂洗不白髒東西。

豈有畫堂登豬狗？哪來鞋拔作如意？

女子為好非全好，還有黃蜂尾上針。

馬戶為驢又鳥雞，馬驢鳥雞撲朔迷。

一代刀神棲寒門，衝天光曜猶旦開。

日月照之不及此，北風怒號網上來。

燕山雪花大如席，片片吹落軒轅臺。

幽州又鳥遭炮轟，停歌罷笑雙蛾摧。

馬戶倚門無所謂，吃相難看良可哀。
四大戰區上熱搜，八億網民樂開懷。
龍泉空鳴十九年，起死回生重開戒。
刀神提劍羅剎國，一丘之貉化塵埃。
那驢是雞雞是驢？那雞是驢驢是雞？
罄竹難書惡霸罪，馬戶又鳥俱往矣。
人妖顛倒是非淆，遠離羅剎國中魔。
讀懂維特根斯坦，試問天下誰能禍？

擬刀郎《山歌寥哉・翩翩》　20230731

錯過四更報鼓聲，有人偷撥鏡月針。
罌瓶化來綺紈閣，綠蕉紅櫻過來人。
未曾走到絕境路，彼岸之花不曾開。
辛酸只為長安遠，詩仙倒臥在瓊臺。
涕淚流射大海市，小樓售賣開花杖。
越過遼遙九天河，紛紛流淌輓歌郎。
紅顏易老酒當歌，清波轉眼化桑田。
銀河萬里荒原路，劃破絢爛落人間。
憑欄情仇依捨共，雲搖雨散搖籃同。
邯鄲一夢古今同，青山處處英雄冢。

擬刀郎《山歌寥哉・珠兒》　20230802

少爺人生地下城市
對於窒息無所畏懼
他在母腹就會啼哭
佔據通往神殿之路
醉倒在路邊的冬夜
夢見那早夭的姐姐
虹影如燈栩栩如生
失落人間唯一憑證
問問路邊算命先生
能否用還存世輓歌

再課一卦上路時辰
我還要去告訴昨日
和她異界同夢愛人
山川河海已經醒來
先祖序列毋尋自己
生命時光毋討身體
時間結界去留無門
塵霧海市冰封眼神
看看廢棄故國家園
誰在法壇藏牌弄千
倒塌神殿幻化人寰
往日出征遺棄老狗
祭奠三牲多少禱言
穿越劫難何時能回
山水相逢誰在安排
翻閱時光撕毀序言
無法接受失控日子
火焰閃爍咄咄逼人
雙眼看穿謊話連篇
獄卒囚徒精疲力盡
擁抱泰山東嶽大帝
賜我永恆閃耀光環
活得真實死得天真
燦爛笑容理解人生
宗祠供奉古老血統
宮殿輝煌水乳交融
柔情蜜意靈魂消逝
相會黑夜子夜時分

擬刀郎《山歌寥哉·未來的底片》 20230731

昨日猶似羽衣舞，今朝北邙狐兔窟。
愁雲依舊洞陰冷，山雨欲來風滿樓。

洞中沒有火照應，狐狸無法對光景。
所有需要皆本能，意義僅僅是孤簡。
所有糧草已風乾，荒原那邊是麥田。
世界來去像輪轉，一個圈套一代神。
片片預言如雪花，把把刀鐮似月神。
交換不停如刀劈，人群分開見乾坤。
西風颯颯依舊冷，潭水時清時而渾。
魚貫而入夢裏行，單據列列如貢獻。
鏡中明月水中花，七魄三魂牆上連。
點陣清晰全打印，黑白年輪真分明。
村頭麥地翻金浪，雄偉石獅守祖靈。
鋤頭本質在耕耘，槍炮功能顯神靈。
狐狸已現地主家，一份書簡吞狼煙。
道道符號在逍遙，穹頂大地留白間。
城邦狐狸齊歡笑，幻境來自未來妖。
虛擬意義已重現，歷史如鏡子孫鑒。
反覆敘事記成長，預言藏在屏幕間。
交換全是模板樣，霓虹閃爍塊頭高。
在樓循環大快感，滋養未來小符號。
靈魂路徑難重啟，賬戶舊賬難注銷。

擬刀郎《還魂傘》 20230801

姑蘇好女子，嬌豔俏打扮。
雨巷步曼妙，門環掛牡丹。
回眸見書生，笑借還魂傘。
春江花月夜，羅衾難耐寒。
巧遇經意郎，恰遇倒春寒。
自別柳公子，漂泊在江南。
嘗遍月老面，辜負牡丹緣。
青燈已闌珊，長安魚鼓閒。
道琴亦無情，邂逅萍水間。
孤蓬早難渡，芳徽渡也難。

麗娘重歎息，想像入洞房。
昨日黃粱夢，裁成嫁衣裳。
郎若有意配，秦裳穿身上。
超度杜麗娘，只為那刀郎。

擬刀郎《西海情歌》 20230801

自郎遠別離，從此失溫柔。
雪山路漫長，寒風嘯依舊。
一眼望無邊，風似刀割臉。
西海天蔚藍，蒼茫荒蕪原。
郎曾答應我，不會找不見。
郎隨南歸雁，飛得高又遠。
風箏一斷線，愛已無復言。
苦等一冬雪，山溪又春天。
高原冰雪融，何處見歸雁？
難再續情緣，回不到從前。
帝子泣雲間，隨風去無還。
慟哭兮遠望，蒼梧隱深山。
山崩海水絕，竹淚乃可滅。
海水萬里深，誰能苦離別？

擬刀郎《大漠紅裝》 20230731

紅裝揉進大漠，黃沙不再蔓延。
絲路駝鈴一響，撫慰孤獨這片。
你說與佛有緣，虔誠菩薩面前。
今生若遇良緣，默禱心中夙願。
長河落日之下，緩緩升起孤煙。
那是為你燃燒，思念飛越千年。
不忍將它吹散，只為今生一見。
膜拜莫高窟前，求過菩薩千遍。
無限紅塵思念，將會蔓延千年。
悄然化作孤雁，等待你的容顏。

擬刀郎《衝動的懲罰》　20230802

緊拉你的手，那夜喝醉酒。
狂亂地表達，只因壓抑久。
醉眼已迷離，任憑淚狂流。
拉著你的手，放在我手心。
錯誤地感覺，明白我用心。
勇氣可強加，感情合心意。
我自說自話，為何沒提起。
簡單的想法，根本是笑話。
所以我傷悲，殘留你香味。
忘了多少杯，不知你多美。
閃電第一戰，愛得真乾脆。
感覺如神助，來得快似鬼。
簡單又直接，無法將火滅。
我心多狂野，老天讓相約。
一聞殘留香，恰似忘情水。
輾轉復反側，難以再入睡。
貪戀你的美，回味你的味。
情慾如冰火，掙扎中入圍。
老天不作美，緣分弄我輩。
最好的懲罰，海闊任鳥飛。

擬刀郎《披著羊皮的狼》　20230725

誰是如花小羔羊？誰是天使入夢想？
摟入懷裏好合體，龍戰於野血玄黃。
你是獵物我是狼，溫柔羊皮披身上。
羔羊柔情深似海，戈壁狼嗥谷迴蕩。

附記

刀郎新歌《山歌寥哉》甫一問世，旋即引爆全網，山呼海嘯，地動山搖，風頭之健，一時無兩。

我五音不全，天生對音樂一竅不通，但對其歌詞頗有興趣。我的專業是文獻學與學術史，餘暇偶以餘力將閒情逸致轉化為詩詞歌賦，聊以解憂而已。最

先引起我興趣的是《顛倒歌》，網上開始出現各種解釋，如關注那只老鱉是在諷刺誰，對號入座，網民躍躍欲試，開始自嗨。接下來就是神曲《羅剎海市》，紛紛將矛頭鎖定「四大惡人」，以漫畫的方式過度詮釋，四大戰區狂轟濫炸，那又雞、那馬戶彷彿成了岳廟裏面跪在地上的秦檜夫婦，接受參觀群眾的唾棄與鞭笞。「四大惡人」是中國好聲音的「四大導師」，他們在以商業化的模式扶起一批新人的同時，也打擊了一大批，刀郎就是其中受到打擊最大的一個代表性人物。其實，《羅剎海市》所諷刺的決不只是娛樂圈，可以說波及到各個圈層，乃至社會的各個層面，數十年來，是非顛倒，以醜為美，處處都是如此。羅剎國既是虛擬的世界，荒誕的世界，也是真實的世界，醜惡的世界。——對號入座，確非作者本意。作品完成，作者已死，解釋權歸於讀者，於是乎將「四大惡人」一一實錘。雖說是牽強附會，但也不是完全空穴來風，畢竟從文本中可以尋覓到蛛絲馬蹟。

　　通觀刀郎《山歌寥哉》全部新歌，與其說它是聊齋山歌體，不如說是九歌體。形式上來自《聊齋誌異》，精神上來自《楚辭·九歌》。

序　號	A《山歌寥哉》篇目	B《楚辭·九歌》篇目
1	序曲	東皇太一
2	花妖	雲中君
3	顛倒歌	湘君
4	畫壁	湘夫人
5	畫皮	大司命
6	靜聽	少司命
7	路南柯	東君
8	羅剎海市	河伯
9	翩翩	山鬼
10	珠兒	國殤
11	未來的底片	禮魂

　　《九歌》，是屈原模仿楚國南方民間祭歌的形式而創作的組詩。全詩共十一篇。除《禮魂》外，其餘十篇各祭一神，其中天上的神五篇：《東皇太一》、《雲中君》、《大司命》、《少司命》、《東君》；地上的神四篇：《湘君》、《湘夫人》、《河伯》、《山鬼》；為國犧牲者（殤神）一篇：《國殤》。屈原以浪漫主義的手法，抒發了楚國人民對神祇的敬畏頌禱之情和對幸福生活、美好愛情的祈願。

作品想像豐富，語言優美，形象生動，人神一體，情景交融，具有強烈的藝術魅力。王逸《楚辭章句》分析說：「《九歌》者，屈原之所作也。昔楚國南郢之邑，沅湘之間，其俗信鬼而好祠，其祠，必作歌樂舞鼓，以樂諸神，屈原放逐，竄伏其域，懷憂苦毒，愁思沸鬱，出見俗人祭祀之禮，歌舞之樂，其詞鄙陋。因為作《九歌》之曲。上陳事神之敬，下見己之冤結，託之以風諫，故其文意不同，章句雜錯，而廣異義焉。」屈原放逐，乃作《九歌》，刀郎放逐，乃作山歌，可見刀郎以屈原為精神導師。屈原可以「上陳事神之敬，下見己之冤結，託之以風諫」，為何刀郎不可以呢？有人說，刀郎的格局太小，其實他不懂這個文人的情懷。面對不遇不公之事，豈可忍氣吞聲？

有人說，刀郎的新歌沒有旋律，低俗卑污。殊不知刀郎的新歌自有旋律，所謂口水體，其實就是天籟之音。我們聽慣了那種虛假的宏大敘事，假大空之作毫無審美，只不過是一堆正確的廢話，又如何能夠打動聽眾？歷來但有假詩文，無假山歌，山歌乃民間性情之嗣響，有人竟然污蔑它沒有生命力、沒有審美意識，真是莫名其妙！請問現在誰還能寫出《花妖》這樣的傑作？

如果將上表中同一序號的兩首歌採用二人「套唱」的辦法，如「《序曲》＋《東皇太一》」，一人唱《序曲》：

> 九州山歌何寥哉
> 一呼九野聲慷慨
> 猶記世人多悲苦
> 清早出門暮不歸

另外一人唱《東皇太一》：

> 吉日兮辰良，
> 穆將愉兮上皇；
> 撫長劍兮玉珥，
> 璆鏘鳴兮琳琅。
> 瑤席兮玉瑱，
> 盍將把兮瓊芳；
> 蕙肴蒸兮蘭藉，
> 奠桂酒兮椒漿。
> 揚枹兮拊鼓，
> 疏緩節兮安歌，

陳竽瑟兮浩倡。

靈偃蹇兮姣服，

芳菲菲兮滿堂；

五音紛兮繁會，

君欣欣兮樂康。

又如「《花妖》＋《河伯》」，一人唱《花妖》：

我是那年輪上流浪的眼淚

你仍然能聞到風中的胭脂味

我若是將諾言刻在那江畔上

一江水冷月光滿城的汪洋

我在時間的樹下等了你很久

塵凡兒纏我謗我笑我白了頭

你看那天邊追逐落日的紙鳶

像一盞回首道別黃昏的風燈

我的心似流沙　放逐在車轍旁

他日你若再返　必顛沛在世上

若遇那秋夜雨倦　鳥也淋淋

那卻是花牆下彌留的枯黃

君住在錢塘東

妾在臨安北

君去時褐衣紅

小奴家腰上黃

尋差了羅盤經

錯投在泉亭

奴輾轉到杭城

君又生餘杭

另外一人唱《河伯》：

與女遊兮九河，

衝風起兮水揚波；

乘水車兮荷蓋，

駕兩龍兮驂螭；

登崑崙兮四望，

心飛揚兮浩蕩；

日將暮兮悵忘歸，

惟極浦兮寤懷；

魚鱗屋兮龍堂，

紫貝闕兮珠宮；

靈何惟兮水中；

乘白黿兮逐文魚，

與女遊兮河之渚；

流澌紛兮將來下；

子交手兮東行，

送美人兮南浦；

波滔滔兮來迎，

魚鱗鱗兮媵予。

或者自由組合「《畫皮》＋《山鬼》」，一人唱《畫皮》：

又到了一更時分　身後傳來敲門聲

總在失魂散亂的夜裏出現兩個人

一陣兒歡心一陣兒驚懼　這命中帶著病啊

只是春風吹亂了桃花林　錯把痰唾上了身

這是個臨行前的盛會　一杯接一杯

我們開始縱情地哀嚎　不再躬身肅立

總是在回憶總是在希冀　沒有一刻能停啊

於是青冢邂逅了公子笑　從此薤露世上珍

君既不能解我憂　為何問我夜獨行

窮途哪有星月光　公子為何慕皮囊

空蕩泉臺寂無聲　執筆採花做凡塵

等過暢往煙消雲散　世上少見有心人

另外一人唱《山鬼》：

若有人兮山之阿

被薜荔兮帶女羅

既含睇兮又宜笑

子慕予兮善窈窕

乘赤豹兮從文狸

辛夷車兮結桂旗

被石蘭兮帶杜衡

折芳馨兮遺所思

餘處幽篁兮終不見天

路險難兮獨後來

表獨立兮山之上

雲容容兮而在下

杳冥冥兮羌晝晦

東風飄兮神靈雨

留靈修兮憺忘歸

歲既晏兮孰華予

采三秀兮於山間

石磊磊兮葛蔓蔓

怨公子兮悵忘歸

君思我兮不得閒

山中人兮芳杜若

飲石泉兮蔭松柏

君思我兮然疑作

雷填填兮雨冥冥

猿啾啾兮狖夜鳴

風颯颯兮木蕭蕭

思公子兮徒離憂

　　按照同一編號，或者打亂編號自由組合，反覆比較，相互「滴定」，最後尋找到最佳組合，如此可能產生種種意想不到的特殊效果。

後　記

本書突出以下三個特點：

第一，文史類。文獻學的教材層出不窮，遍及人文、社科及自然科學各個學科，百花齊放，爭奇鬥豔。筆者曾經主編《文獻學概論》，那是為圖書館學專業的本科生編寫的。此書對象預設為文史類的本科生及具有中等以上文化程度的文史愛好者。

第二，基礎性。本書不走曲高和寡的高端路線，不是為專家服務的，而是旨在普及國學知識，傳播傳統文化。因此，全面介紹文獻學的基礎知識便成了主旋律。

第三，實用性。文獻學不是理論性的學科，而是實踐性很強的工具學科，因此實用性也是一大特色。除了介紹紙質文獻的檢索，還介紹電子文獻的檢索，為讀者提供相關的資源。

本書分工如下：

　　　　緒論———司馬朝軍

　　　　第一章　文獻版本———張婷

　　　　第二章　文獻目錄———王獻松

　　　　第三章　文獻校勘———鄧燦

　　　　第四章　文獻校理———王朋飛

　　　　第五章　文獻收藏———曾志平

　　　　第六章　傳統介質文獻檢索———鄧燦

　　　　第七章　電子文獻檢索———張婷

　　參加編寫的人員曾經都是我的博士研究生。書稿完成之後，冷處理了多年，由童子希、胡蓉二人進行了全面的修改，最後由我審定。不當之處，請讀者不吝指正。

　　附錄一為張婷所作。附錄二為司馬朝軍所擬某文獻學項目的一部分，與此書關係密切，作為補充材料。附錄三《刀郎歌詞的模擬解讀》，似乎與文獻學無關，其實不然，因為我們發現，刀郎歌詞源自《楚辭》，而「楚辭類」為四庫集部中一類特殊文獻，幸得刀郎古為今用，可見古典文獻為現代文化之源頭活水。

司馬朝軍

2023 年 8 月 3 日於澱山湖畔震旦園